JN120717

はじめての財政学

【第2版】

柳下正和・于 洋・青柳龍司［編著］

文眞堂

はしがき

　現代の日本の社会経済問題を考えるのに「少子高齢化」や「経済格差」などがキーワードとしてあがる。それらを解決するための仕組みとして社会保障制度，累進課税があるが，政府がそれらの仕組みを通じて政策の実現や事業を実施する。政府は財政を通じてこれらの諸活動を行う。財政は，国家と地方の政府が行う経済活動である。

　政府の活動である財政は，私たちの生活に大きく関わり，重要な役割を果たしている。政府は，政策の実現や事業の実施のために見積もられた歳入と歳出を盛り込んだ予算を組み，社会保障や教育などの公共サービスを提供したり，公共事業を行って道路を作ったりする。これらの経費に充てられる支出の財源調達は，税金の徴収や公債を発行してファイナンスされる。平成の30年間は，財政赤字が累増し，GDPの2倍となり，財政再建や財政の持続可能性についても考えなければならない。

　このテキストは，6名の財政学者が執筆を担当している。執筆者は，いずれも大学の所属学部で財政学や経済学系の科目を担当している。学部において，経済学を専門としていない学生たちにも，経済学，財政学の考え方や基礎理論との関係性が理解できるように構成を工夫した。

　また，財政学をはじめて学ぶ人たちが，財政学の理論，財政の歴史，制度，政策の基礎的素養を高めていけるように，租税，予算，経費，公債（国債）の制度を解説している。税制，財政赤字，社会保障財政，地方財政などの日本の財政が抱える問題に，読者が財政学や経済学の基礎を用いてアプローチし，考えていけるように工夫している。

　本書の特徴であるが，各章に到達目標とキーワード，ディスカッションテーマを用意し，アクティブラーニングに対応できるように工夫を凝らした。特に本書をテキストとして使う大学生の皆さんには，税や日本の財政状況，社会保障の問題について該当部分を読んで知識を得るに止まらず，さらに自分でも調

べて，レポートを書いたり，ディスカッションしたりすることを通じて財政
の問題を考え，自分にも深く関係していることと認識してもらえると幸いであ
る。

　末筆になるが，本テキストの刊行に際して，急なお願いにもかかわらず快く
お引き受けくださった㈱文眞堂代表取締役前野隆氏をはじめとする皆様方，わ
けても編集の労をお取りくださった前野弘太氏に，執筆者一同を代表し，厚く
御礼申し上げる。

執筆者を代表して

栁下　正和

目　　次

第3章　マクロ経済政策と財政　38

第4章　日本の税制と税制改革　55

第5章　所得税　71

第6章　法人税　88

第7章　消費税　104

第8章　財政赤字と公債　129

第9章　予算制度 146

第10章　財政支出の推移と構造 165

第13章　地方税財政　228

1

第1章

経済における政府の役割

到達目標

1 政府の経済活動である財政の国民経済における位置づけを説明できる。
2 財政の役割や機能についての基本となる考え方を説明できる。
3 財政を構成する基本的な仕組みである予算，租税，公債について，本書で
   学習することの概略を把握する。
4 社会保障や地方財政，政策についての意思決定といった国民生活と財政が
   関わりをもつ分野について，本書で学習することの概略を把握する。

キーワード

公共部門，「大きな政府」，「小さな政府」，財政の3機能，財政システム

第Ⅰ節　政府の経済活動

1．国民経済における家計，企業，政府の関わり

　国民経済において，家計，企業，政府の3つの経済主体が密接に関連し合
い，経済活動が営まれている。図表1-1は，家計，企業，政府の係わりを表し
た経済循環図である。

　家計は，財やサービスの消費を行う経済主体である。家計は，財・サービ
ス市場を通じて消費する財・サービスを獲得する。また，生産要素市場を通
じて，企業や政府に労働力を提供し，その対価として賃金や給与を得る。企業
は，財やサービスの生産を行う経済主体である。企業は，生産要素市場を通じ
て，家計から提供される労働力を使い，財やサービスの生産を行う。家計と企
業は，民間経済部門と呼ばれ，財やサービスの需要と供給は市場メカニズムを

図表 1-1　企業・家計・政府の係わり

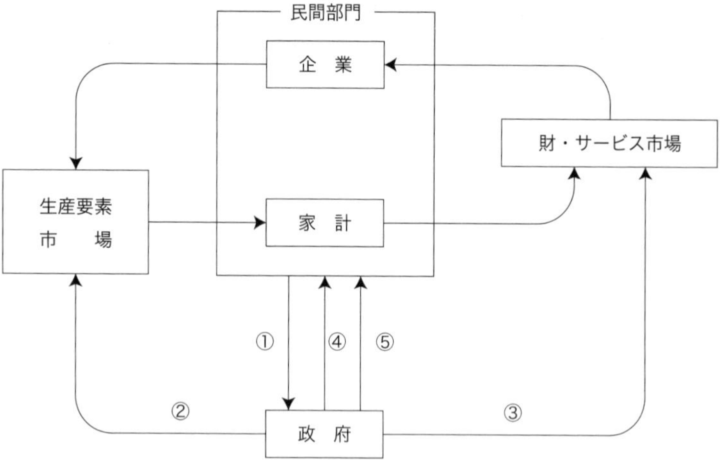

出所：筆者作成。

通じて調整が行われる。

　公共部門である政府は，家計や企業から税金を徴収し（図表 1-1 ①），それを財源として，公務員を雇い（図表 1-1 ②），民間部門から財・サービス市場を通じて，財・サービスを購入して（図表 1-1 ③），公共財や公共サービスを供給する。また，税を財源として，家計に対しては社会保障（図表 1-1 ④）を，企業に対しては補助金（図表 1-1 ⑤）を給付している。なお，経済循環図の矢印はお金の流れを表しているが，民間部門のそれはお金の流れと反対にモノの流れが存在する。それに対して，公共部門のそれは，税と公共財・公共サービスの流れが必ずしも反対の関係になってはいない。

　財政は，国の政府や地方政府が行う経済活動である。財政学は，国の政府や地方政府の経済活動を対象にした学問である。具体的には，国や地方のお金の流れ，すなわち政府が行う政策にどのようにお金が使われるのかを分析する。また，望ましい社会経済を実現するために，どのような意思決定が行われ，どういった制度設計が行われるのが望ましいかを考える。

2．国民経済と財政

⑴　政府の範囲と分類

　財政は，国の政府や地方政府，すなわち公共部門が行う経済活動である。国民経済計算（SNA：A System of National Accounts）では，公共部門の範囲について図表 1-2 のように整理している。公共部門は，一般政府と公的企業に分類される。一般政府は，民間部門の経済活動では供給されない財・サービスを無償ないし，生産コストを下回る価格で供給する主体で，税や社会保険料を財源として活動を行っている。公的企業とは，公的に所有・支配されている企業のことである。日本には，かつて日本道路公団，公的金融公庫など数多くの公的企業が存在したが，現在はその多くが民営化されている。

　一般政府は，中央政府，地方政府，社会保障基金に分類される。中央政府は，国の政府であり，一般会計，特別会計，その他に分類される。一般会計は，税等の財源で社会保障や教育などの基本的な仕事を行い，国が特定の事業を行うために設けられているのが特別会計である。地方政府は，都道府県，市町村がそれにあたり，普通会計，事業会計，その他に分類される。普通会計は，地方の基本的な仕事を扱うものであり，事業会計は，病院や上下水道などが含まれる。社会保障基金は，保険料収入，積み立てた保険料の運用収益，中央政府や地方政府からの財源移転によって，年金や医療などを扱う。

図表 1-2　公共部門の範囲

出所：筆者作成。

⑵　国民経済における公共部門

　国の経済活動は，国内総生産（Gross Domestic Products：GDP）で測られる。GDP は 1 年間に 1 国国内で生産された付加価値の合計である。GDP は，三面等価の法則により，生産面，分配面，支出面において大体等しくなる。支出面である国内総支出（Gross Domestic Expenditure：GDE）から見ると，国民経済において，公共部門の役割を表すのは公的支出となる。

　公的支出は，政府最終消費支出，公的総資本形成からなる。政府最終消費支出は，民間から財やサービスを購入し，それをそのまま使いきってしまう支出であり，政府が行う教育，警察，保健衛生などの活動に対応している。公的総資本形成は，建物や道路を作る公共投資にあたる。これらは，付加価値を生み出す経済活動である。

　各国で異なる財政制度を比較する場合は，SNA や GDP の概念・体系を利用すると，その比較が容易になるだけでなく，把握もしやすくなる。

3．大きな政府と小さな政府

⑴　財政規模の国際比較

　先進各国において，国民経済における財政の役割は大きくなっている。それを反映して財政規模も拡大している。図表 1-3 は，2005 年と 2015 年の財政の役割を一般政府総支出の対 GDP 比で比較したものである。一般政府総支出を構成するのは，政府最終消費支出，一般固定資本形成，年金や失業保険給付などの社会保障給付である。2015 年の数字では，どの国においても GDP に占める割合が小さいものでも約 4 割近く，大きいものでは約 6 割近くであることから，経済における政府の役割が大きいものになっていることがわかる。

　2005 年と 2015 年を比較すると，日本をはじめ，ほとんどの国で財政規模は拡大していることがわかる。ただし，ドイツとスウェーデンは財政規模が縮小している。財政規模が拡大している国々では，共通して社会保障給付が拡大している。この間に，ドイツとスウェーデンは，財政緊縮策がとられており，社会保障給付の数字が小さくなっていることから，両国の取り組みの成果が見て取れる。

図表1-3　国民経済における財政の役割の国際比較

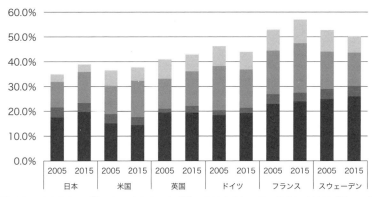

出所：財務省「平成 28 年度政策評価書」参考指標 11「国民経済に占める財政の役割の
　　　国際比較（政府最終消費支出，一般政府総固定資本形成，社会保障移転等の対 GDP
　　　比）」より作成（https://www.mof.go.jp/about_mof/policy_evaluation/mof/fy2016/
　　　evaluation/28hyouka1.pdf：2020 年 11 月 19 日閲覧）。

⑵　大きな政府と小さな政府

　公的部門としての政府は，国民経済において，公共財や公共サービスを供給することで公的な欲求を充足する役割を担っている。すなわち，政府は，市場メカニズムを補う形で経済活動を行っている。市場メカニズムが十分に機能しない市場の失敗が存在するために，政府がその役割として公共財や公共サービスを供給すると説明する。これに対して，政府が行う経済活動の非効率や官僚制度を批判する政府の失敗と呼ばれる概念がある。市場の失敗と政府の失敗は第 2 章で詳しく説明する。

　公的部門である政府が果たす役割について，「大きな政府」と「小さな政府」という考え方がある。「大きな政府」は，所得分配の格差や失業といった市場メカニズムのデメリットを解決するために政府が民間経済に積極的に介入してもよいとする考え方である。「小さな政府」は，市場メカニズムのメリットである資源配分の効率性を重視し，政府の民間経済への介入を最小限にしたほうが良いとする考え方である。「大きな政府」と「小さな政府」を資本主義経済の推移と経済学の考え方から見てみよう。

　資本主義経済が発展を始めた 18 世紀から 19 世紀には，政府は民間の経済活

動にできるだけ干渉しない安価な政府が望ましいと考えられていた。アダム・スミスは，政府の役割は市場メカニズムが機能するために必要なルールを設定することであり，政府の経済活動としての経費を①国防，②司法，③公共土木事業と教育の3つに限定すべきであると主張した。

19世紀の終わりから，貧困や失業など資本主義の抱える問題が顕在化してくると政府は財政を用いて対処を行うようになる。20世紀の前半には，経済的な不況による大量失業や戦争によって財政は拡大し，大きな政府の骨格が形作られることになる。1929年の世界大恐慌による大量失業を解消するために，ケインズは総需要を管理することを主張し，ケインズ経済学を体系化した。ケインズは，景気が悪く失業が発生している場合，政府は裁量的な財政金融政策を駆使し，有効需要を増やすことで失業を解消するために積極的な役割を果たすべきであるとした。ケインズのフィスカル・ポリシーは，マクロ経済と財政とを結びつけ，20世紀の財政学研究と財政政策に大きな足跡を残す。

二度の世界大戦が終わり，1950年代から60年代には，ケインズのフィスカル・ポリシーを駆使し，経済成長の長期的安定が目指される。ケインズの議論を受け継いだケインジアンは，完全雇用と社会保障により国民経済の安定を図るという考え方を示した。これは，福祉国家の考え方につながる。福祉国家は，国家の経済への介入や干渉を合理化し，大きな政府が指向されることとなった。

1970年代の二度の石油危機により，経済は停滞し，スタグフレーションという現象を引き起こした。また，1980年代には，社会保障などの財政支出の増大によって，財政赤字が累積しだした。マネタリストや合理的期待形成学派，公共選択学派が，ケインズのフィスカル・ポリシーの有効性を批判した。新自由主義的な経済思潮により，小さな政府への回帰が叫ばれるようになった。新自由主義的な経済思潮は，先進各国の経済・財政政策の基本方針転換に大きな影響を与えた。

大きな政府と小さな政府の考え方については，時代背景や経済状況により異なるものの，国民経済における政府の役割を考えるのに示唆を与えてくれる。かつては，大きな政府を選択するか小さな政府を選択するかといったように選挙の争点になったこともある。

第Ⅱ節　財政の機能

　財政学において，多くの教科書で財政の役割についての代表的な考え方として紹介されているのは，マスグレイブの財政の3機能である。財政の3機能とは，資源配分機能，所得再分配機能，経済安定化機能である。

1．資源配分機能

　資源配分機能とは，市場経済（民間経済）にまかせておくと，全く供給が行われなかったり，供給されたとしても不十分となったりする財・サービス，社会的にみて供給されることが望ましいと考えられる財・サービスについて，政府が市場を補完する形で供給を行うことである。このような財・サービスは公共財と呼ばれる。ミクロ経済学的なアプローチでは，市場の失敗が生じた場合に，政府が市場に代わって，財政を通じて，公共財の供給を行う，外部性が存在する場合は，政府による資源配分の調整が行われると説明される。第2章で，資源配分機能をミクロ経済学的なアプローチに基づき，公共財や外部性を取り上げて，詳しく学習する。

2．所得再分配機能

　所得再分配機能とは，所得税や相続税などの税制や年金や生活扶助などの社会保障制度を通じて，個人間や世代間の格差是正を図る機能である。市場を通じて行われる所得配分は，生産活動への参加による貢献で決定される。また，それに関連して，資産の保有量にも格差が生じる。働く意欲があっても，すべての人が生産活動に参加できるとは限らないし，生産活動に参加できたとしても家族を養うのに足る所得が得られるとは限らない。それに，所得や財産の格差のために，教育を受ける機会を失い，公正な所得獲得競争が実現しないかもしれない。そのため，市場を通じて決定される所得分配は必ずしも望ましい状態を達成しているとはいえないのである。格差を放置しておくことは，個人や社会にとって望ましくないことでもあるので，政府が財政を通じて所得再分配を行うのである。所得再分配に関する所得税の仕組みは第5章で，社会保障制

度を通じた所得再分配については，第11章と12章で詳しく学習する。

3．経済安定化機能

　資本主義経済には，好況や不況といった景気の波が存在する。その過程で失業やインフレーションなどの経済現象が発生する。政府が経済政策を行い景気の波を調整できれば，失業やインフレーションによって引き起こされる社会的コストを抑えることができるであろう。景気調整の役割を担うのが経済安定化機能である。財政政策と金融政策によって，景気調整を行い，経済安定化を図るのは，ケインズ主義的な考え方に基づいている。財政政策については，不況の時には，失業を解消するために，公債を発行し，公共投資や減税を行い景気の回復を図り，好況の時には，インフレーションを抑制するために財政支出を抑制し，景気の過熱を防ぐことが行われる。ケインズ主義的な考え方に基づいた裁量的財政政策やビルト・イン・スタビライザーの詳細については第3章で学習する。

第Ⅲ節　財政システム

　財政は，公共財や公共サービスといった経費（財政支出）に充てるために，収入を租税や公債によってまかなう。

　財政学では，予算，租税，公債，経費（財政支出）から財政システムを考察・分析する。また，個々に行われる社会保障などの政策の効果が分析され，望ましい制度設計について言及される。

1．予算

　予算は，1年間の財政活動の計画を表している。予算は，公共のニーズを満たすために行われる政策にどれだけお金が使われるのか，それらをまかなうのに租税がどれだけ必要なのかを見積もったものである。予算を見れば，その国がどのような政策にお金を使っているか，財源がどういった租税でまかなわれるのか，また租税で歳出をまかないきれない場合は公債を発行して不足分をまかなっているかがわかる。

　予算というのは，一般会計予算を指す。一般会計予算の本体は，租税や公債を財源としている。その他に，国や地方が特別な事業を行うために設置されている特別会計予算や国の機関を運営するための予算である政府関係機関予算がある。

　第9章では，予算の種類や予算循環のプロセスや予算に関する法律，国と地方の予算の関連性を学習する。

2．歳入（租税，公債）

(1)　租税

　財政における主たる収入源は，租税である。そのため，収入論のうち，租税論が財政学では主要内容とされてきた。ここでは，租税の基本的な考え方を説明し，この教科書で学習する税について簡単に見ていこう。

　租税を，「政府が財政支出をまかなうために民間から強制的かつ一方的に徴収する貨幣である」と定義しよう。租税が「税金」といわれるのは，基本的に貨幣で支払うためである。貨幣とは，すなわちお金のことであり，納税は現金で行われるのが基本であるが，例外的に，物納は土地などの現物で行われる。また，この定義を租税の持つ次の3つの特徴から説明する。第1に，強制的性格，第2に反対給付がない，第3に資源配分機能である。強制的性格については，国家が権力に基づいて強制的に徴収を行い，脱税や未納のような行為があった場合は厳罰に処される。反対給付がないについては，図表1-1で見たように，税金と公共財・公共サービスには対価としてみた場合，直接的な関係はない。市場においては，財・サービスを手に入れるときに対価を支払って手に入れる反対給付が存在する関係とは正反対である。資源配分機能については，民間から税金という資源を政府に移転させ，それを公共財・公共サービスという形で政府が資源配分の調整を行う。なお，租税を「社会の会費」であると説明しているものもある。地方の政府が課す税金は，「社会の会費」という考え方に当てはまるものが多い。

　租税の目的と機能について見てみよう。租税の目的は，主目的と副目的から説明できる。主目的は，財源調達，すなわち収入目的である。副目的には，経済政策的目的があげられる。租税は，財政の主たる収入源である。租税の機能

を財政の3機能を用いて説明する。租税を資源配分機能から見てみると，民間の購買力を吸収し公共目的の資源利用に転換することで市場の失敗の補正を行う。また，経済政策の観点から，優遇措置を与えることでハイテクや省エネへの投資や住宅購入，中小企業といった特定の経済活動を推進する。所得再分配機能については，所得税や相続税などの制度を通じ，所得や資産の再分配を行い格差の解消を目指す。代表的な制度は，所得税に設けられている累進課税制度である。経済安定化機能は，所得税や法人税の制度に組み込まれ，自動的に景気を調整するビルト・イン・スタビライザーや裁量的財政政策による減税で消費を刺激し，景気の波を調整し経済の安定化を図る。

　租税に関する基礎と実際に行われた税制改革の大まかな流れや税制改革の考え方については，第4章で学習する。

　「課税をどのように行うのか」ということは，税制の設計や改正・改革に影響を与える。その基準となるのは，「公平」と「中立性」の考え方である。

　課税の「公平」は，税を負担する力である担税力からアプローチが可能であり，負担配分をどのように求めるかを考える。その基準については，利益説と義務説がある。利益説は，政府が提供する公共サービスからの受益を課税の根拠とし，受益に従って税負担を配分すべきであるというものである。これは，「応益原則」とも呼ばれる。義務説は，市民は国家の任務の遂行のために貢献の義務を負うという考え方である。貢献の度合いは，各人の負担能力の大小によって決まることから，能力説とも呼ばれる。能力に応じて税負担が決まるので「応能原則」となる。また，能力説は，タテとヨコの関係からアプローチが可能である。垂直的公平は，異なる支払い能力を持つ人々に対して差別的に扱うことで富の再分配を図るものである。水平的公平は，等しい経済状態にある人々に対して等しく課税するというものである。能力説は，客観的な基準であると評価されるが，主観的な基準として犠牲説がある。犠牲説は，課税による犠牲を各人の間で等しくしようとする考え方である。犠牲を効用の損失で測定し，負担配分を考えようとする。均等絶対犠牲，均等比例犠牲，均等限界犠牲の3つがあり，均等犠牲の考え方は，経済学的なアプローチで所得とそこから得られる効用の関係に着目している。

　新税が導入されたり，増税や減税が行われたりといった形で課税が行われる

と人々は行動を変える。資源配分に歪みが生じることにつながるため，課税は中立性を保つように行われるのが望ましいといえる。経済学的には，超過負担が少ない課税が中立的で望ましい税であると説明される。

　所得税，法人税，消費税は，基幹税と呼ばれる。2019 年度の歳入はこの 3 税で 51.7％を占めており，それぞれ所得税が 19.6％，法人税が 12.7％，消費税が 19.4％となっている。所得税，消費税，法人税がどのような税であり，どういった仕組みで計算されるかが，計算例を交えて説明される。大学卒業後，納税者となる学生の皆さんは，直接税である所得税がどのように計算されるかを理解することで，税に目を向けてもらいたい。また，一番身近であろう消費税は，間接税であり，私たち消費者が税を負担し，事業者が納税する。近年，経済のグローバル化が進み，企業課税については歳入の中の位置づけが変わってきているだけでなく，そのあり方が見直されてきている。消費税は，今後，社会保障の財源として，歳入の中でも中心的な役割を果たすことになるだろう。法人税は，企業に対する税である。所得税については第 5 章で，法人税については第 6 章で，消費税については第 7 章で詳しく学習する。

⑵　公債

　租税のみで歳出をまかないきれない場合に，国や地方自治体は公債を発行してファイナンスを行う。国が発行するのが国債で，地方自治体が発行するのが地方債である。第 8 章では，公債の経済的効果や仕組みを学習する。また，国の借金である国債の累積債務残高を対 GDP 比で国際比較をすると日本は世界一であり，GDP の約 2 倍となっている（2019 年度）。日本の財政は，平成の時代にバブル経済が崩壊して，景気が悪化したために税収が不足し，景気回復のために財政支出を増加させたために財政が悪化していった。日本の財政の現状を確認し，財政赤字が経済に与える影響について見ていく。

　財政赤字は，国債発行と関連が深い。そこで，悪化している日本の財政について考えなければならないのが，世代間の公平と財政の持続可能性である。国債は租税によって償還が行われる。日本の財務省の国債の負担に関する見解は，建設国債でまかなわれて支出され，作られたものは将来世代もそれを使うことが可能なので，負担が転嫁しないとされている。しかし，赤字国債を発行

してまかなわれた支出は，現在世代でサービスを消費してしまうので，将来世代に負担が転嫁してしまう。したがって，赤字国債でのファイナンスは望ましくないとしている。第8章では経済学の理論で取り上げられた財政赤字が将来世代の負担に関する議論を紹介する。仮定のおき方やポイントとなる考え方によって，導き出される結論が異なるので，その違いを理解し，世代間の公平を考えるヒントにしてほしい。国債発行により国家財政は借金をどれくらい続けることができるのかを考えるのが財政の持続可能性である。第8章で説明するドーマーの法則や基礎的財政収支（プライマリーバランス）は財政の持続可能性を考えるのに示唆を与えてくれるマクロ経済学の理論である。

　国債費は歳出において，第2位の位置づけである。国債費は，債務償還費と利払費等から成る。財政赤字が増えていけば，もちろん国債費も増加していく。利払費については，政策金利に影響を受ける。政策金利が高くなると，利払いも増える。低金利下では，利払いが抑えられるが，金利が高くなると負担が増えるというメカニズムは理解しておくとよい。

　地方債は地方自治体が発行する債券である。なお，地方債の仕組みについて

図表1-4　プライマリーバランスが均衡した状態

（歳入）	（歳出）
国債発行 （国債収入）	元本返済
	利払費
税収等	政策的経費

出所：財務省「日本の財政関係資料」20ページの
図をもとに作成。

は第13章で学習する。

3．歳出（財政支出）

　経費とは，財政支出のことであり歳出を指す。第Ⅰ節3.(1)の財政規模の国際比較において先進各国において財政の規模が大きくなっている傾向があることを説明した。経済の成熟や発展にともない，経費（財政支出）が増大し，財政規模が拡大してきている。

　第10章では，経費の分類や経費に関する学説として，経費膨張の法則，転位効果を紹介し，わが国の財政の経費の特徴を説明する。また，主要な経費である国債費に関しては第8章で，政策的経費である社会保障に関しては第11章で，地方財政に関しては第13章で説明するため，第10章では，それ以外の経費を扱う。国債費については前項で紹介済みである。社会保障，地方財政については，次節で紹介する。

第Ⅳ節　国民生活と財政

1．社会保障

　日本の抱える大きな問題は，少子高齢化に伴う社会保障費の増加である。それは，財政の悪化にも影響を与えている。高齢化の進展の速度は，先進国の中で最も早く，それに伴って社会保障費も増加している。社会保障の財源をいかに確保していくのかが議論されてきただけでなく，負担と受益の観点から世代にまたがる問題として議論が行われ，税と社会保障の一体改革で消費税をその財源として増税し，高齢者に偏りがちな社会保障サービスを全世代にいきわたらせる「全世代型社会保障」の仕組みが登場した。社会保障の制度については第11章で学習する。年金，医療，介護，失業（労働）などの日本の社会保障制度は，保険の仕組みを使って運用されている。第12章ではこれらの制度について，それぞれの抱えている問題を見ていく。

2．地方財政

　行政サービスを提供してるのは国だけではない。地方政府である都道府県，

市町村も行政サービスを提供している。地方政府である地方自治体は私たちに身近な行政サービスを提供してくれる。第13章では，地方財政を国との関係から見ていくだけでなく，地方政府が提供する公共サービスの特徴についても説明する。

公共サービスの財源としての地方税について，住民税や事業税，固定資産税がどのような税なのか学習する。住民税や事業税，固定資産税は地方税法で定められているが，地方税法で定められていない法定外税についても見ていく。また，近年，注目されている観光税についてどのような税なのか説明する。

地方債は地方自治体が発行する公債である。地方債は，国との協議の上で発行が可能である。財政が悪化し，財政を再建しなければならない地方自治体が出てきた。そのような自治体を増やさないために，財政健全化の基準が見直され，その基準について見ていく。

地方自治体は，自主財源だけでなく国から地方交付税や補助金を受け取って運営されている。地方交付税や補助金である国庫支出金の仕組みについて学習する。

3．日本財政の課題

第14章では，「格差・貧困の拡大と生活保護制度」，「グローバル化と税制」，「ふるさと納税」，「税制改正」，「財政の持続可能性」の5つのトピックをあげ，日本財政が抱える課題について，これまでに学習してきて得られた財政や税制に関する知識をふまえながら，問題をさらに掘り下げることで学生の皆さんの日本の財政に関する学修成果を確立してもらいたい。

ディスカッションテーマ ―――――――――――――――――――

- 日本の財政の役割に関するデータを内閣府「国民経済計算」（https://www.esri.cao.go.jp/jp/sna/menu.html）から調べて，現在の日本が「大きな政府」か「小さな政府」か根拠を示しながら説明してみよう。
- 財政の3機能は，財政の諸制度でどのような形で利用されているかについて具体例を挙げて説明してみよう。
- 現代の社会経済問題について議論し，国民生活と財政の係わりについて社会保

障や地方財政，政策の観点からまとめてみよう。

第2章

資源配分の効率性と市場の失敗

到達目標

1 完全競争など市場が機能するための条件を理解し，説明できる。
2 市場の効率性と価格メカニズムの役割を理解し，説明できる。
3 市場の失敗について，その意味と実例を理解し，財政が果たす役割とその限界についても説明できる。

キーワード

資源配分の効率性，消費者余剰，生産者余剰，超過負担，市場の失敗

第 I 節　価格メカニズムの役割

　第1章の第 II 節で説明したように，財政の役割とは，「資源配分」，「所得再分配」，「経済安定化」の3つの機能である。第2章では，この3機能のうち，主に資源配分機能に関わるテーマを取り上げる。

1．完全競争市場

　私たちは，生活に必要な財やサービスを市場を通じて得ている。一般に，財が不足しているときには価格は上がり，財が余っているときには価格は下がる。労働サービスも同様で，働き手が足りないときには賃金が上がり，余っているときには賃金が下がる。このように価格や賃金が変動することで，需給量が調整され，取引が成立する。このような働きが市場における価格メカニズムである。その際，市場で決定される価格や需給量は，社会全体で見て望ましい水準だろうか，また望ましい水準とはどのような基準に従って判断されるのだ

ろうか。これらの問いに対するひとつの回答は,「資源配分の効率性」で判断するというものである。

　最初に,資源配分の効率性を説明するため,完全競争市場を取り上げる。市場が「完全競争」であるとは,いくつかの前提が必要であり,一般には以下の条件が満たされるようなケースである。

・多数の消費者と生産者が存在し,個々の取引量は全体に対して,ごくわずかである。

・個々の消費者や生産者は,自らの行動を決定するに際して,他の主体に与える影響を考慮しない。

・取引される財はすべて同質である。

・各経済主体は,財の価格や品質について完全な情報を持っている。

・市場への参入・退出が自由である。

　上記の条件について,少し説明を加えよう。まず,多数の消費者や生産者が存在するということは,個々の取引が,価格に影響を与えることはなく,市場で決定された価格をそのまま受け入れるということである。価格をそのまま受容して(所与として)行動する経済主体をプライス・テイカーという(反対に,自らの力で価格を設定できる経済主体をプライス・メイカーという)。これにより,市場で決定された価格の下,各経済主体は自らの利益が最大になるように行動し,他の経済主体の行動を予測したり,こちらがそれに反応することは一切ない。

　また,取引される財はすべて同質で,デザインや広告などによる製品の差別化がないということも条件のひとつである。さらに,価格はもちろん,財やサービスの品質などについても,消費者や生産者が情報を有していると仮定する。最後に,参入・退出の自由とは,政府による規制など参入障壁がなく,市場が常に開かれているということである。

　完全競争市場において,成立する価格メカニズムを通じて,個々の消費者と生産者は,望ましい量を売買し,経済的な満足が満たされると同時に,社会全体でも望ましい状態が達成されることが知られている。ミクロ経済学が教える

ように，このような状態は「パレート最適」という概念でとらえられる。パレート最適とは，「他の経済主体の満足（利潤）を下げることなく，自らの満足（利潤）をもはや上げることができない状態」のことである。したがって，第Ⅱ節で説明する余剰概念とともに，資源配分の効率性を判断する基準は，どの程度パレート最適が実現されているかどうかで測ることになる。

　ところで，完全競争市場は規範的，理想的な市場の姿であり，実際に上記であげた条件がすべて厳密に満たされるケースは少ない。あえて例をあげれば，米や小麦のような農作物，鋼鉄やセメントのようなノーブランド品などの市場は，完全競争市場に近いといえるだろう。また，規範的な条件として，「家計や企業が取引する財やサービスは，すべて市場を通じて売買され，取引される市場が常に存在する」という完備市場の条件も加えられることもある。

　一方，完全競争市場や完備市場の条件が満たされない場合，価格メカニズムを通じた効率的な資源配分は実現できない。これを市場の失敗という。市場の失敗の実例として，①公共財，②外部性，③費用逓減産業（自然独占），④情報の非対称性などがある。これらは，完全競争や完備市場の条件が成立せず，価格メカニズムを通じた最適な状態が達成されないケースであり，「狭義の」市場の失敗と位置づけられる。また，完全競争や完備市場の条件が成立していても，実現される状態が社会全体として望ましくないケースもある。これを「広義の」市場の失敗といい，⑤所得分配の問題，⑥マクロ経済政策上の問題などがある。これら市場の失敗については，第Ⅲ節で扱うことにする。

2．市場均衡

　完全競争市場では，財の価格と取引量は，需要と供給の相互作用によって決定される。この2つの力は，需要曲線と供給曲線によって，それぞれ表すことができる。最初に，それぞれの曲線について概略を説明し，2つの力が等しくなる市場均衡において，どのような状態が成り立つのか確認しておこう。

　図表2-1においては，縦軸に価格（P：Price），横軸に数量（Q：Quantity）が測られている。たとえば，小麦の市場を想定しよう。ある財の価格に対して，人々が欲している数量を需要量という。一般に，小麦価格が上がれば人々は買う量を控えるため小麦の需要量は下がると考えられる。消費者は購入量を

減らしたり，他の財で代替しようとするからである。反対に，小麦価格が下がれば，小麦の需要量は上がると考えられる。このような価格と需要量の関係を需要関数という。それを図示したものを需要曲線といい，需要曲線の傾きは通常右下がりになる。小麦市場が完全競争市場であれば，価格はすでに市場で決まったものであり，それぞれの価格の水準に応じて，消費者は実際に購入したいと考える小麦の総量を示したものとなる。そのため，需要曲線は，さまざまな価格の下で，人々が購入したいと考える小麦の総量の仮想的な記録となっているのである。

　市場全体の需要曲線は，個々の消費者の個別需要曲線を（横に）集計したものであり，ある国の国民全体の需要量など，何を想定しているのか文脈から明らかな場合が多い。

　一方，財の生産者を考える。ある価格に対して，生産者が売りたいと思う財の数量を供給量という。価格が上がり，生産者はより高い価格で販売できれば，より多くの小麦を生産しようとするはずである。また時間が経過するにつれ，他の生産者も新たに市場に参入し，小麦の生産に従事するかもしれない。したがって，短期的にも長期的にも，供給量は増加する。反対に，小麦の価格が下がれば，小麦の供給量は下がると考えられる。このような価格と供給量の関係を供給関数といい，それを図示したものを供給曲線という。供給曲線の傾きは通常右上がりになる。また，経済学で用いる短期とは，新規に企業が参入することが難しく，既存企業が大規模に資本設備を増強できないような短い期間のことを指す。一方，長期はこれらが可能となる期間のことである。

　完全競争市場における需給量がどのように決定されるか確認しよう。図表2-1の小麦の需要曲線Dと小麦の供給曲線Sの交点E点を見てみよう。E点を均衡点といい，E点では価格P*の下，消費者はQ*を購入しようとし，生産者もまたQ*を生産しようとする。つまり，消費者と生産者がお互いに売買する量が一致し，取引が過不足なく行われている。このとき，価格P*を均衡価格，Q*を均衡取引量（数量）という（*の印は「アスタリスク」といい，均衡を意味している）。

　これに対して，均衡価格P*以外の価格は持続できない。たとえば，価格がP^{1}であるとき，供給曲線に沿った供給量はQ^{2}であるのに対して，需要曲線に

図表 2-1　市場均衡メカニズム

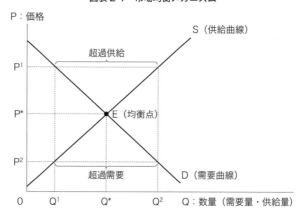

沿った需要量は Q^1 である。したがって，市場では小麦の供給量が需要量を上回ってしまう。これを超過供給といい，生産者は小麦を来年まで在庫として抱えたくないから，早晩小麦の価格を引き下げるであろう。それゆえ，均衡価格 P^* に至るまで，価格を引き下げようとする圧力がかかる。一方，価格が P^2 であるとき，供給曲線に沿った供給量は Q^1 であるのに対して，需要曲線に沿った需要量は Q^2 である。ここでは，小麦の需要量が供給量を上回ってしまう。この状況を超過需要といい，小麦に対する需要は旺盛であることから，生産者も価格を引き上げていくであろう。実際，価格が均衡価格 P^* に到達するまで，この動きは続く。そして，価格が均衡価格 P^* に収れんし，一旦均衡が実現すれば，そこからの乖離は生じにくい。それゆえ，均衡価格 P^* は安定的となる。

　均衡価格 P^* では，消費者の支払価格と生産者の受取価格が一致している。つまり，財やサービスに対する消費者の（限界的な）評価と生産者の（限界的な）評価が一致しているのである。これは，価格が両者に対してきちんとシグナルの役割を果たしており，市場メカニズムが機能していることを意味している。

第Ⅱ節　余剰分析と超過負担

　前節では，市場均衡において，財の均衡価格と均衡取引量が決定されることを見た。そのようにして決定される価格や取引量は，社会全体で見て望ましい水準なのかどうか，また望ましい水準とはどのような基準に従って判断されるのだろうか。このような個人や社会の厚生をはかるため，ミクロ経済学では「余剰」という指標を用いる。余剰が最大になるということは，資源配分の状態が効率的であるということと同義と見なしてよい。最初に，余剰概念を説明し，次に，余剰概念を用いて具体的に課税の問題に応用してみよう。

1．消費者余剰と生産者余剰

　需要曲線の説明では，価格が与えられると，個人は自分の欲する需要量を決定すると説明された。つまり，「縦軸」の価格が「横軸」の需要量を決定していた。ここでは，消費者余剰の説明をする便宜上，「横軸」の需要量から需要曲線に沿って「縦軸」の価格を見てみよう。いま，あるプロサッカーの試合のチケットを購入したい人が多数いるとする。その人たちに，チケットをいくらまで支払う気があるのかを尋ねて，高い金額（評価）を付けた人から順に並んでもらう。つまり，図表2-2で，①の人は10,000円，②の人は8,000円，③の

図表2-2　消費者余剰（1）

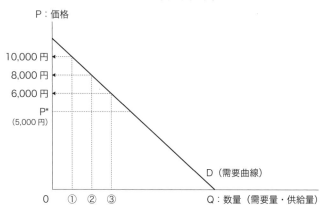

人は6,000円という具合である。ここで，市場の均衡価格 P* が仮に5,000円だとすれば，①の人はその差額である5,000円（10,000円－5,000円）の「得をした」と判断される。同様に，②の人は3,000円，③の人は1,000円である。彼らの得した分を合計すれば，9,000円になる。ただし，この説明では3人を例示したが，需要曲線上には無数の人々が存在し，彼らを隙間がないように需要曲線に沿って並べることができれば，消費者全体の得した部分は，面積としてとらえることができる。

　改めて，図表2-3を見てほしい。つまり，消費者余剰とは，消費者が支払っても良いと考える金額と，実際に支払った金額との差のことである。図表2-3において，ある財の均衡価格が P* であり，均衡取引量が Q* であれば，消費者が支払っても良いと考える金額の総計は，需要曲線の下の面積である台形 AEQ*0 となる。一方，実際に消費者全体が支払う金額は価格×数量（P*×Q*）であり，面積 P*EQ*0 となる。よって，消費者余剰は，△AEP* の面積となる。

　次に，生産者余剰を考えよう。ここでも，生産者余剰を説明する工夫として，「横軸」の供給量から供給曲線に沿って「縦軸」の価格を見てみよう。いま，多くのコーヒー農家に100gあたりいくらなら生産できるのか，費用（コスト）の低い順に並んでもらおう。その結果，④は1,000円，⑤は2,000円，⑥は3,000円だったとする。ここで，市場均衡価格 P* が仮に5,000円だとすれ

図表2-3　消費者余剰（2）

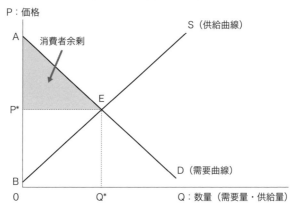

図表 2-4　生産者余剰 (1)

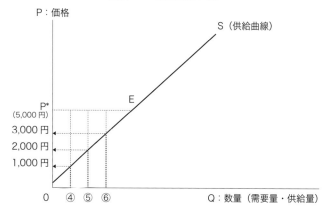

ば，④の農家はその差額である 4,000 円（5,000 円－1,000 円）の「得をした」
と判断される。同様に，⑤の農家は 3,000 円，⑥の農家は 2,000 円である。彼
らの得した分を合計すると，9,000 円となる。ここでは，3 軒の農家を例示し
たが，実際には，供給曲線上には無数の農家が存在し，彼らを隙間がないよう
に供給曲線に沿って並べることができれば，得した部分は，面積としてとら
えることができる。

　ところで，企業の費用（コスト）は，家賃や減価償却費など生産量に関わら
ず発生する固定費用と，人件費や電力料など生産量に応じて増減する可変費用
に区分することができる。上記のコーヒー農家の費用は，コーヒー生産に応じ
て変化する可変費用である。当然，コーヒーの生産を増やすと，可変費用も増
加する。つまり，供給曲線の下側の面積は可変費用を表し，供給曲線そのもの
は，可変費用の限界的な増加分，つまり限界費用（MC：Marginal Cost）を示
していることになる。

　改めて定義しよう。生産者余剰とは，生産者が市場で販売した金額と，その
生産物を作るのに実際にかかった費用との差のことである。図表 2-5 におい
て，ある財の均衡価格が P^* であり，均衡取引量が Q^* であれば，生産者が受け
取る金額は価格×数量（$P^* \times Q^*$），つまり長方形の面積 P^*EQ^*0 となる。一方，
この財を生産するのにかかった（可変）費用は，供給曲線の下の面積である台
形 0BEQ* となる。よって，生産者余剰は，△P^*EB の面積となる。

図表2-5　生産者余剰 (2)

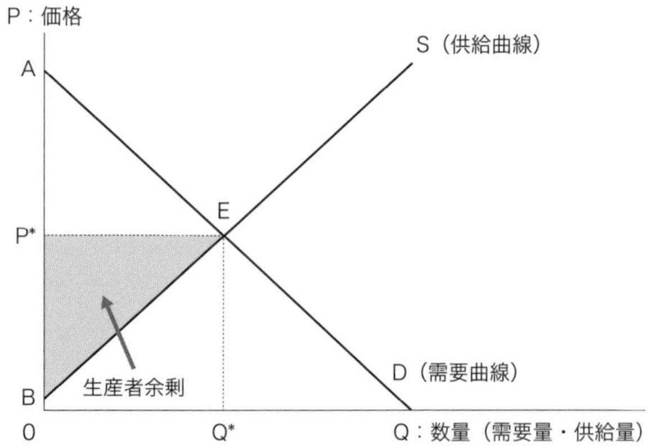

P：価格
A
S（供給曲線）
P*
E
B
生産者余剰
D（需要曲線）
O
Q*
Q：数量（需要量・供給量）

2．効率性と公平性

　以上で，消費者余剰と生産者余剰の定義と概念を見た。この両者を足し合わせたものを，社会的余剰または総余剰といい，社会全体の満足度を表していると考える。資源配分が効率的な状態にあるとは，市場均衡が実現している場合に，消費者と生産者の余剰が最大限高められている状態のことである。図表2-6において，消費者余剰は△AEP*の面積であり，生産者余剰は△P*EBの面積であるから，社会的余剰は，△AEBの面積となる。市場メカニズムがきちんと機能して市場均衡が達成されれば，社会的余剰が最大になることが分かるだろう。

　しかしながら，消費者の（限界的な）評価である支払価格と生産者の（限界的な）評価である受取価格が異なる場合，社会的余剰は最大化されない。たとえば，次の3.で見るように，財やサービスに税金が課せられ，消費者の支払価格と生産者の受取価格が乖離(かいり)するような場合，あるいは政府が最低賃金制度や家賃統制などの価格政策を実施するような場合である。また，第Ⅲ節の市場の失敗でも述べるように，公共財の存在や外部性が発生している場合，あるいは独占企業が生産する場合も，社会的余剰は最大化されない。つまり，資源配分の効率性は達成されないのである。

　このように余剰概念は，人々の満足度を測定し，社会全体の資源が効率的に配分されているか否かを判断するための指標として優れているが，いくつか限

図表 2-6　社会的余剰

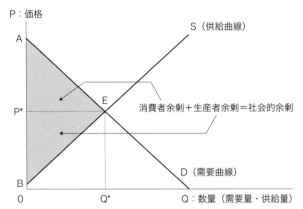

界もある。ひとつは，公平や分配について十分に配慮することができないことである。たとえば，余剰が最大になるといっても，富裕層がそのほとんどを享受している可能性もあるし，大企業が高い利益を計上しているかもしれない。貧困に喘ぐ人の食料に対する支払意思よりも，金持ちのヨットに対する支払意思の方が大きい場合，ヨットを生産，消費する方が社会的余剰は大きくなるだろう。

　2つ目として，財やサービスの消費や生産に対して，適切に便益や意思を評価できるのかどうかという問題もある。このように，いくつか問題はあるものの，社会の満足や厚生を図る指標として，消費者余剰と生産者余剰は依然として有用な指標なのである。

3．余剰分析の例―課税の超過負担―

　ここでは，余剰概念を応用して，課税によって資源配分がどのように変化するのか考えてみよう。政府が財やサービスに課税すると，消費者の直面する価格と生産者のそれが乖離し，資源配分に影響を与える。課税によって税収も調達できるが，社会的余剰の減少分の方がそれ以上に大きく，トータルでは損失を生むことが知られている。このように，余剰が減少して，人々の満足や企業の利潤が低下することを，一般に厚生損失（Welfare Loss）が発生するという。特に，課税による資源配分上の損失のことを超過負担（Excess

Burden），または死荷重（Deadweight Loss）といい，税制を考えるうえで重要な論点のひとつである。

　いま，個別物品税を取り上げて，部分均衡分析で考えてみよう。個別物品税とは，タバコやアルコールなど，品目ごとに個別に課せられる税を想起すれば分かりやすい。

　図表2-7において，ある財（たとえばタバコ）1単位（1本）あたりt円の物品税が課せられた場合を考える。生産者が税を納める場合，生産者は1単位あたりt円の税金を納めなければならないため，税込価格で消費者とやり取りする。したがって，課税前と比べて供給曲線はt円だけ上方にシフトする（SからS′へシフトする）。なぜなら，税金分を上乗せした価格でなければ，課税前と同じ量を供給できないからである。

　このとき，市場均衡はE点からL点へ移り，消費者は税込価格であるP′円を支払う。これに伴い，需要量はQ^1に減少する。一方，生産者は税込価格であるP′円からt円を差し引いたP″円を受け取る。そこで，課税前と課税後で余剰がどのように変化したのか図表2-7で確認してみよう。政府による

図表2-7　課税による厚生損失

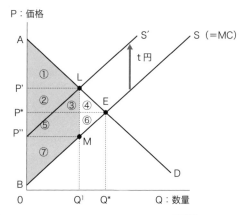

課税前
：消費者余剰＝①＋②＋③＋④
：生産者余剰＝⑤＋⑥＋⑦
：社会的余剰＝①＋②＋③＋④＋⑤＋⑥＋⑦

課税後
：消費者余剰＝①
：生産者余剰＝⑦
：社会的総余剰＝①＋⑦
：税収＝②＋③＋⑤
：超過負担＝④＋⑥

課税がない場合は，前述の1. で説明した通りである。消費者余剰は，①＋②＋③＋④を合わせた面積（△AEP*），生産者余剰は⑤＋⑥＋⑦合わせた面積（△P*EB）である。社会的余剰はその合計（△AEB）となる。

　一方，タバコに個別物品税が課せられた場合はどうだろうか。課税後の消費者の支払価格は P′ 円，生産者の受取価格 P″ 円であるから，消費者余剰は①（△ALP′）に減少，生産者余剰も⑦（△ P″MB）に減少する。また，タバコ1単位あたり税が t 円課せられているので，税率 t に数量 Q^1 をかけたものは税収（②＋③＋⑤を合わせた面積：□ P′LMP″）となる。税収は，社会の余剰を高めるように政府が利用すると考えれば，税収はプラス項目と見なしてもよいだろう。あるいは，政府が「得をした」部分と解釈することもできる。

　それでは，課税後にどこにも帰属していない面積（④＋⑥の合計：△LEM）は，一体何を表しているのだろうか。これが，課税による余剰の損失，つまり資源配分上の「無駄」を表しており，超過負担あるいは死荷重と呼ばれる部分である。

　超過負担は，課税により消費者の支払価格と生産者の受取価格が乖離（かいり）することから生じる。つまり，価格が各経済主体に対して正しいシグナルとして機能せず，資源の最適な配分を妨げるのである。このことを「資源配分を攪乱（かくらん）する」，あるいは「ディストーションを生む」と表現する。いわば，政府が課税したことによって，市場に攪乱（かくらん）効果を与えることになるのである。そのため，政府が課税する場合，できるかぎり資源配分を乱さないように税制を設計しなければならない。ただし，これは資源配分の効率性からの要請であり，現実の税制は公平性も考慮するように設計されている。

　後の租税に関する各章で見るように，税制の設計においても「効率性」と「公平性」は両立しないことが多いが，両者をバランスよく政策に生かしていくことが重要である。

第III節　市場の失敗

　第I節では，完全競争市場をはじめとして，市場がきちんと機能するための条件を説明した。その際，完全競争を満たす条件をいくつかあげて，それが満

図表 2-8 「市場の失敗」の分類

	要因	具体例
狭義の市場の失敗	公共財	国防，司法，防疫，インフラ建設
	外部性	教育，公害，温暖化問題
	競争の阻害	独占，費用逓減産業（電力ガス等）
	情報の不完全性	逆選択，モラルハザード
広義の市場の失敗	所得分配	所得格差，貧困問題
	マクロ経済政策上の問題	失業，インフレーション

出所：筆者作成。

　たされない場合，価格メカニズムを通じた最適な経済状態が成立しないことに言及した。つまり，市場に委ねていては，最適な資源配分が実現されないケースである。これを「市場の失敗」という。

　ここでは，価格メカニズムによって最適な経済状態が実現されない「狭義の」市場の失敗として，①公共財，②外部性，③費用逓減産業（自然独占），④情報の非対称性を説明する。続いて，仮に完全競争が成立していても，それによって実現される状態が社会全体として望ましくない「広義の」市場の失敗として，⑤所得分配の問題を説明する。他にも失業やインフレーションなどマクロ経済政策上の問題があるが，これらについては第3章で扱われる。

　市場の失敗は，政府による民間の経済活動に対する介入への根拠を与える。つまり，市場取引を通じて最適な資源配分が実現できないのであれば，政府が民間に代わって直接活動に従事するなり，補完的に役割を果たすことが要請されるからである。ただし，政府による直接的な活動がなくとも，適切なインセンティブを設定したり，法的な整備をすることで，市場の失敗が改善する場合もある。たとえば，外部性においては，政府が直接介入しなくとも，所有権を適切に設定して，当事者同士の解決に委ねた方が上手く解決に至る可能性も知られている。さらに，政府が民間の経済活動に介入しても，必ずしも上手くいくとは限らない。政府を構成するのは，国民が選出した議員や任命された官僚であり，彼らも万能ではないからである。

1．公共財

　最初に，公共財とは何だろうか。一般に，経済学者は，非競合性と排除不可能性という2つの属性を持つ財やサービスを公共財と呼んでいる。ひとつ目の

非競合性とは，他人の消費によって自分の消費量が減少しないという性質である。つまり，全員が同時に同じ量を消費できるという性質である。2つ目の排除不可能性とは，受益に見合った対価を支払わないからという理由で，その人をその財の消費から排除することが物理的に（または金銭的に）できない性質である。国防，警察，司法制度，あるいは防疫体制のような国の根幹にかかわる制度，また道路，空港，橋梁，港湾などのインフラ施設は，その典型例であり，これらは，その便益が特定の個人に限定されずに，広く国民全体にあまねく行き渡る財やサービスである。また，対価を支払わないからといって，たとえば国防のようなサービスから個人を排除することはできない。

　これまでの議論では，暗黙裡に私的財を想定していたが，公共財の2つの属性を基に，財やサービスを分類しておこう（図表2-9を参照）。

図表2-9　財・サービスの分類

	排除可能	排除不可能
競合性あり	私的財 （例：食料，衣類など）	コモンズ （例：共有地・漁場など）
競合性なし （非競合性）	地方公共財・クラブ財 （例：公立図書館・ケーブルTVなど）	純粋公共財 （例：国防・警察・防疫・道路など）

出所：筆者作成。

　私的財は，私たちが毎日の生活で摂取する食事や身に着ける衣類など，自分が消費すれば他の人が消費することは不可能で（競合性あり），かつ対価を支払わないと消費できないものである（排除可能）。私的財の対極にあるのが，純粋公共財であり，これは先ほどの「非競合性」と「排除不可能性」の2つの属性を厳密に満たす財・サービスである。さらに，純粋公共財と私的財の中間で，「準公共財」と呼ばれる財がある。排除原則が働く公共財で，ある特定の地域に便益が限定される財を　地方公共財（クラブ財）という。たとえば，地域の公立図書館や市民プールは，その地域に住んでいないと利用できない（排除原則が働く）が，地域内では，それほどの競合性もない。また，競合性があるものの，排除不可能なものとしては，共有地や漁場など「コモンズ」と呼ばれる財がある。漁場は，漁師同士で漁獲を競っているが（競合性あり），漁業権があるかぎり，漁場から排除されることはない。

　ただし，これらは絶対的な基準というわけではなく，純粋公共財と定義される一般道路でも，多くの人が自動車を繰り出せば混雑が発生し，上記の属性を満たさなくなる。また，民間企業が提供している財やサービスでも，鉄道事業やガス供給のように公共性を帯びているものもたくさんある。そのため，4つの分類は相対的なものと理解してほしい。

　公共財に関する論点は，多岐にわたるが，ここでは，資源配分の効率性という観点から，公共財の自発的供給の問題に絞って議論しよう。

　それでは，公共財，特に純粋公共財を民間が供給することはできるだろうか。ここで，ゲーム理論の簡潔な例を用いて考えてみよう。

　個人AとBの2人がおり，灯台（公共財）の建設を寄付によってまかなうケースを想起しよう。Aは灯台の建設に（寄付などを通じて）協力するか，しないか，いずれかを選択する。Bも同様である。AとBは，自分が灯台の建設に協力しなくても，灯台である公共財の属性（非競合性）として，同時に利用できる。つまり，相手が建設に協力すれば，自分が協力しなくてもフリーライド（ただ乗り）できる。相手にとっても同様である。ただし，両人とも協力しなければ，灯台は建設されない。図表2-10の利得表には，「協力する」「協力しない」の戦略と，起こりうる4つのケースが記してある。各マスにある左側の数値がA，右側の数値がBの利得を表している。このような状況で，Aは協力する／しない，のいずれを選択するだろうか。もしBが協力するならば，Aは協力しない方を選択し（4の方が3より大きい），Bが協力しなくても，Aは協力しない方を選ぶ（2の方が1よりも大きい）。つまり，Bが協力しようとしまいと，Aは協力しない戦略をとる。今度は，Bの立場で考えよう。この場合も，Aが協力しようとしまいと，Bは協力しない方を選ぶ。ここ

図表2-10　利得表

A ＼ B	協力する	協力しない
協力する	(3, 3)	(1, 4)
協力しない	(4, 1)	(2, 2)

では，お互いに最適な反応戦略が「協力しない」となっている。この状態は，相手が戦略を変更しない限り，お互いに戦略を変更するインセンティブを持たない状態であり，ナッシュ均衡と呼ばれる。このゲームのナッシュ均衡は（2，2）である（Aの利得は2で，Bの利得も2である）。これは，両者にとって望ましい選択ではなく，お互い寄付を通じて灯台の建設に協力すれば，Aの利得は3，Bの利得も3に増えるのである（パレート最適均衡は（3，3））。このことは，公共財を自発的な供給に頼ると，パレート最適な状態が実現できないことを示している。完全に民間（＝市場）に任せてしまうと，「誰かがやっているから大丈夫だろう」と誰もその費用を負担せず，結果的に公共財が供給されず，資源配分上，非効率な状態に陥ることになる。

　そこで，公共財に関しては，民間に代わり，政府が課税によって財源を調達し，公共財を市場に供給することが望ましい。つまり，強制的に資源配分を変更して，市場の失敗を補正することになる。ただし，課税によって財源を調達する場合，第II節の3.で説明したように，新たに税による超過負担を生む可能性も指摘しておきたい。

2．外部性

　外部性とは，消費者や生産者などの経済主体の活動が市場を通すことなく，別の経済主体に直接影響を与えることをいう。先に説明した完備市場の条件を満たさないケースである。外部性のうち，他の経済主体に良い影響を与える外部性を正の外部性（外部経済）と呼び，悪い影響を与える外部性を負の外部性（外部不経済）と呼んでいる。正の外部性の古典的な例として，養蜂家（ミツバチ）と果樹園の関係や借景などがある。教育や基礎研究も，さまざまな形で社会全体に良い影響を及ぼすという意味で正の外部性の一例である。また，負の外部性としては，公害やタバコの煙害などがある。温暖化問題をはじめとした環境問題も地球規模での負の外部性と捉えることができる。

　それでは，先述の需要曲線と供給曲線のグラフを用い，外部性の影響を考えてみよう。ここでも，容易に想像できるように，外部性が存在すると，最適な資源配分は実現されない。

　図表2-11には，教育のような正の外部性の場合の例が示されている。通常

図表2-11　教育（正の外部性）の例

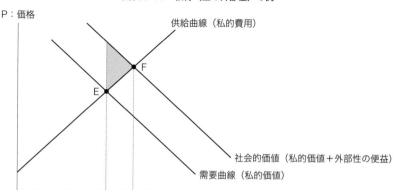

P：価格

供給曲線（私的費用）

F

E

社会的価値（私的価値＋外部性の便益）

需要曲線（私的価値）

O　　　　Qᴱ　　QꟳＦ　　　　　　Q：数量

　の需要曲線は私的価値，供給曲線は私的費用を表し，E点が市場均衡である。教育の場合，需要曲線はそれぞれの個人が評価する私的な価値のみを示している。たとえば，教育によって得られる収入の増加などである。教育による社会全体の便益（民度や治安の向上，文化や芸術の発展など）も考えると，社会全体の便益はより大きくなる。これは，個人の需要曲線よりも社会的価値を表す曲線が上方に位置することで示されている。社会全体の便益まで考えると，私的な利益しか追求しない市場均衡E点では，教育は過少な量（Qᴱ）しか提供されない。また，消費者余剰と生産者余剰の合計である社会的余剰を最大化する生産量はQꟳとなっている。そのため，Qᴱの生産量では，社会的余剰が最大化されず，網掛け部分の面積が余剰の損失分となっている。結論として，正の外部性を持つような財は，自由な市場では望ましい水準に比べて過少な供給しかなされないのである。次に，負の外部性を持つ財はどうだろうか。

　図表2-12には，工場による汚染物質の排出など，負の外部性が発生している市場の例が示されている。供給曲線は，個々の企業が認識する私的費用しか反映していない。負の外部性も含めた社会全体の費用は，私的な費用よりも大きく，社会的費用曲線は供給曲線よりも上方に位置している。市場均衡はE点であり，負の外部性が発生している場合，自由な市場では，財が過剰に生産され，したがって汚染物質も過剰に排出されてしまうのである。

　また，消費者余剰と生産者余剰の合計である社会的余剰を最大化する生産量

図表 2-12　汚染排出（負の外部性）の例

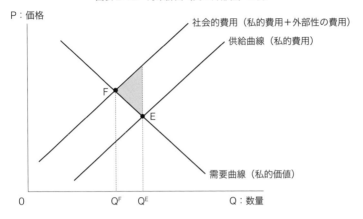

は Q^F となっており，網掛け部分の面積が余剰の損失分である。

　外部性に対して政府が介入する公的な解決方法について説明する。公的な解決方法としては，課税（ピグー税），排出権取引，直接規制という，主に３つの方法が考えられる。このうち，ピグー税とは，負の外部性を発生させている企業に対して，私的限界費用と社会的限界費用の差額に等しい課税を行うというものである。これは，古くから提唱していた英国の経済学者，アーサー・ピグーの名前に由来している。現在，二酸化炭素（CO_2）濃度の上昇に伴う地球温暖化などの環境問題に対して環境税の導入が検討されているが，これもピグー税の一種であると考えられている。ピグー税は，資源配分を改善すると同時に，税収の調達（を他の税目の減税に充てることが可能）という付随的なメリットがあるため，「二重の配当」が生じるとされている。

　また，排出権取引とは，人為的な市場を創設し，温室効果ガスなどの排出枠を定めた上で，排出枠を超えた国（企業）と排出枠が余っている国（企業）との間で，トレードする制度である。すでに，二酸化炭素などを対象に日本企業も参入している。最後に，直接規制は，文字通り，法制度や行政命令などで規制するものである。直接規制は汚染削減のための限界便益や費用を政府が直接把握する必要があること，一方，税や排出権取引は経済インセンティブが機能することから，ピグー税や排出権取引の方が直接規制よりも解決方法としては好ましいとされている。

3．費用逓減産業（自然独占）

　独占が生じる原因とは何だろうか。独占が維持されるためには，市場に自由に参入できない「参入障壁」が存在する。参入障壁としては，①原材料や資源（石油やボーキサイトなど）の独占，②生産技術上の優位性（特許で保護されている），③政府による規制（公共電波など），④回収不可能な固定費用の存在（費用逓減産業）などがある。

　ここでは，市場の失敗という観点から，費用逓減産業を取り上げる。費用逓減産業とは，巨大な設備など初期の固定費用が大きく，生産量が増加するとともに平均費用が逓減していく産業のことである。

　図表 2-13 には，サービス一単位あたりの平均費用が，ある程度の供給量になるまで，長い間逓減していく様子が示されている。ここで，供給曲線（限界費用曲線）に沿って，たとえば P^1 の水準で価格づけを行うと，価格が平均費用を下回っているため，損失（網掛け部分）が発生してしまう。このようなケースでは，政府が一般財源を用いて損失を補填するか，あるいは企業数を 1 社に限定して，固定費用を十分回収できるだけの生産量にすることが考えられる。ただし，前者のように，企業の損失に対して，政府が一般財源での補填を約束してしまうと，企業は費用を削減するインセンティブを弱めてしまう。このような問題を「X 非効率」という（ただし，社会的余剰は最大化される）。また，後者であれば，その企業は事実上，市場を独占し，独占利潤を追求するようになり，高い価格を設定し，少ない量しか供給しないため，人々の厚生を

図表 2-13　費用逓減産業

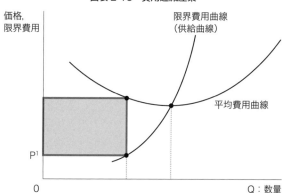

損ねることになる。

　いずれにしても，政府がある程度市場に介入して，料金設定を含めた規制を行う必要が生じる。事実，多くの国では，これら規模の大きな産業では，政府が私企業に独占または地域独占を認める代わりに，料金を規制してきた。たとえば，日本では，長い間電力事業は 10 の地域に分割され，それぞれの地域で特定の企業（東京電力や関西電力など）に独占権を認め，他の企業が電力業に参入することを禁止してきたのである。また，税制面でも，これら電力，ガス会社などは特殊な扱いを受けている。たとえば，これらの産業では，法人事業税における課税標準が「所得」ではなく，外形標準の「収入金額」になっていることなどである。

4．情報の非対称性

　不確実性や情報の問題については多くの論点があるが，ここでは，市場の失敗という観点から，情報の非対称性を取り上げよう。取引をする経済主体間に情報量の格差がある場合である。情報の非対称性があると，逆選択やモラルハザードといった問題が生じることが知られている。

　医療保険を例にとって，保険会社と保険加入者（被保険者）のケースを考えよう。保険会社と加入者の間には，情報の非対称性があり，たとえば保険会社は加入者の健康状態や詳しい病歴などの情報を有していない一方，加入者は自身の情報を知悉する立場にあるとする。また，保険会社は，加入者全体の疾病確率の平均値を，加入者はその平均値と自身の疾病確率を知っているとしよう。そこで，保険会社は，加入者が健康（ローリスク）なのか不健康（ハイリスク）なのか判別できないため，疾病確率の平均値に基づいた保険料を設定せざるを得ない。その場合，より健康な加入者（ローリスク）は，その保険料を割高と判断して，保険には加入しない，あるいは脱退していくことになる。そうすると，残った加入者は平均的な疾病確率よりも高い（相対的にハイリスクな）者となるため，保険会社は保険料を引き上げることになる。さらに，その中から，相対的に健康な加入者が保険から脱退するという悪循環に陥る。結果として，良い品（ローリスク）を選ぼうとしても，結果的に逆の（ハイリスクが残るという）選択が行われてしまう。これが逆選択である。

　この場合，政府は，全国民を強制的に保険に加入させ，公的医療保険制度を整備することが事態の改善につながる。逆選択は，年金や失業保険でも発生する可能性がある。そのような意味で，政府が公的医療保険や失業保険をはじめとした社会保険を設計し，運営していくのは意義があるのである。

5．所得分配

　本章の最後に，市場メカニズムがきちんと機能し，実現された経済状態が効率的であっても，それが社会全体として必ずしも望ましい状態ではないケースを取り上げよう。これを「広義の」市場の失敗といい，経済活動の結果生じる著しい不平等や格差などの所得分配の問題，あるいはインフレーションの発生や失業問題などのマクロ経済政策上の問題が当てはまる。ここでは，主に前者の所得分配の問題に焦点をあてる。後者のマクロ経済政策上の問題は，次の第3章で取り扱われる。

　一般に，市場では，人々の努力や貢献に応じて「所得」が与えられる。たとえば，労働を生産要素として捉えた場合，教育やトレーニングを通じて労働力を高めた結果，市場で評価される「価格」は当然高くなる。高度な経営判断が求められる企業家や特異な才能と訓練が必要なメジャーリーガーの所得が高いのは，ある意味当然である。そのため，社会に対する貢献度の違いが所得格差の原因であれば，ただちに再分配政策が必要というわけではない。

　ただし，そのためには，いくつかの前提条件があり，現実の世界では，そのような前提が必ずしも満たされていない。ひとつは，生産要素の当初の保有量は平等に配分されていないことである。典型例として，親から膨大な遺産を相続するようなケースである。反対に，どのような社会でもハンディキャップを生まれながらに持っている者もいる。また，近年では，教育の機会も親の所得に左右される傾向が強く，所得格差が本人の努力のみに起因するとは言い難い。

　第2に，私たちは，人生においてさまざまなリスクに晒されている。疾病，失業，労災，あるいは自然災害など，個人では制御できないリスクによって，所得稼得能力が失われることもある。これらは，民間の保険によって一部カバーすることも可能だが，市場ベースの保険機能では限界もある。

　第3に，社会に対する貢献度を適正に評価できるか否かという問題がある。時代や社会環境によって，個人の成果や努力が評価されないケースもありうるだろう。たとえば，電話交換手や炭鉱夫のように，特定の技能が必要とされなくなったり，反対に，日本では環境に恵まれないプロスポーツ選手が米国では大いに評価されるようなケースもある。そこには，本人の努力以外にも，運，不運といった要因も関わってくる。これらの理由から，市場で実現される所得や富の分配が，つねに正しいわけではない。そこで，所得格差や不平等が社会の受忍限度を超えていると多くの人々が判断するならば，政府による何らかの再分配政策が是認されるだろう。

　政策対応として，税制面と歳出面でそれぞれ手段がある。税制面では，所得税，相続税や贈与税の強化（累進性の強化や課税最低限の引き下げ），また寄付を促進するような税制改正などがある。特に，人々の間でスタート時点の「機会の平等」を図るためには，相続税や贈与税の強化が重要である。歳出面では，社会保障制度をはじめとした各種手当や社会保険の果たす役割が大きい。生活保護制度に代表される公的扶助，公的年金制度をはじめとした各種社会保険，および児童や身体障害者に対する施策である社会福祉などである。これら社会保障制度を中心に再分配政策を強く支持する人々は，「結果の平等」を重視しているといえるだろう。わが国においては，税制よりも社会保障制度の方が，格差是正，つまり再分配機能を発揮していることが知られている。これら社会保障制度については，第11章，第12章で詳しく論じられる。

ディスカッションテーマ

- 完全競争が当てはまる市場をあげてみよう。
- 近年取引が増えている「デジタル財」の消費者余剰や生産者余剰は，通常の財のそれらとは，異なるだろうか。
- 公共財を政府が供給するのがよいと考えられるのはなぜか。市場の失敗を用いて説明してみよう。
- 「機会の平等」「結果の平等」のどちらを重視するか。またそれぞれを実現する政策には，どのような手段があるだろうか。

第3章

マクロ経済政策と財政

到達目標

1　乗数理論を理解し，国民所得の計算例を作り計算できる。
2　クラウディング・アウトを理解し，財政政策の有効性について批判的に説明できる。
3　ビルト・イン・スタビライザーを理解し，財政や租税の仕組みの中にどのように組み込まれているかを説明できる。
4　民営化のメリットとデメリットが説明できる。

キーワード

乗数理論，クラウディング・アウト，ビルト・イン・スタビライザー，合理的期待形成，有効需要の原理

第Ⅰ節　フィスカル・ポリシー

　資本主義経済における景気は不安定であり，その変動の過程でインフレーションや失業を引き起こす。財政にはこうした経済の不安定性に対応する役割がある。これを経済安定化機能という。経済安定化機能は，2つに大別される。ひとつは収支の規模を自由裁量的に調整することで景気を安定化させようとする裁量的財政政策（フィスカル・ポリシー）であり，もうひとつは景気変動を自動調整的に緩和するように財政制度そのものに組み込まれている自動安定化機能（ビルト・イン・スタビライザー）である。

1. 国民所得の決定

(1) 裁量的財政政策

裁量的財政政策とは，具体的には，不況時には，公共事業の拡大や減税を行うことによって景気を刺激し，景気の過熱時には財政支出を抑制し，増税を行うことによって需要の拡大を抑えることをいう。このように政府が経済状況に応じて裁量的に財政政策を実施することで景気変動による影響を緩和するのである。

財政にこのような裁量的な機能が求められるようになった背景には，1929年の世界恐慌の発生を契機とした企業の倒産や失業者が急激に増加し，それまでの自由放任では当時の不況を克服できない事態が生じたことがある。具体的には1929年10月24日のニューヨーク株式取引所で株価の大暴落（暗黒の木曜日）が発生し，大恐慌が始まり，そのことが世界の生産水準を大きく低下させ，大量の失業者を発生させた。雇用問題は大不況とともに長期化し，1930年代をとおして最大の社会問題となった。

世界恐慌以前であれば市場機構が円滑に作用し，価格の自動調整機能により完全雇用が達成され，財政が積極的に市場に介入し経済安定を図る必要はなかった。しかし，1930年代のような大不況期においては，その考え方は無力となり，政府が直接大規模な財政出動を行い，状況に応じて裁量的な財政政策を行うべきであるとするケインズの財政政策論が登場する。すなわち，1936年に刊行されたケインズの『雇用・利子および貨幣の一般理論』は1930年代の大不況期の慢性的な失業問題に対処する処方箋を理論的に提供しようとする試みであった。

(2) 有効需要の原理

ケインズは，国民所得決定の理論を明らかにし，雇用水準や生産水準は有効需要の大きさで決まるとする有効需要の原理を説いて，「供給は自ずから需要を生み出す」とする古典派のセイの法則を否定した。そして，失業者の増加や生産水準の低下がみられる場合には，政府が積極的に政府支出（公共投資）を増加させることによって需要を創出すべきだと主張した。つまり，ケインズは，国民所得は需要の大きさによって決まると考えたのである。

　有効需要の原理に従えば，均衡国民所得（Y）は有効需要（総需要（AD））に等しく決定されるということになる。また，海外との取引を無視すれば，市場における総需要は民間が消費したもの（＝民間消費），民間が投資（機械の購入）したもの（＝民間投資），そして政府が購入したもの（＝政府支出）を合計したものとして表すことができる。民間消費をC，民間投資をI，政府支出をGとすれば，

$$AD = C + I + G$$

となるので，

$$Y = C + I + G$$

と定式化できる。これを図によって説明したのが図表3-1である。

図表3-1　国民所得の決定

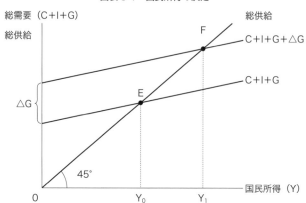

⑶　45度線

　図表3-1では，縦軸に総需要，横軸に国民所得がとられ，45度線として総供給曲線が描かれている。総供給量が45度線として描かれるのは，45度線上の点は，そこから縦軸までの距離と横軸までの距離が等しく，総需要と総供給が一致していることを表す。つまり，総需要に等しいところまで総供給ないしは総生産が行われるということであり，有効需要の原理では総供給は常に有効

需要に等しいのである（総供給＝D）。

したがって，総供給（45度線）と総需要を表すC＋I＋Gが交わる均衡点E
で均衡し，このとき均衡国民所得がY_0として決定する。

また図表3-1では，△Gだけ政府支出を増加すると，総需要はC＋I＋G＋
△Gへと移行し，均衡点もEからFに移るため，均衡国民所得がY_0からY_1
へ増加することを表している。このとき注目すべきは，政府支出の増加分（△
G）以上に国民所得の増加分（Y_1-Y_0）が増えるということである。したがっ
て，たとえば政府が公共事業を増加させると，その増加分以上に国民所得
（GDP）は増加するのである。

⑷　乗数効果

政府支出が増加したとき，その増加分以上に国民所得を生み出すことを乗数
効果という。たとえば，政府が公共事業を増加させた場合，その事業に携わる
人々の所得の増加をとおして，消費需要を増加させる。また，資材・原材料等
の需要増加となって他企業からの購入を増加させる。需要増加は次々に関係企
業への需要増加として波及し，それらの需要に応じる過程で，当初の公共事業
費増加分を上回る国民所得の増加が生み出される。このような乗数効果につい
ては，次のような所得創出の流れを考えれば，直感的に理解することができ
る。

たとえば，すべての国民は増えた所得の8割を消費に回す（消費性向）とい
うマインドを持っているとする。この時10億円の公共事業が行われたとする
と，

① まず，工事に携わった人々は給料をもらえるから，所得が10億円増加
する　⇒
② 工事に携わった人々は8(＝10×0.8)億円を商店街で消費する　⇒
③ 商店街の人々は自分のお店の商品を買ってもらうことで所得が8億円増
加する　⇒
④ 商店街の人々は6.4(8×0.8)億円を近所のスーパーマーケットにて消費
する　⇒
⑤ スーパーマーケット関係者の所得が6.4億円増加する　⇒　・・・

　単純に消費額＝所得増加額と考えれば，政府支出 10 億円の増加に対して，所得は合計で 24.4 億円以上（＝10＋8＋6.4＋…）増えることになる。このとき，最終的な所得増加はどれほどであろうか。

２．乗数理論

　国民所得の定義式は

$$Y = C + I + G \qquad ①$$

である。ここで所得（Y）の増減に影響をうけるのは C（消費）のみであり，I（投資）や G（政府支出）は所得（Y）に対して独立と考える。また C（消費）を

$$C = A + cY \qquad ②$$

と表す。A は基礎消費であり，これは所得（Y）の増減や水準に関係なく，生活していく上で最低限必要な消費である。cY は所得（Y）の増加にともなう消費の増加である。c は限界消費性向といい，これは新たに増加した 1 単位の所得のうち消費に回す部分の割合を示している。一般的に②式はケインズ型消費関数といわれる。

　①式に②式を代入し，Y について解くと，

$$Y = \frac{1}{1-c}(A + I + G)$$

となる。

　この式から c（限界消費性向），A（基礎消費），I（投資），G（政府支出）の大きさが分かれば Y（均衡国民所得）の大きさが分かる。

　政府支出を ΔG だけ増加させたとすると，

$$\triangle Y = \frac{1}{1-c} \triangle G$$

の関係が成り立つ。この関係は I（投資）についても同じことがいえる。政府支出や投資が増加したときは，$\frac{1}{1-c}$ 倍だけ国民所得が増加する。そしてこの

$\dfrac{1}{1-c}$ を乗数という。

　今，限界消費性向を 0.8（増加した所得のうち消費に回す割合は80％）とすると，乗数は 5（＝1/(1−0.8)）となる。このとき，政府支出を 10 億円増加したとすると，国民所得は 50 億円増加することになる。

　働く意思と能力がある人が全員仕事に就いている状態を完全雇用といい，図表3-2は完全雇用を実現する国民所得を Y_F，需要と供給の均衡により実現している国民所得を Y_0 として示している。このとき，生産可能な量は FY_F であるのに対し，実際の需要量は GY_F であり，総需要が完全雇用の国民所得に一致するには FG だけ不足していることになる。つまり，均衡国民所得＜完全雇用国民所得となっている状態である。この需要の不足分 FG をデフレ・ギャップという。デフレ・ギャップが生じている場合は，経済が停滞している状態であるため，景気を刺激する政策，すなわち所得を Y_F（完全雇用国民所得）まで増加させるように政府支出，たとえば公共事業拡大といったように，G を△G だけ増加させれば完全雇用が実現され，失業問題は解消されることになる。

　また，完全雇用が実現され，国民所得が Y_F（完全雇用国民所得）として実現しているが，経済が過熱気味となり消費や投資の需要が増加し総需要が C'＋I'＋G' となっている場合を考える。このとき，生産可能な量は FY_F であるのに対し，実際の需要量は HY_F であり，HF 分だけ供給より需要が上

図表3-2　インフレ・ギャップとデフレ・ギャップ

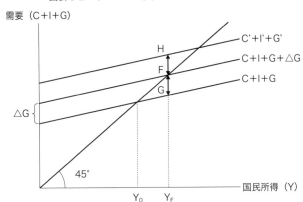

回っている。この需要の超過分 HF をインフレ・ギャップという。インフレ・ギャップが生じている場合は，需要と供給が F で均衡するように政府支出の削減などによって総需要を縮小させる必要がある。つまり，過熱した経済状態を押さえる政策を行う必要がある。ここで注意が必要であるのは，インフレ・ギャップとデフレ・ギャップの「ギャップ」とは，あくまでも総需要が多いか少ないかの問題であるため，グラフでは縦軸方向の差であるということである。横軸方向の差は，均衡国民所得と完全雇用国民所得の差であるだけである。

　次に，租税（増税，減税）による財政政策の効果を考える。課税の増加は国民経済の規模を乗数倍だけ縮小させるマイナスの効果を持っている。租税を定額税 T としたとき，可処分所得は Y−T と表すことができるため，前述のケインズ型消費関数②式は

$$C = A + c(Y - T)$$

と表すことができる。これを①式に代入して Y について解くと，

$$Y = \frac{1}{1-c}(A + I + G - cT)$$

となる。このとき課税による乗数効果は

$$\triangle Y = \frac{-c}{1-c}\triangle T$$

として表すことができる。このとき乗数は $\frac{-c}{1-c}$ となる。この時△G，すなわち政府支出の増加による乗数は $\frac{1}{1-c}$ であり，減税，すなわち，△T の場合，乗数は $\frac{-c}{1-c}$ であるため，減税と政府支出の増加（公共事業の拡大）の財政規模が同額であれば，減税による財政政策の方がその効果が小さいことが理論的にはわかる。

　また，政府支出の増加を同額の増税で賄う場合を考えると，△G＝△T であるため，

$$\triangle Y = \frac{1}{1-c}\triangle G + \frac{-c}{1-c}\triangle T = \triangle G$$

となり，政府支出増加の効果は増税の効果に完全に相殺されずに，国民所得を△G だけ増加させることがわかる。予算を均衡させて政府支出と租税を増加させた場合，乗数は $\dfrac{1-c}{1-c} = 1$ であり，このことを均衡予算乗数の定理という。

第II節　財政政策の有用性と限界

　政府は，乗数効果を理論的背景とした財政政策を通じて，完全雇用の国民所得水準の実現を図るが，財政政策の有効性にはさまざまな疑問が提起されている。

1．IS-LM 分析とクラウディング・アウト

(1)　IS-LM 分析

　国民所得の決定の理論では，民間投資は一定という前提で考えてきた。しかし，乗数効果を打ち消すように民間投資が減少したらどうなるだろうか。民間企業が投資（設備投資）を行うか否かは，収益率と利子率との関係によって決定される。すなわち，①投資から得られることが予想される将来の収益の現在価値（収益率）と②投資のコスト（利子率）を比較し，投資計画から予想される単位あたり収益率が，そのコストである利子率を上回ると判断されれば，その計画は実行される。つまり，利子率が上昇すれば投資は縮小し，利子率が下落すれば投資は拡大するのである。仮に，財政政策を行うことによって利子率が変化すれば，民間投資も変化し，国民所得の増加に影響を与えることになる。この時，利子率が低下すると企業の調達コストが下がり，企業の投資が増えて，国民所得も乗数倍増えるとする財市場の関係を IS 曲線とする。IS 曲線は財市場が均衡するような国民所得と利子率の組み合わせを表す財市場の均衡線で，横軸に国民所得，縦軸に利子率を測るグラフでは右下がりの曲線になる。

　また，利子率が低下して債券価格が上昇しすぎると債券価格の下落を恐れて，投資を控える投資家が増える。このため，投資家は結果的に手持ちの現金を増加させることになる（貨幣需要の増加），市場に出回る貨幣が不足して，

金融引き締めと同じ効果が起こる。利子率が低下すると国民所得が減少すると
いう貨幣市場の関係を LM 曲線という。LM 曲線は貨幣の需要と供給の均衡線
で，横軸に国民所得，縦軸に利子率を測るグラフでは右上がりの曲線となる。

　このように財市場と貨幣市場の両方を満足させる均衡国民所得は IS 曲
線と，LM 曲線の交点で得られる。このことは，IS-LM 分析と呼ばれる。
IS-LM 分析とは，財市場の均衡を表す IS 曲線と貨幣市場の均衡を表す LM 曲
線から，国民所得と利子率の関係を分析するものである。

　投資について，先の消費関数と同様に考えると，

$$I = I_0 - bi$$

とすることができる。I_0 は利子率に関係なく行われる独立投資であり，$-bi$ が
利子率の上昇にともなう投資の減少（利子率の減少関数）を表す。これを財市
場の均衡式でもある前述の①式に代入すれば，

$$Y = A + cY + I_0 - bi + G$$

となり，i について解けば

$$i = -\left\{\frac{(1-c)}{b}\right\} Y + \left(\frac{1}{b}\right)\left\{A + I_0 + G\right\}$$

となる。これが IS 曲線式であり，$-\left\{\dfrac{(1-c)}{b}\right\}$ が曲線の傾き（符号はマイナ
ス）になるので，IS 曲線は右下がりに描けることがわかる。

　また，LM 曲線とは，貨幣市場の均衡，言い換えれば貨幣の需要と供給の均
衡であるので，M を貨幣供給，L を貨幣需要とすると

$$M = L(Y, i) = L_0 + \alpha Y - \beta i$$

とすることができる。αY，$-\beta i$ はそれぞれ貨幣需要が所得の増加関数，利子
率の減少関数であることを示し，L_0 は所得や利子率に関係のない需要である。
これを i について解けば，

$$i = \left(\frac{\alpha}{\beta}\right) Y + \frac{1}{\beta}(L_0 - M)$$

となる。これが LM 曲線式であり，$\left(\dfrac{\alpha}{\beta}\right)$ が曲線の傾き（符号はプラス）になるので，LM 曲線は右上がりに描けることがわかる。

　図表3-3 は，縦軸に利子率，横軸に国民所得をとり，IS 曲線と LM 曲線を簡単化のために直線として描いたものである。

図表 3-3　IS 曲線と LM 曲線

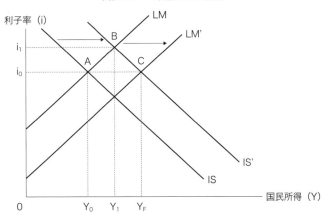

　ここで，完全雇用を達成する国民所得が Y_F であり，実現している国民所得が Y_0 であるとする。政府は財政政策を発動し，国民所得を Y_F まで増やすことを目指すことになる。財政政策としての政府支出の増加は，IS 曲線式の切片 $\left(\dfrac{1}{b}\right)\left\{A+I_0+G\right\}$ の値が大きくなることを意味し，IS 曲線は IS から IS' に移行する。このとき，利子率に変化が生じなければ国民所得 Y_F を達成することができる。すなわち IS 曲線と LM 曲線の交点は A から C に移る。しかし，現実的には IS 曲線と LM 曲線の交点は A から B に移る。これは，利子率の水準が上昇したためであり，そのため，均衡国民所得は Y_F を達成することができず，Y_1 にしかならない。

⑵　クラウディング・アウト

　期待された均衡国民所得の増加が利子率の上昇によって打ち消されてしま

い，国民所得の増加は$Y_F - Y_1$分だけ減少してしまう。このように，政府支出の増加は，利子率を上昇させ，民間投資を抑制する効果をもつのである。これをクラウディング・アウトという。

　このようなクラウディング・アウトを解消させるためには，上昇した利子率を引き下げる必要がある。そのためには，金融政策によって貨幣供給量を増加させればよい。貨幣供給量Mの増加により，LM曲線式の切片$\frac{1}{\beta}(L_0 - M)$の値は小さくなるため，LM曲線はLM'まで移行する。このとき均衡点はBからCに移り，利子率が下落し，完全雇用国民所得Y_Fが実現される。このように財政政策と金融政策は整合的に行われる必要がある。

2．合理的期待形成と公共選択
(1)　合理的期待形成

　財政政策の有効性に対して，合理的期待形成学派からの批判がある。合理的期待形成学派によれば，民間の個別経済主体は合理的に期待形成を行い，かつ完全な情報による経済予測を行い，それに従って経済行動を決定すると考える。政策が変化したときには期待も変化するのであり，行動も期待の変化に応じて変化するのである。人々は将来について極めて合理的に見通すために仮に政府が支出を増やして景気刺激を図っても，人々はそれによる財政赤字の増大が将来増税をもたらすと予想するため，現在の支出を切りつめてそれに備える。このため，個人消費は減少し，公共支出増加の効果を相殺してしまうというような場合である。仮に，民間経済主体がそのように行動するならば，政策の効果は民間経済主体の意思決定時点において彼らの経済予測の中に織り込まれてしまい，財政政策の効果は，実施時点で失われてしまうことになる。

　民間経済主体が，政府の行動を予想して行動することは，財政支出の増加による需要の増加が引き起こす物価上昇を織り込んで行動することを意味する。つまり，インフレーションへの合理的期待形成がある時，財政政策の効果により，名目的な賃金が上昇したとしても実質的な賃金は上昇しないことを予想して意思決定することを意味する。合理的期待モデルは名目値の変動ではなく実質値の変動のみに関心を寄せる主体を前提としているため，実質値が変化しな

い予想の下では労働者は労働供給を増加させない。また，企業も実質利潤が増加しないことを予想するので，生産量を増やそうとはしない。このため，財政政策は生産や雇用に影響を与えず，単に物価を上昇させるに過ぎないという結論になる。

(2) 公共選択

　財政政策の有効性について，以上のような経済理論からの批判ではなく，政府の行動原理から問題提起する考え方がある。つまり，伝統的な財政学では現実の政策決定プロセスを無視しており，現実の政策は規範理論が示すものとは別物であるとの批判が1960年代頃から主張され始めた。そこでは政策を決定する主体である投票者や政治家，官僚に焦点が当てられ，彼らもまた市場で行動する主体と同じく合理的に行動するという前提に立ち分析される。これは公共選択論と呼ばれ，政治情勢や政府の姿勢の影響により財政政策は効果を持たないとするものである。裁量的財政政策は，不況期には需要増加を促す政策を行う一方で，好況期には需要を抑制する政策を行うことが基本であるのに，実際には，政治的要因により，好況期においても拡張政策が実施される傾向にある。その結果，政府規模の拡大と財政赤字の継続をもたらすことになる。

3. 政策ラグ

　財政政策には，乗数効果の程度や有無といった問題以前に，政策ラグの問題がある。実際の政策はある程度時間的な遅れをともなって実施される。これが政策ラグである。政策ラグは財政政策を必要とする事態が発生してから実際に財政政策が実施されるまでを「内部ラグ」，財政政策が実行されてからそれが効果を発揮するまでを「外部ラグ」と呼ぶ。内部ラグは財政政策を実施する必要性を政策当局が認識するまでの「認知ラグ」と，認識してから実際に財政政策の実施に移るまでの「行動ラグ」からなる。

　たとえば，実際私たちが，景気が悪くなっていると感じているにも関わらず，経済指標として表面化するまでにはある程度の時間を要する。その結果，政府が財政政策の必要性を認識するのが遅れてしまう。次に，財政政策の必要性が認識されたとしても，政策の発動までには，政策の変更にともなう予算案

の編成，予算関連法案の策定，議会の審議・議決等，種々の調整や手続に時間を要する。さらに，財政政策が実際に実行されても，期待した効果が意図した時期に発揮されるとは限らないのである。このことは，政策ラグが存在する限り，財政政策が実際に有効であったとしても，政策が実施されるときに，すでに経済が自律的な回復の局面にあれば，景気を過熱させることになりかねないことを意味する。

　そこで，場当たり的に裁量的財政政策を行うより，ルールとして財政政策を運用しようとする考え方がある。たとえば，公共投資をある一定の率で増加させたり，または国債の発行を GDP の一定率以下にするといった制限を設けることで政府支出を抑制する政策である。

第Ⅲ節　ビルト・イン・スタビライザー

　財政制度はその中に経済情勢に応じて自動的に作用して経済を安定化させる装置を組み込んでおり，これを自動安定化機能あるいはビルト・イン・スタビライザーという。たとえば，失業保険などの社会保障給付にはこの機能が備えられている。失業保険制度は労働者と雇用主とが給与の一定割合を積み立て，失業による所得の喪失に備える制度であり，政府は事務費の一部と原則として保険給付額 4 分の 1 を負担している。失業保険の場合，不況期には給付額が増大し失業者の所得喪失をある程度補償して消費を支え，不況の一層の深化を防ぎ，景気変動を緩和する働きを持っている。すなわち，不況から回復をへて好況に向かう過程においては，失業が減少するに応じて保険金給付が減少し，雇用が増大するに応じて保険料収入が増加し，その結果保険基金には剰余が生ずる。一方，好況期には失業給付の金額が減少するとともに，保険料が賃金に比例的にかかることにより可処分所得の増加を抑え，景気の過熱を抑制することができる。また，所得税や法人税などの直接税についても同様の機能を備えている。累進税率構造をもつ所得税や景気変動に敏感に反応する法人税は，好況期には租税の自然増収などを通じて需要を抑制し，不況期には税収の減少などを通じて所得の減少を緩和し，需要を下支えする効果をもっている。つまり累進課税や社会保障給付には，高所得者から低所得者への所得再分配だけでなく

自動安定化機能も備えているのである。

　このような自動安定化機能が十分な効果を発揮するためには，制度そのものが合理的な構造をもち弾力性を有していることが重要となる。つまり経済成長率以上に税収の変化率が大きければ，高い安定化効果を期待できるのである。

第IV節　税収の低迷と政府の効率化

1．景気対策財政措置の行き詰まり

(1)　ゼロ金利政策

　わが国の経済バブル現象は 1989（平成元）年から 1990（平成 2）年にかけて頂点に達した。1990 年はこの経済バブル現象によって，税収が増加した。そのため国債の新規発行額は減少し，1990 年度予算においては赤字国債依存体制から脱却し，1991 年から 1993 年までの間，赤字国債は発行されなかった。

　そこから経済は崩壊に突入するが，経済バブル期における急激な地価および株価高騰は金融機関が企業に対し土地を担保に資金を貸し込んだことが原因である。バブル前の 1985 年末，所得回復や強い持家ブームなどによって，わが国の土地資産は 1985 年では 1,004 兆円だった日本全国の地価総額が 1990 年には 2,389 兆円に急激に増加した。一方，同時期の株式資産は 241 兆円から 1989 年末には 890 兆円となった。

　しかし，それから 5 年後の 1995 年末には土地資産は 600 兆円以上減少して，1,774 兆円となり，株式資産は 1995 年末までに 400 兆円以上減価して 456 兆円にまで下落した。土地資産と株式資産を合わせれば約 1 千兆円以上も減価したことになる。このような資産価格の急落は企業の財務諸表を大きく悪化させた。その結果，バブル期に企業に対して貸し付けを増やした金融機関は債権を回収できなくなった。土地と株式の資産価格が急激に下落した結果，多くの不動産会社と建設会社，そして不動産と株式に投資をした企業が大きな打撃を受け，倒産の危険に直面した。銀行をはじめとした金融機関も巨額の不良債権を抱えるようになった。1992 年から 2001 年度までの 10 年間に全国の銀行不良債権の処分損は 81 兆 5 千億円になり，債権放棄をした額は 12 兆 1 千億円に達した。

　政府は，1992年の「総合経済対策」，1993年4月の「総合的な経済対策の推進について」，同年9月の「緊急経済対策」，1994年の「総合経済対策」など年々の大幅な不況対策を決定し，経済安定化機能を発揮させることを財政運営の目標とした。その結果，1994年からわが国の経済は緩やかな回復に向かうが，1995年の阪神・淡路大震災，円高により景気は足踏み状態となる。1992年以降の不況対策のための年々の緊急経済対策，総合経済対策等の積極的な財政措置により，国債発行額は増加し，債務残高は累増する。

　経済のバブル現象による過熱した景気の上昇を憂慮した日本銀行は金融政策を急転回した。1989年5月に公定歩合を3.25％に引き上げて，その後，さらに引き上げ続けて，1990年8月末には6％まで引き上げた。しかし，1991年以降は公定歩合を引き下げ，1993年には1.75％とし，さらに，2001年からは0.1％という低金利政策をとっている。また量的緩和策によって短期金利ゼロ％に誘導し続けた。

⑵　公共投資政策の有効性の低下

　1992年以降，数々の財政措置をとったものの，経済成長率はなかなか上昇しなかった。この時期，多くの企業は債務の返済を優先し，新規事業への投資意欲はなかった。そのため政府支出の拡大による資金は主に従業員への賃金の支払いや債務の返済に充てられ，民間投資を促進するには至らなかった。前述したように投資乗数は投資の増加と限界消費性向との関係であるから，社会の限界消費性向が低下すれば乗数値は低下し，逆に限界消費性向が上昇すれば乗数値も上昇する。したがって，仮に企業資金が債務返済に向かえば，従業員への給与に十分な資金が向かわず，リストラ等が発生したり，給与水準を下げたりすれば，乗数波及過程における所得形成のスピードは当然遅れることになる。

　同様に，企業の倒産等で失業や給与水準の低下がおきた結果，民間需要が減少すれば，民間需要の減少を相殺するだけの公共投資の増加や投資の誘発政策，減税がなければ，国民所得の水準を維持することはできない。

2．非ケインズ効果と消費増加のない経済

(1)　消費増加のない経済

「ケインズ効果」とは緊縮財政政策によって，民間の消費などに悪影響が及び，国民所得（GDP）が押し下げられることや不況時の財政支出拡大政策や減税が景気を刺激することをいう。デフレからようやく脱却しつつある段階で，緊縮財政に懐疑的な声もあるのは，こうした点に対する懸念からである。これに対して，現在の日本のように政府債務残高の対 GDP 比率が高い水準にある，といったように財政が不健全な状態における緊縮財政政策は，むしろ民間の消費などを拡大させ，GDP の落ち込みを防ぐ可能性もあるとの見方がある。これを「非ケインズ効果」という。緊縮財政政策が人々の将来への不安を打ち消すことになり，人々の消費などが喚起される，という内容である。逆に政府の財政支出拡大政策が民間消費の減少を招くような現象も「非ケインズ効果」といわれる

乗数は消費性向の安定性を前提とした理論であり，公共投資の拡大などにより政府支出が増加され，人々の可処分所得が増えたとしても，消費が増えない経済ではこの前提が崩れ，乗数は意味をなさない。政府支出による所得創出の波及効果が絶たれるからである。不景気が長期化し，人々の間で将来の収入に不安が予想されれば，人々は将来に備えて現時点の消費を抑制するように行動するだろう。その時，非効率な政府支出の増加が実施されても，それは資源の浪費であり，経済成長に寄与しないのである。同様に，政府が公債で資金調達し，景気対策のための減税を行っても，人々は減税で増加した可処分所得を消費の増加に充てることなく，それをそのまま公債購入に充てるだけかもしれない。この場合の公債発行は政府貯蓄を減らし，民間貯蓄を同額増加させるであろう。

(2)　小さな政府と民営化

前述したように，財政支出の縮小が民間消費の拡大をもたらす場合，非ケインズ効果という。政府が提供するサービスは市場競争原理が働かないため，非効率となることが多い。この時，政府による規制を緩和・撤廃したり，公共サービスを民営化することは効率性を高め，民間需要が増加するケースが

ある。1980年代の米国や英国の規制緩和策に続いて，1990年代にはわが国でも日本国有鉄道がJR各社に，日本電信電話がNTTに，日本専売公社が日本たばこ産業（JT）にそれぞれ民営化された。郵便事業については小泉元首相の長年の悲願として2007年に，2005年には4つあった道路公団が民営化された。このように民営化がすすめられる理由は，これまで市場原理が働かなかった事業に市場原理を導入することで，サービス向上や効率化，経営改善を図るためである。通常民間企業ではサービスが悪ければ顧客は減少し，経営は成り立たないし，業績が一定水準以上でなければ資金調達も困難である。これに対して国の事業であれば，それらに関係なく資金調達をすることが可能である。その点で政府事業による特権をなくして，民間の競争原理を導入することで，よりよいサービスを供給することが可能となる。

　また，2000年の介護保険制度の導入は民間需要を掘り起こした。この介護保険制度が創設された主な理由は，規制でがんじがらめであった介護サービス市場を民間開放し，介護サービスの供給を拡大することである。民営化により公共部門がスリム化することで財政支出規模が縮小すると同時に，規制緩和による低コスト化が民間需要を活性化し民間消費の拡大がもたらされるなら，非ケインズ効果である。

ディスカッションテーマ

- 不況にもかかわらずインフレーションが発生する現象を何というか調べてみよう。
- 名目利子率が一定の場合，物価上昇率の予想値が上昇すると実質利子率は低下するかが正しいかどうかを確認してみよう。
- 民営化のメリットとデメリットを確認してみよう。

第4章

日本の税制と税制改革

到達目標

1 租税を学ぶのに必要な基礎である租税の分類や課税ベースについて説明できる。

2 日本の税制の大きな流れを把握し，ポイントを説明できる。

3 包括的所得税と二元的所得税の考え方や仕組みのエッセンスを理解し，説明できる。

4 支出税の考え方や仕組みのエッセンスを理解し，説明できる。

キーワード

直間比率，課税ベース，シャウプ勧告，包括的所得税，二元的所得税，支出税（総合消費税）

第 I 節　租税の基礎

1．租税原則

　政府が国民や住民に行政サービスを提供する際に，地代など独自の収入がない租税国家（無産国家）では，調達資金の大部分を租税に頼ることになる。これまで，国民から王や行政が租税を徴収するにあたり勝手に決定してきたことに大きな反発があった。たとえば，1215 年に英国において王に認めさせたマグナ・カルタ（Great Charter of the Liberties）にも租税に関する言及があり，1775 年の英国から米国が独立する際の戦争時にも納税の義務を果たしながらロンドンの議会へ代表を送り政治に参加する権利を得られないとして，「代表なくして課税なし（No Taxation Without Representation）」が叫ばれた。

　このように現代の国家運営に必要な資金が租税によりまかなわれることは疑いなく，課税にいたる手続きやその徴税方法が納税者に納得してもらえるかは非常に大切な事項となる。それゆえ，租税をどのように集めるべきかという原則論は，その国・その時代の経済学者によって租税原則としてまとめられてきた。ここでは，とりわけよく知られた3つの租税原則について紹介する。

　18世紀の英国で，アダム・スミスの『国富論』（『諸国民の富の本質と原因に関する研究』）により，国民は国家の保護のもとで受けた利益に応じて公平に租税を負担すべき（公平の原則）であることと説明される。次に，租税は徴税側により恣意的な課税があってはならず支払い方法，金額などが明白でなければならない（明確の原則）こと，租税は納税者にとって最も都合の良い時期と方法で徴収するべきである（便宜の原則）こと，租税は納税者から集めた額と実際に国庫に納められる金額の差を小さくするため経費を最小にすべきという（最小徴税費の原則）3つを加えた，4つの原則が掲げられている。

　19世紀のドイツではアドルフ・ワグナーが，財政政策上の原則（十分性，弾力性），国民経済上の原則（税源，税種），公正の原則（普遍性，公平），税務行政上の原則（明確性，便宜性，最小徴税費用）を4つの原則としている。財政政策上の原則は政府が政策を実施するために必要な財源を確保できることを要件としており，必要な財政支出をまかなうに十分な租税収入があるかという十分性，ならびに必要な財政支出額が変動したときに租税収入もそれに対応できるかという弾力性を含めている。国民経済上の原則は租税が経済活動を阻害せず集められることを要件としており，消費や所得などの税源や税種を選ぶ際にはできるだけ課税前の納税者の選択を歪めないよう租税を設定すべきという意味を含めている。公正の原則はすべての人が負担を分かち合うという普遍性，納税者の負担能力に応じて課税される公平性がある。税務行政上の原則は，課税は明確であって恣意的な余地がないことを求める明確性，納税手続は納税者にとって便利なようにすべきという課税の便宜性，徴税費が最小となるようにする最小徴税費が含まれる。

　20世紀後半になると米国ではマスグレイブがより現代的な租税原則を提案している。市場による効率的な量・価格の決定を歪めないよう 1）中立性に配慮し，景気の安定や経済成長のための政策に親和性のある税 2）経済の安定と

図表 4-1　租税原則

アダム・スミスの 4 つの原則	ワグナーの 4 大原則（9 小原則）	マスグレイブの租税原則
公平の原則 明確の原則 便宜の原則 最小徴税費の原則	財政政策上の原則 　（十分性，弾力性） 国民経済上の原則（税源，税種） 公正の原則（普遍性，公平） 税務行政上の原則 　（明確性，便宜性，最小徴税費用）	1) 中立性 2) 経済の安定と成長 3) 公平 4) 十分であること 5) 明確 6) 費用最小 7) 負担者（転嫁先）

出所：筆者作成。

　成長を支え，納税者の間で負担が 3) 公平となるように努め，必要な歳入を集めるのに 4) 十分であること，納税者にとって公正で恣意性なく 5) 明確で，徴税・納税に関わる 6) 費用最小となるように考慮するべきで，租税の最終的な 7) 負担者（転嫁先）の影響も見定めなければならないとして，7 つのポイントをあげている。

　これらの租税原則をみていくと，どれも課税の公平に関する原則（公平），課税の経済効率に関する原則（中立）と最小徴税費の原則（簡素）は共通して外せない要素であることがわかる。ここでは，この公平，中立，簡素についてみていこう。

　課税の公平性とは，個人の支払い能力に応じて税を負担することだが，公平には 2 つの基準がある。ひとつは支払い能力の等しい人は等しい税負担を負うべきであるという水平的公平という考え方で，もう一方は支払い能力の大きい人はそれだけ重い納税を負うべきという垂直的公平という考え方である。この考え方は所得税の能力説を紹介するさいに，タテとヨコの関係からのアプローチとして扱っている。

　課税の中立性とは，租税の導入により複数の財・サービス間で相対価格に変化が生じ，納税者や納税企業の選択に歪みが生じて最適な選択ができなくならないようにすることである。我々はみな 1 日につき 24 時間が与えられており，その時間を労働と余暇に充てて生活している。もし，労働から生じる所得にのみ税が課されたら，相対的に余暇が割安となるため余暇の時間を増やすこともあるし，所得が減る分労働を増やすかもしれない。それならばどちらを選

択しても同様に税を課すようにすれば選択の歪みが生じない。同じことが代替可能な2財におきれば，新税が課されなかった財は相対的に割安となるため，課税対象の財の消費を下げて非課税の財の消費を増やそうと消費者行動が変化し，結果として満足（経済学でいう効用）を下げることになる。このような最適な選択ができなくなることによる非効率は超過負担とよばれ，一般的にはその税率の大きいほど，また価格弾力性の大きいほど超過負担も大きくなる。

　簡素な税制は，納税者に負担のない方法で納税者が支払った税をできるだけ欠くことなく国庫に収めるという意味で重要である。簡素な租税を阻むのは，税務職員の人件費など徴税のための費用（税務行政費用）と，税理士への支払いや申告書の作成時間など納税者側の費用（納税協力費用）である。

　日本の国税庁では徴税の監督・相談，脱税者への調査・査察，計算基準の作成や酒類販売免許管理とさまざまな業務がある。そのため2020年度に人件費として5,621億円を支出し，職員数は5万5,953人を抱え，全国に12の国税局と524の税務署を構えているが，これらは税務行政費用の一部となる。一方で，納税者に代わり税務書類作成，税務調査の立会いや異議申し立てなどを行うのが税理士であり，2020年には7万9,293人の税理士登録者と6,582の税理士法人届出数（事務所数）がある。税理士への報酬は納税協力費用の一部となる。特別措置や控除などが簡素化すれば，双方の立場とも税の徴税に関わる従事者の数は減るだろう。

2．租税の分類

　租税がもつ特徴を捉えて，その属性や種類で分類していく基準をいくつか示していく。

　まず，国税と地方税という課税主体による分類方法がある。国が徴収する税を国税とよび，地方政府（都道府県，市町村）が徴収する税を地方税とよぶ。国は公共財供給のための財源だけでなく所得再分配や経済成長を安定させる機能も担っているため，累進課税を通じて景気変動に応じた税収の伸び縮みがあるものが国税に多い。地方税はどの地域にでも満遍なくある土地や家屋のような安定税源や住民のような地域行政からの受益者から徴収する税源が多い。

　直接税と間接税という転嫁の有無による分類方法がある。直接税とは，法律

上の納税義務者が実際に税負担すると立法者が想定している税である。間接税とは，法律上の納税義務者が自分で負担せず税負担を他者等に負担させる（転嫁する）と立法者が想定している税である。直間比率は国により異なり，財務省 HP（2020）によるとアメリカの直間比率は 79：21，ドイツの直間比率は 55：45 に対して，日本の直間比率はその中間となる 67：33 になるという。

　人税と物税という税を課す主体で分類する方法がある。人税とは人を主体としてその人の所得や占有する財に税を課すものである。人税には直接税が多いという特徴と，納税者の個別の事情を考慮して税額を決めることが可能となる特徴がある。物税とは物を対象として税を課すものである。したがって，物税はその物の経済的価値で税額を決定し，その利用者たる納税者の個別の事情は考慮しないことが多いという特徴がある。

　普通税と目的税という徴収後の使途に着目した分類方法がある。普通税は徴収した税収の使い道を特定の使途に限定せず一般財源として扱う。一方で目的税は税法上その使途が制約される，特定財源となる。特定財源は，特定の税収と特定の支出先の関係性を明確にするため受益者に負担させる意図には説得力が増すが，税収があるから特定の支出先に使い続けるという意味で無駄が生じることもあるため財政の硬直化として批判されることがある。

　従量税と従価税という税額計算時に使う基準に着目した分類方法がある。ある財に税を課す時に，個数や体積といった量にあらかじめ決まった税額を課す場合を従量税と呼び，その商品の市場での取引価格に対して一定割合の税を課す場合を従価税としている。たとえばワインやバッグは，安いものから高いものまで存在しており同じ量（液体 750ml やバッグ 1 個）だとしてもブランド（ラベル）により価格が大幅に違うため，両者の結果は大幅に異なる。1,000 円のワインでも 30 万円のワインでも従量税なら同じ税額だが，従価税なら価格比だけ（この場合 300 倍）税額が異なる結果となる。さらに，異時点間で比較すると（インフレーションなど）商品価格の変更によって税額の影響を受けるのは従価税であり，従量税は影響を受けないという特徴がある。

　比例税と累進税，逆進税といった税率構造に着目した分類方法がある。比例税は常に同じ税率で課税する税率構造を呼ぶ。累進税は，税を計算する際に基準となるもの（課税標準）が増えるとそれに応じて税率も増える仕組みで，結

果的に税負担率が大きくなっていく税率構造を指す。逆進税はその逆で税を計算する際に基準となるもの（課税標準）が増えると反対に税率が小さくなる仕組みである。

　最後に，税を計算する際に基準とするまたは課税対象とするものが何かで分類する方法がある。この方法によると給与や事業所得などを対象にした所得課税，財・サービスの取引などを対象にした消費課税，土地や家屋の所有・取得などを対象にした資産課税と3つに分類することが多い。この所得課税，消費課税，資産課税の税収比率の2017年のデータを日本と欧米諸国で比較したのが図表4-2である。この中で米国は個人・法人の所得課税の比率が5割超と高い。OECD 34カ国の中で所得課税の比率が最も高いのはデンマーク（63.4%）であるが，日本は9番目に高い。特に日本の法人所得税の割合（21%）だけみると3番目となるため，日本国内では企業の国際競争力低下の一因との指摘から税制改革の中で話題になることがある。消費課税の比率はこの中でドイツの43%が最も高く，米国の20.4%が一番低い。OECD 34カ国の中で消費課税の比率をみると，上位に欧州諸国が並び日本は29番目（33.2%）で米国（20.4%）は最下位である。資産課税の比率は，フランスの24.1%がOECD諸国の中でも最も高く次いで米国となり，日本の14.2%は9番目となっているた

図表4-2　所得課税，消費課税，資産課税の税収比の国際比較

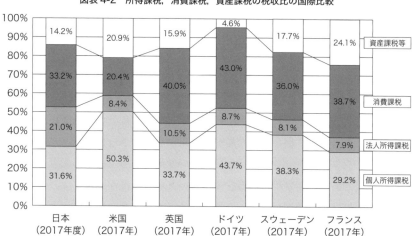

出所：財務省（2020）。

め決して低くない。

　これら所得課税，消費課税，資産課税を適切に組み合わせ課税することを
タックス・ミックスというが，実際の課税では納税者に理解が得られるよう
にそれぞれの税を適材適所に使い，公平，中立，簡素な租税を目指す必要があ
る。

第Ⅱ節　日本の税制

　前節において，租税について学ぶのに必要な基本的なことを整理した。本節
では，現在まで，日本の政治経済の焦点となり続けている税制の問題を理解す
るために，税制についての大きな流れを把握していく。

1．所得課税中心主義

　第二次世界大戦後の日本の税制の骨格を築いたのが，1949年のシャウプ勧
告である。シャウプ勧告は，日本の税制を近代化し，所得税や法人税を中心と
した所得課税を定着させるのに大きな役割を果たした。また，日本の税制が消
費課税へシフトしていく1989年税制改革までその考え方が受け継がれ，21世
紀初頭に税制調査会の答申で税制の基本理念や骨格がシャウプ勧告に大きく依
存していると述べられている。

　シャウプ勧告の租税システムの特徴は，所得税中心，所得税・法人税基幹，
タックス・ミックス，支出税の4つである（内山昭『財政とは何か』税務経理
協会，145ページ）。すなわち，個人所得税を中心とした税制を想定し，法人
擬制説に基づき法人税に重要な地位を与えないこと，今日の日本の税制の考え
方にもつながる所得・資産・消費の組み合わせが最適な税制であるとみなして
いること，家計に対する課税では支出税の考え方である貯蓄非課税であること
に特徴があるとされる。

　シャウプ勧告が目指した税制は次の3つの論点で整理される。第1に，所得
税は現代において最も優れた税であり，その所得税を中心として税制を構築す
ることである。また，所得税は，株式売買益（キャピタルゲイン）を含むあら
ゆる所得を合算した総合課税が望ましいとした。第2に，法人税は，法人擬制

説に立脚し，課税は個人段階で厳密に行われるため，法人税は個人所得税の前取りであるので税率は高くすべきではないとする。第3に，所得税中心の観点から，課税ベースの広い間接税である一般消費税を否定し，1948年9月から実施された取引高税の廃止が勧告された。取引高税は，1949年12月に廃止されている。

　シャウプ勧告は，1950年代から80年代まで日本の税制に大きな影響を与えてきた。その間に行われた税制改革に勧告を引き継ぎ拡大させた面と勧告を修正し逸脱した面があるため2つの異なる評価がある。合理的税制としての評価と資本蓄積税制としての評価である。所得税中心の合理的税制としての評価は，総合課税の徹底をより重視している点に求められる。その一方で，資本蓄積税制としての評価は，法人課税軽課により高度な資本蓄積を重視している点に求められる。個人所得税については，利子所得や配当所得が分離課税になったことやキャピタルゲイン課税の廃止といった資産所得の総合課税への断念がシャウプ勧告から逸脱している点としてあげられる。法人課税については，法人税率は35％で導入されたが，その後40％に引き上げられたときも，租税特別措置によって課税ベースが浸食され負担が低位になっていたことが指摘されている。

2．消費課税へのシフト

　米国の1986年税制改革は，国際的な潮流となり先進各国に影響を与えた。「課税ベースを拡げて，税率を下げる」といった理念の下で行われた所得課税の改革は，租税特別措置を縮小・廃止し課税ベースを拡大することで水平的公平を達成し，最高税率を引き下げるだけでなく税率の累進度を緩和する税率のフラット化を行い経済活力にインセンティブを与えるものであった。

　日本もこの改革と軌を一にする形で税制改革を行っているが，米国と異なるのは消費税（付加価値税）をセットとして税制の抜本的改革を行っている点である。1988−89年の税制の抜本改革では，消費税が1989（平成元）年に3％の税率で導入された。所得税は1988年に最高税率が70％から60％に引き下げられ，税率の区分（ブラケット）数は15から12に減らされた。同じく1989年には最高税率が60％から50％に引き下げられ，ブラケット数は12から6に

減らされた。法人税については，1989 年に法定税率が 40％から 37.5％に引き下げられている。

　1997−99 年の税制改正においては，この傾向がさらに加速されたとみられる。消費税は 1997（平成 9）年に 3％から 5％に税率が引き上げられ，簡易課税などの特例措置が縮小された。所得税は，1999 年に最高税率が 37.5％から 37％に引き下げられ，ブラケット数は 6 から 4 に減らされた。法人税については，1998 年から 99 年にかけて法定税率が 37.5％→ 34.5％→ 30％に引き下げられ，98 年の改正で課税ベースが若干拡げられている。

　21 世紀に入ってからの所得税と消費税の主な税制改正を見てみよう。所得税については，2007 年の改正で地方への税源移譲により最高税率が 37％から 40％に引き上げられた。また，最低税率が 5％となり，ブラケット数は 4 から 6 へ増やされた。2015 年の改正ではさらに最高税率が 45％に引き上げられ，ブラケット数はひとつ増え 7 となっている。消費税については，2012 年の民主党，自民党と公明党の 3 党合意に従い，税と社会保障の一体改革として 2014（平成 26）年に税率が 8％に引き上げられ，さらに 2019 年には 10％に引き上げられ，食料品等については税率据え置きの軽減税率となった。

　このように，これまで実施されてきた税制改革や税制改正は，所得，資産，消費への各課税のバランスをとるタックス・ミックスに依拠している。理念としては「公平・中立・簡素」が謳われてきた。所得課税中心であった日本の税制は，所得税や法人税の税制におけるウェイトを低下させ，消費税の導入や税率引き上げを通じて直間比率のバランスをとることになった。20 世紀末には，最高税率の引き下げや税率のフラット化により，所得税の累進度が緩和され，所得再分配が弱められたが，21 世紀には所得格差が顕著になり，最高税率が引き上げられている。少子高齢化に伴い増加している社会保障費をまかなうための財源として広く浅く課税する消費税の地位が高くなってきている。

3．所得課税，消費課税，資産課税のメリット・デメリット

　適正な所得課税，消費課税，資産課税のタックス・ミックスを理解するために，それぞれのもつメリット・デメリットを把握することが重要である。所得課税，消費課税，資産課税のメリット・デメリットを見ていこう。

　所得課税のメリットは，大きな経済力を持つ人に多くの負担を求める垂直的公平の達成，各種の控除を設けることで担税力にきめ細やかに配慮することが可能，所得税の累進構造が景気を自動的に調整するビルト・イン・スタビライザーをもつことにある。デメリットは，累進構造がきつくなると勤労意欲や投資意欲を阻害し経済活力に影響を与えると考えられること，所得の把握が困難であり水平的公平を満たせないこと，法人税については景気の影響を受けやすく，税収の変動が大きいことである。

　消費課税のメリットは，景気の変動を受けにくいため安定的な税収が期待できること，経済力を消費でとらえた場合，水平的公平を達成しやすいことである。デメリットは，所得税のように個々の納税者の経済事情に配慮した税負担を求めることができないこと，所得に対する税負担が逆進的になることである。

　資産課税のメリットは，経済社会のストック化に対応して富の集中の防止や資産格差の是正が可能なこと，垂直的公平を達成するために所得課税や消費課税を補完できることである。デメリットは，資本蓄積を阻害し，長期的な経済成長を阻害するかもしれないこと，現金の流れ（キャッシュ・フロー）がなくても課税されることである。

第Ⅲ節　税制改革の考え方

1．課税ベース，課税方法の選択で何が変わるのか

　日本の国税は，その税収額から所得税・法人税と消費税が基幹税である。税制改正・税制改革の議論では，これらの税の仕組みをどのように改める必要があるのか，さらには理想的な税の仕組みに近づけるにはどうしたらよいかを考えることから始めることになる。本章でみてきた，租税原則は歴史的に見た各時代の望ましい税制のあり方をまとめたものであるし，租税論や財政学では税制についての規範となる考え方を用いて，現代の税制の分析・考察が行われてきた。「望ましい」あるいは「理想的な」税制を考えるのには，基準となる考え方である「公平」や「効率（中立性）」という観点から仕組みや制度にアプローチできる。また，収入として得られる「所得」に対して課税するのか，所

得を「消費」することに対して課税するのかで,「公平」や「効率（中立性）」のバランスを考慮した制度設計を行おうとしてきた。所得税と消費税を例に考え方をみてみよう。

　所得税は,所得に対して課税される。課税ベースである「所得」の定義や仕組みは,第5章で紹介するが,皆さんはある人が得たすべての所得に区別なく課税するのが直感的に望ましいと考えるかもしれない。しかし,日本の所得税の仕組みは,利子や配当そして株式や土地・建物の譲渡益は総合課税されず,15%（と住民税5%）の比例税率が適用されるため,高い累進税率が適用される高所得者層にとっては金融所得が多いほど,低い税率が適用される部分が多くなり有利となる。さらに,現在の所得税は実際に受け取った所得に対して課されるため,未実現のキャピタルゲインへの課税ができない。これらの問題は,包括的所得税の考え方を適用した理想的な所得税の制度で解消すると考えられたが,金融所得の問題を考えるとそもそも分離して考える方が良いとも考えられる。所得から消費に課税ベースを変更するとこういった不公平な取り扱いが生じないことも考えられた。これらの考え方については次項で紹介する。

　間接税である消費税の制度は,商品ごとに異なる複数税率を用いても,納税者は皆が同じ税率で課税される。複数税率である軽減税率を導入したのは,政策的には生存するために必ず消費するもの（食料など）に軽減税率を採用することで,低所得者対策や低所得者世帯の多くで家計支出のうち食料に対する支出の割合が高くなるという逆進性の問題が生じるためである。しかし,同じ商品を買えば所得や資産に関係なく誰でも軽減税率が適用されるため,高所得者であるお金持ちにも恩恵が及ぶことから,低所得者対策としての有効性に対して疑問が上がっている。

　所得税と消費税の制度には,上記のような不公平や経済効率,そして制度の抱える問題に対する議論があった。所得税と消費税については,タックス・ミックスの中で,それぞれの制度の抱える問題に対処するために,課税ベースだけでなく直接税や間接税のバランス,税率を議論し,制度の改革・改正が行われてきたのである。ところが,比較的新しい考えとして税負担と同時に給付を行うような制度が紹介・検討されるようになってきた。給付付き税額控除やベーシックインカムである。ここでは,ベーシックインカムを紹介する。ベー

シックインカムは，税負担と同時に全員に一律の給付を行う制度である。ベーシックインカムは，税制改革と社会保障の改革を統合して行うというもので，そのさいに十分な給付を行うことにより所得税を比例税率にすることも一例として検討されている。つまり，受給者の状況（一定の条件）に応じて給付するのではなく，高所得者も含めて全国民に一律・条件なく申請も必要とせずに現金給付することで，誰に対しても最低限度の生活を保障するために累進税率で考慮する必要がないという仕組みである。比例税率であれば，高所得者層も最高税率の上限を気にして納税先の国を移す検討をする必要がなくなる。子育て世代には子供（人数）が増えると給付額が増えるようデザインすれば少子化対策にもなり，給付に所得制限が無いので従前の生活保護制度のように給付受け取りのため仕事を辞めようとすることもない。この議論には，今より生活水準が下がる層が出てくる可能性もあること，最低限の生活が保障されることで賃金を下げる圧力が生じること，そもそも財政赤字の拡大につながるなら現金給付による需要増と相まってインフレの可能性があるなど，その影響する分野が広く制度設計は省庁を超えた議論が必要になる。

　次の2項と3項では，これまで税制改革について経済学者の間での議論に影響を与えた包括的所得税と二元的所得税，支出税（総合消費税）についての考え方のエッセンスをみていく。ポイントを示しておくと，包括的所得税と二元的所得税は，所得税を公平や効率の観点からみてどういった考えに基づき制度設計が行われたのかを，また，支出税は，所得税の課税ベースである所得を消費に置き換え課税をするアイディアであるが，将来の消費となる貯蓄に関する扱いや所得税制において分離課税となっているものがあることから現行の所得税が支出税に近いという経済学者による評価があること，実際に制度化して実行した国もあることを理解してほしい。

2．包括的所得税と二元的所得税
　所得税の課税方法に関する考え方には，包括的所得税と分類所得税がある。簡単に説明しておくと，包括的所得税は所得がどのように獲得されたかということと無関係にすべての所得に累進税率を適用する考え方であり，分類所得税は所得の源泉に応じて異なった税率を適用する考え方である。

　1980 年代に米国に端を発した税制改革は先進各国に影響を与えたことは，すでに述べた。この税制改革は，包括的所得税の考え方をベースに，理念が大変受け入れやすいものであったために税制改革の潮流となりえた。日本においても，この税制改革に影響を受けて税制改革を行った。日本の所得税制はシャウプ勧告に基づき，包括的所得税を理想とした総合課税を建前としてきたが，すでにみたように，実際には利子・配当所得や譲渡所得が分離課税や非課税であったために実質的には理想とした包括的所得税の仕組みと乖離（かいり）が生じていた。さらに，1989 年に行われた税制改革の抜本的改革はこの世界的な潮流にのって行われた部分もあるが，最高税率の引き下げや税率のフラット化は累進課税の後退を余儀なくされたと評価されている。

　所得税制が抱える問題のひとつに金融所得などの資産性所得の扱いがある。包括的所得税の考え方に従えば，課税ベースに合算して税額を計算することが望ましいことになる。しかし，金融所得などの資産性所得はいわゆる「足の速い所得」として捕捉が難しい。インターネットのような通信技術の発展により経済のグローバル化が進むと，ますます金融所得の捕捉は困難になっていく。包括的所得税の考え方は，経済のグローバル化によって限界を迎えることになる。

　それに代わって注目を受けたのが，分類所得税の考え方を取り入れた二元的

図表 4-3　二元的所得税の理論的仕組み

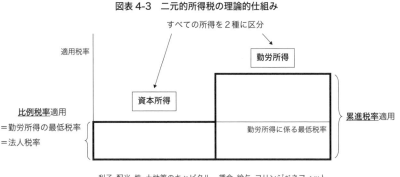

出所：内閣府「二元的所得税論」（https://www.cao.go.jp/zei-cho/history/1996-2009/gijiroku/kin/2001/pdf/kin03d.pdf：2021 年 1 月 24 日アクセス）。

所得税である。図表 4-3 は二元的所得税を図示したものである。二元的所得税は，個人の所得を「勤労所得」と「資本所得」に大きく 2 つに分類する。「勤労所得」は賃金，給与などが該当し，「資本所得」は利子，配当，キャピタルゲイン，不動産所得などの資産性の所得が該当する。税率は「勤労所得」には累進課税を適用し所得の再分配をはかる。「資本所得」については比例税率を適用する。二元的所得税は，スウェーデン，ノルウェー，フィンランドの北欧 3 カ国で導入され，日本においても導入が検討されたが実現していない。

　なお，二元的所得税は，包括的所得税から消費課税へ移行する中間的な税制であること，厳格な税理論に裏打ちされたものというより現実の諸問題に対処するための税制であること，グローバル化に対応した税制であること，効率性を重視した税制であることと評価されている。

3．支出税（総合消費税）

　納税者の担税力が消費支出であると見なすと，消費支出に対して直接税による課税をすれば基幹税となりうる。これまでみてきた包括的所得の概念からすれば，所得とはその種類に関係なくすべて消費または貯蓄（資産の購入）に充てられるということなので，消費とは所得のうち貯蓄されなかった分と言い換えることができる。

　支出税（または総合消費税）は，納税者が所得や資産のどちらからだとしても消費支出した分を累進課税する。つまり労働からの所得であっても資産からの所得であっても分け隔てがないだけでなく，仮に新たな所得がなく資産の取り崩しだとしてもその消費支出が課税対象となる。一般に所得を受け取るタイミングを納税者が自分で調整するのは難しいが，受け取った所得を今消費するのか将来消費（貯蓄）するのかを選択することは容易である。それゆえ，消費に課税することは，所得に課税されたときに生じた何ともし難い発生タイミングによる不公平を，個人が自ら消費時期を調整することで税負担最小または利得最大となるように消費することができる。現在消費と将来消費（貯蓄）の選択を歪めないという点で中立性を確保しているといえよう。人は何も持たずに生まれ死んでいくと考えると，個人の現在や将来の消費の集合である生涯消費とは生涯所得に等しくなるはずであり，それ以外の要素は遺産税や贈与税で

しっかりと捕捉して課税すればよいということになる。実際に1959年にセイロン（現在のスリランカ）で支出税が実施されたときは，もともと存在した遺産税のみならず，保有資産に対する富裕税，贈与税と支出税の3税を組み合わせにして個人税として導入されている。

　支出税では所得税の時に難しかった資産の売却益（キャピタルゲイン）への発生時の課税をする必要がなくなり，実現して消費支出したときに課税すれば良いのでより簡素に扱うことができ，なおかつ所得税の時と同様に社会の政策的観点や納税者の家族構成・状況に応じた各種控除で公平を確保することも出来る。

　以上の長所がある支出税であるが，実際にはどのように課税するのか。所得や資産から消費支出した分を計算するために，毎日のレシートを保存してすべて合計する必要はないとされている。一般的に所得は消費されるか貯蓄される。所得がなければ貯蓄が取り崩されて消費される。このことから，所得から預金・資産の増加を引き算（取り崩しなら足し算）すれば年間消費額を計算できる。年間消費額が定まれば各種控除（基礎控除など）を引いて累進税率で課税されるのが原則であり古典的支出税と呼ばれる。この計算をさらに簡単にする方法として前納勘定方式または現代的支出税と呼ばれる課税方法があり，この方法によれば長期性の預金・借り入れのみを登録資産として引き算の対象とし（記録しておき），そういった金融資産取引以外は所得発生時に課税する（支出税を前納する）と計算が容易になるだけでなく後で大きく消費支出する年があっても納税者自身の手で（累進税率に影響を与えないように）税負担が平準化されることになる。

　最後に直接税型の消費課税である支出税の短所についてもみていこう。理論上では，政府が同額の税収を得るには支出税は所得税よりも高い最高税率としなければならないことが予想され，この高い限界税率が脱税などを誘発する可能性があることがあげられる。また，貯蓄が課税されないのであれば，相続や贈与に対する税とのバランス次第で一時的に富の蓄積が進む可能性も欠点としてあげられる。また，これまでインドやセイロン（スリランカ）での古典的支出税の実施例をみると，納税者側も1年に1度は自身の税額計算を行う必要があることから税協力費用が必要になり，もし前納勘定方式で行うなら前納勘定

で処理できる範囲を制限することが必要になる。また忘れてはならないのは移行時の問題で，租税制度の大きな転換にあたり納税者の協力を得るための十分な説明や，移行期間を設けて急激なスイッチをしないということが大切になるだろう。そういったことを考えると，理想的な税を求める税制改革の議論は包括的所得税が良いのか支出税が良いのか，それとも他の方法を探るのかと議論が尽きない。

ディスカッションテーマ

- 日本の税制の1990年代までの流れと1990年から現代にいたるまでの流れについてそれぞれ特徴を議論してみよう。
- 包括的所得税の限界とそれに代わるものとして出てきた二元的所得税について社会経済の変化も考慮に入れて議論してみよう。
- 支出税を導入した国において制度がうまくいかなかったのはなぜか議論してみよう。
- 支出税を支持する経済学者の意見を集め，整理してみよう。

第5章

所 得 税

到達目標

1　日本，米国，英国，フランスにおける1990年度以降の所得税収の変遷を把握し，国税収入に占める所得税の割合や税率構造の違いについて説明できる。

2　経済力測定の根拠となっている経済力増加説と源泉説から所得税の課税方法の違いを説明できる。

3　負担配分についての3つの説（利益説，能力説，犠牲説）から所得税と課税の公平の考え方の関係を説明できる。

4　2をふまえて，日本の所得税制度の根幹をなす総合課税と分離課税について説明できる。

5　所得税額の算出過程について課税ベース(課税所得)の計算と税率構造，超過累進制度について理解し，簡単な所得税の計算であればできるようになる。

キーワード

経済力増加説，源泉説，利益説，能力説，犠牲説，所得控除，税額控除，超過累進税率

第Ⅰ節　所得税の地位

1．税収構造と所得税

　1990年代末以降，わが国の財政は歳入構造および歳出構造とも極めて硬直的なものとなっている。すなわち，歳入における税収の低迷と歳出における社会保障関係費の増大傾向である。所得税を中心として1990年代以降の税収構

造の変遷を解説する。

　まず，2019（平成31・令和元）年度の歳入からみてみよう。歳入総額は109.2兆円で，租税収入58.4兆円，公債金収入36.6兆円，税外収入7.4兆円，前年度剰余金等6.7兆円であり，歳入構成比は，それぞれ，53.5％，33.5％，12.9％である。歳入構造が健全であった1990（平成2）年度と2019年度を比べてみると，歳入総額1.52倍，租税収入0.97倍，公債金収入5.00倍，その他収入3.30倍である。景気の低迷により税収総額は2009（平成21）年度には38.7兆円まで低下した。1990年度の税収総額60.1兆円を上回ったのはこの30年間で2018（平成30）年度のみである。ちなみに，1990年度における歳入構成比は租税収入83.8％，公債金収入10.2％，その他収入6.0％であった。

　30年という長いスパンでみると歳入総額や租税収入はほとんど変化していないに等しいであろう。それに，公債金収入の激増である。こうしたことから，この間いかに日本経済が低迷していたかが分かるであろう。ちなみに，1991年度から2019年度までの実質GDP成長率は平均0.9％である。

　さて，図表5-1は所得税，法人税，消費税の主要3税目について税収額と構成比を求めたものである。図表5-1から，所得税および法人税について，2019年度を1990年度と比較してみると，金額および構成比の両方とも低下している。所得税は金額6.8兆円の減少，構成比8.6ポイントの低下であり，法人税は7.6兆円の減少，10.8ポイントの低下である。一方，消費税についてみると，2019年度は1990年度に比べて，金額13.7兆円の増加，構成比24.0ポイントの上昇である。

図表 5-1　日本の税収構造（1990 年度から 2019 年度）

億円，%

	1990 年度		2000 年度		2010 年度		2019 年度	
	金　額	構成比	金　額	構成比	金　額	構成比	金　額	構成比
所得税	259,955	41.4	187,889	37.0	129,843	31.3	191,706	32.8
法人税	183,836	29.3	117,472	23.2	89,677	21.6	107,971	18.5
消費税	46,227	7.4	98,221	19.4	100,333	24.2	183,526	31.4
その他	11,040	21.9	20,752	20.4	95,015	22.9	101,212	17.3
税収総額	601,058	100.0	507,125	100.0	414,868	100.0	584,415	100.0

注：決算額。
出所：財務省資料。

　所得税収は1991年度の26.7兆円をピークに，若干の振幅はあるものの2008年の国際金融危機を契機に2009年度には12.9兆円まで落ち込み，その後回復傾向にあるものの1990年代初頭の水準には達しておらず，2010年代末においても1990年代初頭の4分の3の水準に過ぎない。法人税収のピークは1991年度の18.4兆円であるが，2009年度には6.4兆円まで低下した。その後増加傾向で推移しているが，1990年代初頭の6割強に過ぎない。税制も然ることながら，所得税と法人税が経済成長率の低迷に敏感に反応したことによる。消費税は，1989（平成元）年4月に税率3％で導入されたが，1997（平成9）年4月5％，2014（平成26）年4月8％，そして2019（令和元）年10月10％へ引き上げられたことが税収増の大きな要因である。

　次に，図表5-2は1990年度から2019年度までの30年間の税収構成比の推移について示したものである。この表から，所得税，法人税および消費税の税収総額に占める割合の推移をみると，所得税と法人税の相対的な構成比の低下傾向と，消費税の上昇傾向である。しかし，所得税は，なお消費税を上回っているのである。

　所得税の税収構成比は1990年代初頭をピークに，その後，振幅はあるものの2006年度の28.7％を底にして，その後増加に転じ31〜33％台で推移してい

図表5-2　日本の税収構成比の推移（1990年度から2019年度）

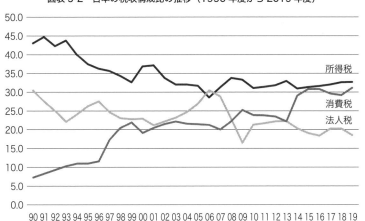

出所：財務省資料より筆者作成。

る。他方，法人税は1990年度から低下傾向で推移したが，2001年度に上昇に転じ2006年度には所得税を上回った。その後，国際金融危機による経済成長率の低下に伴い2009年度には16.5％まで低下し，2010年度以降，若干上昇基調にあったが近年は低下傾向にある。

　税収は，主として経済成長率と税制に影響されるところが大きい。税収の所得弾力性は消費課税に比べて所得課税の方が高いが，図表5-2はそれを如実に示している。1980年代以降の税制改正では，主として所得税と法人税の減税，消費税率の引上げが行われたのである。歳入構造の弾力性の回復は税収の拡大と同義であり，適正な経済成長率の達成を狙いとした効率的な財政運営が望まれる。

2．所得税の国際比較

　図表5-3は，所得税の税率構造および国税収入に占める所得税の割合を日本，米国，英国，フランスについてみたものである。

　まず，税率についてであるが，日本の最低税率5％はフランス0％とともに，米国10％と英国20％に比べると低いといえるが，最高税率は米国が37％で他の3カ国は45％である。税率の刻み数は日本と米国が7で，フランス5，英国3である。このように，所得再分配機能に大きな影響を及ぼす税率構造からみると，これらの国々の所得税制は概ね調和しているといえよう。

　次に，国税収入に占める所得税の割合（所得税／国税収入）は，米国（連邦）の70.4％が突出して高く，日本の32.1％はフランス36.9％，英国35.8％より低い値である。なお，2017年における総税収（国税＋地方税）の内訳をみると，日本の所得課税の割合は52.6％であり，主要国の中で米国の58.8％に

図表 5-3　所得税の国際比較

	日本	米国	英国	フランス
最低税率	5％	10％	20％	0％
最高税率	45％	37％	45％	45％
税率の刻み数	7	7	3	5
所得税／国税収入	32.1％	70.4％	35.8％	36.9％

　　注：①所得税／国税収入は2017年。
　　　　②税率と刻み数は2020年現在。
　　出所：財務省資料。

次いで高く，米国とともに消費課税の割合の低いグループに属する。日本の場合，諸外国と比べて，所得課税の中でも法人所得課税の割合が極めて高く，個人所得課税の割合が低いのである。

第Ⅱ節　所得税の概要

1．所得税の課税ベースと所得概念

　所得税の課税ベースは個人所得である。「所得とは何か」について考える場合，「所得」について定義をする必要がある。そのため，所得概念について２つの重要な考え方である「所得源泉説」と「経済力増加説（純資産増加説）」について説明しよう。この２つの考え方はどちらを採るかで所得税の課税方法が異なってくるためである。

　個人の所得は，労働の対価として得る労働所得と資産から派生する資本所得に分類することができる。資本所得は資産を所有・運用することから生じる所得で利子所得や配当所得，賃貸料所得などであり，いわゆる不労所得である。こうした所得の考え方について，所得源泉説と経済力増加説の２つの流れがある。

　まず，所得源泉説についてである。所得源泉説は周期的，そして反復的に継続して得る収入を課税ベースとする考え方であり，代表的なものが給与所得である。したがって，所得がどこから得られたかを問題にし，相続や宝くじ，キャピタルゲインなどの一時的な所得は除外される。

　それに対して，経済力増加説は，１年間の消費に資本の純増を加えたものである。原則としてすべての経済力の増加を算入し，相続や宝くじ，キャピタルゲイン，フリンジ・ベネフィット，農家の自家消費，帰属家賃なども含まれる。所得とは貨幣評価ができるあらゆる経済力の二時点間における純増加額といえる。所得 Y，消費 C，期首の資産の市場価値 W_0，期末の資産の市場価値 W_1，$\varDelta W$ を資産の純増とすると，$Y = C + (W_1 - W_0) = C + \varDelta W$，で示される。この「消費（C）＋資産純増（$\varDelta W$）」として定義された純資産増加説は包括的所得概念と呼ばれ，３名の主唱者にちなんで，シャンツ＝ヘイグ＝サイモンズ概念と名付けられている。経済力増加説は規範的な所得概念として各国におい

て受け入れられている。

２．所得税と課税の公平・効率

⑴　所得税における課税の公平性

　租税原則は，あるべき税制と現実の橋渡しをするものである。租税原則は，スミスの４原則，ワグナーの４大原則９小原則，マスグレイブの７条件などがあるが，各時代の経済社会の状況等を反映し重点は異なるものの，公平の考え方が中心となっていることは共通している。経済学の始祖であるアダム・スミス以来，租税の賦課はまずもって公平でなければならないとの考えが支配的である。

　負担配分のあり方に関する利益説と能力説について述べ，それから犠牲説と所得税制度における公平を担保する仕組みとの関係をみてみよう。

①　利益説

　利益説は，租税を政府が供給する公共サービスから受ける利益に対して賦課徴収するとの考え方であり，受益者負担に通じている。この考え方の立場からは，政府が供給する公共サービスである公共財から受ける利益に応じて各個人が税を負担することが公平ということになる。経済学の理論からアプローチしてみると，公共財の最適供給と各個人への負担配分を同時決定できるメリットがある反面，現実にそれを適用しようとすると国民が公共財に対して正しい選好を表明するかといった問題やタダ乗りの可能性といった問題が発生する。受益が比較的明確である目的税や住民に密着した行政サービスを提供する地方税には利益説を柔軟に適用することに意味があるとされる。

②　能力説

　すでに第１章で，義務説は，市民は国家の任務の遂行のために貢献の義務を負うという考え方であり，貢献の度合いは，各人の負担能力の大小によって決まることから能力説に通じる旨を述べた。能力説は，担税力，すなわち負担能力に応じて租税を負担すべきであるとするもので，所得税の累進性が支持される。能力説は，「貢献の度合い」から強制的なイメージあるいは「負担能力」

は所得などが基準になることから客観的なイメージとしてとらえられる。

　能力説は，タテとヨコの関係からアプローチが可能である。公平について，このアプローチによると，タテが垂直的公平となり，ヨコが水平的公平になる。垂直的公平とは，異なる経済力の人々は租税を賦課する際に異なった取扱いをされるべきとのことである。人々の経済力は，稼得能力による収入面と生活に必要な支出面の両者に基づいて判断される。同じ収入でも，支出が多い場合には経済力が弱く，逆に支出が少ない場合には経済力が強いと課税の上で判断される。一方，水平的公平とは，等しい経済力を持つ人々は課税の上で等しく扱われるべきことである。

③　犠牲説

　犠牲説は経済学的なアプローチによるもので，犠牲を効用の損失と考えるところに特徴がある。犠牲説は，所得の効用の絶対量が測定可能であり，かつ各個人の所得の限界効用曲線は同一であると仮定している。能力説が客観的能力説といわれるのに対して，犠牲説は主観的能力説であるといわれるが，犠牲説は，能力説の対比において論じられることが多い。

　課税による各人の間の効用の損失，いいかえれば消費によって得られたであろう満足感等の損失を等しくするように配分を行おうとする。課税による犠牲を基準に負担配分を個人間で等しくする考え方である犠牲説には，均等絶対犠牲，均等比例犠牲および均等限界犠牲の3つがある。

　個人L（低所得者）と個人H（高所得者）の所得の限界効用（MU）曲線が，それぞれ，MU_L，MU_Hとして描かれている（図表5-4）。横軸には所得をとり，縦軸は所得の限界効用をとっている。この考え方の前提として，所得の効用の絶対量が測定可能であり，各個人の所得の効用曲線は同一であると仮定する。このことから，所得額の等しい各個人は同額の所得税を支払うことになり，放棄する効用の量は等しくなる。犠牲説による租税の負担配分，図表5-4を使って，均等絶対犠牲と均等比例犠牲，均等限界犠牲を説明してみよう。

　・均等絶対犠牲

　　均等絶対犠牲は租税負担による犠牲（効用の減少）の絶対量をすべての人について等しくすると考える。図表5-4において，個人Lの課税前所得は

図表5-4　犠牲説による負担配分

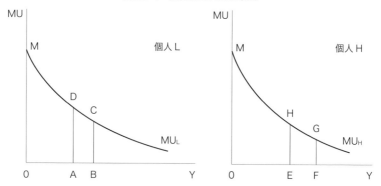

OBでABの所得税が賦課されるとABCDの所得効用が減少する。同様に，個人Hの課税前所得はOFでEFの課税が行われるとEFGHの所得効用が減少することになる。このように，ABCD＝EFGH，になるように課税する考え方が均等絶対犠牲である。

・均等比例犠牲

　均等比例犠牲は総効用に対する課税による効用の減少分の割合を各人で均等にする考え方である。個人Lに所得税ABを賦課すると所得効用の減少はABCDで課税前所得の総効用OBCMに対する割合は，ABCD/OBCM，である。同様に，個人Hに対する課税をEFとすると，その割合は，EFGH/OFGM，となる。均等比例犠牲の考え方は，個人Lと個人Hの間でこの割合を等しくするという説である。つまり，（ABCD/OBCM）＝（EFGH/OFGM），となるように課税することである。

・均等限界犠牲

　均等限界犠牲では，課税後所得の限界効用が個人間で等しくなるように課税する考え方である。たとえば，所得の低い個人Lには課税しないとすると，個人Lの所得の限界効用はBCであり，その場合に個人Hの課税後所得の限界効用が個人Lの限界効用BCと同値になるように課税すればよいことになる。つまり，BC＝EH，になるように個人HにEFの課税を行うことになる。

このように，所得水準が高くなるほど追加的な所得から得られる所得の限界

効用は低下するため，所得水準の高い人に高い税負担を求めても効用の低下（課税による犠牲）は小さい。

　これまで見た3つの犠牲説のうち，所得税の累進度が最も高くなるのは均等限界犠牲であるが，極度の累進となる。犠牲説は理論の点から，租税負担の公平性を確保するための累進税制が望ましいことが説明できるものの，効用の絶対量を測定できるという前提は経済学的にも否定されているため，現実に適用することは難しい。

⑵　所得税における課税の効率性

　中立性とは市場メカニズムの持つ効率的な資源配分を損なわないように経済行動に対して中立であるべきとのことである。すなわち，中立的な租税は資源配分に関して効率的である。租税は家計や企業の直接的負担のみならず，代替効果による超過負担，つまり厚生損失を生じさせ，資源配分に歪みをもたらす。所得税は財・サービスの選択に関して所得効果のみで代替効果が発生せず中立性が確保されるが，労働（所得）と余暇に関しては代替効果が働き，人々の労働意欲を低下させる可能性がある。ただ，人々の経済行動とは無関係に課税される定額税，いわゆる人頭税以外の税は何らかの代替効果を生じさせる。

3．所得税の課税単位

　課税単位とは，所得税を賦課するため，所得計算をする際の負担能力の測定単位のことである。課税単位は個人単位と世帯単位に分類され，さらに世帯単位は夫婦単位と子供を含む家族単位に分類される。世帯単位課税には，世帯の所得を合算して税率表を適用する合算非分割課税方式と，世帯の所得を合算した上で分割し各分割所得それぞれに対して税率表を適用する合算分割課税方式がある。

　まず，個人単位課税についてみると，そのメリットは個人間において公平性が確保されることや，結婚や配偶者の就労に関して中立性が確保されること，および納税義務者と税務当局の立場のいずれの観点からも簡素な点である。一方，個人単位課税のデメリットは世帯間の公平性が阻害されることである。

　次に，世帯単位課税では，人々の生活実態に適合するため世帯間の公平性が

確保される。デメリットは結婚や配偶者の就労といった個人の選択に対して中立的でないこと，および合算分割課税の場合に高所得者ほど恩恵を享受することになる。なお，世帯単位課税は納税義務者と税務当局の立場のいずれの観点からも煩雑になる。

　このように，個人単位課税および世帯単位課税のいずれにおいても公平性と中立（効率）性のトレード・オフが発生する。課税単位の選択において，公平性あるいは中立性のどちらをより重視するかは国民の選挙を通じた政府の判断に依存する。

第Ⅲ節　所得税の仕組みと計算

1．所得税の仕組み

　日本の所得税法は，種類の異なるすべての所得を合算する総合課税方式を原則としている。所得税は，当該年の1月1日から12月31日までの1年間に生じた所得に対して賦課される。収入から必要経費を差し引くことにより求めた

図表5-5　給与所得者の所得税算定のフローチャート

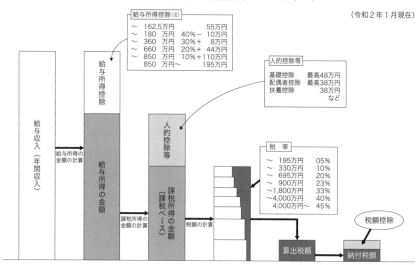

出所：「所得税など基本的な仕組み」財務省ホームページ（https://www.mof.go.jp/tax_policy/summary/income/b01.htm）。

所得から所得控除を差し引いた課税所得に超過累進税率を適用した後に，税額控除を差引くことにより所得税額が求められる。すなわち，所得税は「（総所得－所得控除）×税率－税額控除」で算出される。図表5-5は，給与所得者の所得税算定のフローチャートである。給与所得の所得税算定のプロセスを説明しよう。

① 所得総額から必要経費（給与所得者の場合は給与所得控除）が控除され所得金額を算出する。

② 所得金額から人的控除をはじめとした所得控除が差し引かれ課税ベース（課税所得）が確定する。

③ 課税ベースに超過累進による税率が乗じられ算出税額が確定する。

④ 算出税額から税額控除が差し引かれ納付税額が決定する。

２．所得の種類

　所得税法（第23条～第35条，参照）では，所得はその源泉ないし性質によって，利子所得，配当所得，事業所得，不動産所得，給与所得，退職所得，譲渡所得，山林所得，一時所得，雑所得の10種類に分類されている。公平性の観点から，それぞれの所得の性質によって担税力が異なるという前提の下，担税力の相違に応じた計算方法を規定している。各所得の所得金額を計算する際には，それぞれの収入または経済的利益から必要経費を差し引いて計算され

図表5-6 所得の種類（10種類）

種 類	内 容
利子所得	預貯金，国債などの利子の所得
配当所得	株式，出資の配当などの所得
事業所得	商工業，農業など事業をしている場合の所得
不動産所得	土地，建物などを貸している場合の所得
給与所得	給料，賃金，ボーナスなどの所得
退職所得	退職手当，一時恩給などの所得
譲渡所得	土地，建物，ゴルフ会員権などを売った場合の所得
山林所得	山林の立木などを売った場合の所得
一時所得	クイズの賞金，生命保険契約の満期返戻金など，一時的な所得
雑所得	恩給，年金などの所得
	営業でない貸金の利子など，上記所得に当てはまらない所得

出所：植松利夫編著『図説 日本の税制』（2020年度版），89ページ。

る。給与所得者の場合には給与所得控除という概算的な控除を差し引いて求められる。

　こうした所得を出来る限り合算して総合課税に近づけようとしているが，株式の配当所得や利子所得，雑所得などにみられるように，総合課税が困難で他の所得から切り離して課税される所得もある。所得税法は，申告分離課税や源泉分離課税等を規定している。

3．所得控除，課税最低限および税額控除

　所得税法（第72条〜第86条，参照）は，課税所得を計算する際に，総所得から各種の控除を差し引くことができる旨を定めているが，これらの控除が所得控除である。所得控除は，納税者およびその扶養親族の構成に対する配慮や，その他納税者の個人的事情に配慮した応能負担の実現を図るなどの目的で設けられている。所得控除は「人的控除」と「その他控除」に大別される。さらに，人的控除は基礎的な人的控除と特別な人的控除に分けることができる。

　基礎的な人的控除は基礎控除，配偶者控除，配偶者特別控除，および扶養控除であり，そして特別な人的控除は障害者控除，寡婦控除，寡夫控除，ひとり親控除，および勤労学生控除である。それぞれの控除は，その対象者や控除額などが定められている。税制改正により2020（令和2）年分から，従来の寡婦控除の一部や寡夫控除が見直され「ひとり親控除」が新設された。その他控除は，雑損控除，医療費控除，寄附金控除，小規模企業共済等掛金控除，生命保険料控除，および地震保険料控除である。

　これらの15種類にも及ぶ所得控除は，超過累進税率の適用とともに，所得税の有する所得再分配機能を担っている。ただ，公平性等に重きを置き所得控除の数を増やすと，税制が複雑になると同時に，人々の経済行動において代替効果が働くことにより，超過負担，すなわち厚生損失が大きくなる。なお，各種の控除により所得金額が一定額以下の個人には所得税が賦課されない。この所得額を課税最低限と呼んでいる。給与所得者の課税最低限は，給与所得控除，基礎控除，配偶者控除，扶養控除，特定扶養控除，社会保険料控除の合計である。夫婦子2人で，子のうち1人は特定扶養親族，もう1人が16歳未満の場合，2016（平成28）年度における課税最低限は285万円である。課税最

低限を引き下げることにより，課税ベースを広げると効率性は高くなるが，所得再分配機能は低下する。

　税額控除は，課税所得に超過累進税率を乗じて算出した税額から一定の金額を控除するものである。税額控除には，配当控除や外国税額控除，住宅借入金等特別控除，政党等寄附金特別控除など20種類ある。累進税率の下では，課税所得から控除される所得控除は高所得者ほど税負担軽減額が大きくなるが，税額控除は所得水準に関係なく税負担軽減額は一定額となる。

４．所得税の税率

　所得税制度の特徴は，一定金額以下の所得には課税されないという課税最低限の仕組み，および税率が累進構造になっている点である。この２つにより，所得の垂直的公平の確保が担保されており，課税における応能原則を実現する税といえる。

　図表5-7は，2020（令和2）年現在の所得税の税率を示したものである。税率の区分（ブラケット）は最低税率5％から最高税率45％の7段階であるが，山林所得や譲渡所得，利子所得などの分離課税に対するものなどは除外される。図表5-7のように，各区分から超過した所得金額だけに対応した税率を乗じる方式が採用されているが，これを超過累進税率という。なお，所得税の税率だけではなく，相続税や贈与税などにも超過累進税率が適用されている。

　所得税の税率や税率区分数はわが国の経済社会の状況の変化に伴い改正されてきた。1988（昭和63）年の消費税導入を伴うシャウプ勧告以来の税制改革

図表5-7　所得税の税率

課税所得金額	税　率
195万円以下	5%
195万円超～330万円以下	10%
330万円超～695万円以下	20%
695万円超～900万円以下	23%
900万円超～1,800万円以下	33%
1,800万円超～4,000万円以下	40%
4,000万円超～	45%

注：2015年以降。
出所：財務省資料。

により最高税率60％，税率区分12段階から，それぞれ，50％，5段階，に引き下げられ，さらに1999（平成11）年分より最高税率37％，税率区分4段階に引き下げられた。

　地方分権推進の一環として所得税から住民税への税源移譲に伴い最高税率40％，税率区分6段階へ引き上げられた。さらに消費税の5％から8％への引き上げに伴い，図表5-7に示されているように2015（平成27）年分から課税所得4,000万円を超える所得に対して45％の税率区分が新たに設けられ，最高税率45％，税率区分7段階へ引き上げられた。これに住民税率10％を加えると個人所得課税の最高税率は55％になり所得再分配機能が強化されたといえる。わが国の所得税率や税率区分は，消費税のもつ逆進性を緩和するとの観点などから消費税率の引き上げと連動してきたところが大きい。

　なお，わが国における所得税の納税者をみると，適用税率10％以下の納税者が納税者全体に占める割合は84％（2018年）に達し，米国25％（2016年）や英国2％（2017年），フランス0％（2016年）に比べて極めて高い割合を占めている（財務省資料）。わが国の場合，こうした層に対する適用税率の引き上げにより財源調達機能の強化の余地があるともいえる。

5．所得税の計算

　前述のように，収入金額から必要経費と所得控除を差し引くことにより，所得税率を乗じる課税所得が求められる。ここでは，課税所得を所与として所得税の計算方法を簡単に説明してみよう。図表5-8は，図表5-7の所得税率表をグラフにしたものである。これを用いて所得税の計算例を示すことにする。

　まず，横軸に課税所得（万円）を測り，縦軸に税率（％）を測ってある。丸印のある横線は，左端は超を右端は以下を示している。グラフのシャドー部分の面積を求めることで所得税額を算出する。横軸の所得と縦軸の税率を乗じて求めるのである。課税所得500万円の所得税額は以下の順序で考えると分かり易い。ちなみに，20％以下の税率が適用される納税者の割合は納税者全体の95％（2018年度）に達する。

　① 195×0.05＝9.75万円

図表 5-8　超過累進税率のグラフ

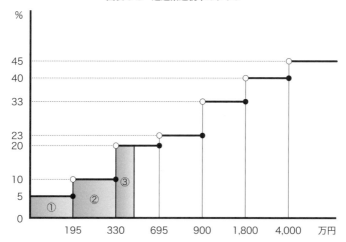

② $(330-195)×0.1=135×0.1=13.5$ 万円

③ $(500-330)×0.2=170×0.2=34.0$ 万円

　$9.75+13.5+34.0=57.25$ 万円

　①は 195 万円以下の所得に対する税額 9.75 万円，②は（195 万円超〜 330 万円以下）の 135 万円に対する税額 13.5 万円，③は（330 万円超〜 500 万円以下）の 170 万円に対する税額 34.0 万円である。①＋②＋③の合計 57.25 万円が，課税所得 500 万円の納税者の所得税額である。同様にして，課税所得が分かればこの計算方法で所得税額を計算すればよい。このように超過した金額に応じて高い税率を乗じるため，この税率を超過累進税率と呼んでいる。国税事務所などでは，税額を求めたい課税所得の最も高い限界税率を乗じて，一定の控除額を差し引くことで所得税額を算出する簡易計算表が用意されている。もちろん，基本的な考え方は同じである。

第Ⅳ節　所得税の課題

1．ブラケットクリープ

　所得税は，累進的な税率表のもとで名目所得に対して課税される。そのた

め，インフレーション（インフレ）が発生した場合に，ブラケットクリープと呼ばれる適用税率の上昇をもたらし，急激な税負担の増加が生じる。ブラケットクリープとは，実質所得が変化しない中で過度の物価上昇によって名目所得が増加するため，より高い税率ブラケット（税率区分）に移行し租税負担率が上昇することである。

　インフレによる税負担の増加を緩和するためには，インデクセーションと呼ばれる物価調整が必要となる。所得税法では，インフレに対する調整についての規定はなく，インフレに対しては，随時，課税最低限の引き上げや税率表の見直しがなされた。税率の累進度が高いと適用される税率区分は，インフレによって上昇するためブラケットクリープが頻繁に発生した。第1次石油危機による1973（昭和48）年度以降のインフレによって給与所得者の所得税負担率は1980年代の半ばまで上昇した。1980年代の日本の所得税負担は諸外国と比べて非常に高く，経済効率を歪めることが指摘され，またインフレによるブラケットクリープ等の問題もあったため累進度を緩和させることが要請された。

　ただ，1990年代末以降，デフレーションが常態化し経済成長率が低迷する状況の下ではブラケットクリープの問題が顕在化することは皆無であった。

2．労働力供給と103万円の壁

　労働力人口が減少する経済社会において，女性や高齢者の労働環境を整え，労働力の供給を促すと共に，技術革新により労働生産性を上げていくことが日本経済に課された課題である。少子高齢化の進展や共働き世帯の増加など経済社会の変化に対応した女性や高齢者の働き方の選択に対して中立な税・社会保障制度の構築は喫緊の課題である。

　所得税には，税制として労働力供給を調整するインセンティブを生み出す103万円の壁といわれるものがある。この103万円の壁は，納税者に給与収入が103万円以下の控除対象配偶者がいる場合の配偶者控除の適用要件に起因する。配偶者の年収が103万円を超えると，納税者本人は配偶者控除を失う。当該納税者は配偶者控除の消失を回避するため，年収が103万円未満になるように就業調整を行う傾向がある。経済学の観点から，103万円の壁は労働力供給に関して負のインセンティブとなる。そのため，資源配分の効率性や労働市場

の構造や共稼ぎが進むライフスタイルの変化の観点からみると，こうした仕組みはない方が良いという議論になる。

3．所得の捕捉率格差と水平的公平

　制度上の問題とは別に税務行政上の点から，税負担の水平的公平性を損なっていると主張されているもののひとつに，クロヨン（9：6：4）問題がある。クロヨンとは，納税者の就業形態の違いによって生じていると言われている所得の捕捉率の略称である。源泉徴収で納税する給与所得者は所得のほぼ9割が捕捉されるのに対し，申告納税をする事業所得者と農業所得者は，それぞれ，6割，4割しか捕捉されていないという推定の比率を表している。すなわち，この問題は，源泉徴収と所得申告という納税方法の違いによって所得捕捉率の違いが生じることに原因があるとされる。また，クロヨンは，トーゴ—サンピン（10：5：3：1）とともに水平的公平を損なうものとして，所得税の不公平感を表す言葉として使われてきた。

ディスカッションテーマ ───────────────────────

- 日本，米国，英国，フランスの税収における所得税収について国際比較を行い，各国における所得税の国ごとの位置づけを議論し，特徴をまとめてみよう。
- 経済力増加説，源泉説のどちらの考え方が所得税の課税方法において優れているかを議論してみよう。
- 負担配分についての3つの説（利益説，能力説，犠牲説）を参考に所得税と課税の公平について議論してみよう。
- 所得税制度の問題点を制度の面から議論してみよう。

第6章

法 人 税

到達目標

1 法人税の課税根拠についての考え方を理解し，説明できる。

2 法人税の仕組みや計算の仕方を理解し，説明できる。

3 経済のグローバル化やデジタル経済と課税における法人税の問題を理解し，
法人税のあるべき姿を考え，説明できる。

キーワード

所得税と法人税の二重課税，法人税の課税ベース，益金，損金，国際課税，
BEPS

第 I 節　法人税は誰が負担するのか

1．法人税とは

　法人税とは，法人の所得（利潤）に課される税である。経済において，会社
や企業などは，財やサービスの生産を行う。その経済活動によって生み出され
た所得に対して課される税が法人税である。会社や企業などが法人ということ
になるが，法人は「法律の規定によって『人』としての権利を付与されたも
の」と説明される。日本においては，法人法定主義がとられている。これは，
法人が法律の規定によらなければ成立できないというものである。

　所得税を負担するのは，所得を稼いだ人，消費税を負担するのは消費をした
人というように，だれが負担するのかがわかりやすい税である。しかし，法人
税は最後にだれが負担しているのかわからないといったあいまいな性格を持つ
税である。法人税があいまいな性格を持つというのは，法律のうえで納税義務

を担う法人そのものが不明確なものであることに起因する。

　「人」という字はついているが，法人は人ではなく，法律上，ヒトとみなされる集団であるとしよう。法人の反対概念は自然人である。自然人は，私たち生身の人間である個人のことを指す。自然人である個人は，税を負担することは可能であると考えられるし，誰が税を負担するのかがわかりやすい。しかし，法人は，その会社の社長なのか従業員なのか，あるいは株主なのか，または建物なのか会社名なのか何を指すのかがわかりにくい。法人税を担う法人の存在については，その姿を説く統一的な考え方もないことから正体不明であると説明されることもある。

2．法人税と所得税の二重課税

(1)　法人実在説と法人擬制説

　法人については，2つの法律的な解釈がある。ひとつは「法人実在説」であり，もうひとつは「法人擬制説」である。この2つの考え方のどちらを選択するかについて，長い間，議論されているが決着はみていない。

　「法人実在説」は，法人を株主とは独立して存在する経済主体とみなす考え方である。会社は，生産活動だけでなく政党への政治的な寄付や地元のお祭りへの寄付などを含むさまざまな社会経済活動を営む。これは，会社が株主から独立した存在であるからである。

　「法人擬制説」は，法人は株主によって所有されるもの，すなわち株主の集合体としての「擬制的」な存在であるとする考え方である。つまり，法人は，株主グループの「見せかけの」受け皿になっているだけとみなされる。法人は法律によって人格を与えられたものにすぎず，その中身は個々の株主の持ち分に分割しうるものである。したがって，法人のあげた利潤（所得）は何らかの形で株主に帰属すると考える。

　法人税の課税の根拠として，「法人実在説」の考え方を選択すると，法人は独立したひとつの経済主体であるので，法人が納税主体となりうると考えられる。このことから，法人は税負担が可能であり，法人税と個人所得税の間に二重課税は生じないということになる。「法人擬制説」の考え方を選択すると，法人税は法人の利潤（所得）に対して課されるが，利潤は株主に配当として帰

属される。法人税が課されると，配当に対する個人所得税の「前取り」ということになり法人税と所得税の二重課税が生じる。

(2)　法人税と所得税の二重課税の調整方法

　法人税と所得税の二重課税排除には，法人段階での調整，個人株主段階での調整，法人段階と個人株主段階の両方で調整する仕組みがある。2020年現在，法人段階で配当に配慮している国は主要国の中には存在しない。個人株主段階での調整については，かつてヨーロッパでは，インピュテーション方式を採用している国があった。インピュテーション方式とは，受取配当の他，受取配当に対応する法人税額の全部または一部に相当する金額を個人株主の所得に加算し，この所得を基礎として算出された所得から，この加算した金額を控除する方式である。日本においては，受取配当控除方式が調整の仕組みとして採用されている。この方式もインピュテーション方式の一種である。法人段階と個人株主段階の両方で調整する仕組みは，支払配当軽課方式があり，日本で採用されていたが，1989年に廃止された。

　2020年現在の主要各国の法人税と所得税の二重課税の調整は，次の通りである（図表6-1）。

　まず，個人段階での米国とドイツでは特別な調整措置はとられていない。米国では，法人実在説に基づいた制度設計が行われているため，所得税と法人税の負担調整が行われていない。ドイツでは，2008年まで総合課税のもとで配当所得一部控除方式が採用されていたが，2009年から利子，配当，キャピタルゲインに分離課税が導入されたことで個人段階での法人税と所得税の二重課税の調整措置は廃止された。英国とフランスでは配当に対する二重課税調整措置が講じられている。英国では2,000ポンドまで非課税とされており，フランスでは，総合課税を選択した場合にのみ，受取配当の一部を個人株主の所得に加算する配当所得の一部控除方式が採用されている。

　次に，法人間配当の法人段階での調整措置について見ていこう。法人株主が受け取る配当については，米国，ドイツ，フランスでは持ち株比率に応じて一定割合を益金不算入としている。英国では，持ち株比率に関係なく全額を益金不算入とする仕組みになっている。

図表 6-1　主要国の配当に係わる負担調整の仕組み

(2015 年 4 月現在)

	日本	米国	英国	ドイツ	フランス
法人段階	法人税率 23.9%	法人税率 35%	法人税率 20%	法人税率 15% ＋ 税額の 5.5% の連帯付加税	法人税率 33 1/3%
個人株主段階における法人税と所得税の調整方式	○確定申告不要又は申告分離課税を選択した場合 調整措置なし ○総合課税を選択する場合 配当控除 (配当所得税額控除方式)	調整措置なし	部分的インピュテーション方式	調整措置なし	配当所得一部控除方式 (受取配当の 60% を株主の課税所得に算入)
法人間配当	持株比率 益金不算入割合 5% 以下…20% 5% 超 1/3 以下 …50% 1/3 超…100%	持株比率 益金不算入割合 20% 未満…70% 20% 以上 80% 未満…80% 80% 以上 …100%	全額益金不算入	持株比率 益金不算入割合 10% 未満… 0% 10% 以上…95%	持株比率 益金不算入割合 5% 未満… 0% 5% 以上…95%

注：
1．日本では，上場株式等の配当については源泉徴収されており，確定申告不要と総合課税とを選択することができる。また，上場株式等の譲渡損失との損益通算のために申告分離課税も選択することができる。
2．米国においては，個人株主段階で一定の配当所得に対しキャピタルゲイン課税と同様の軽減税率が適用されている。なお，米国は 1936 年に個人株主段階における法人税と所得税の調整措置を廃止している。
3．インピュテーション方式とは，受取配当のほか，受取配当に対応する法人税額の全部または一部に相当する金額を個人株主の所得に加算し，この所得を基礎として算出された所得税額から，この加算した金額を控除する方式のことをいう。受取配当に対応する法人税額の全部を株主に帰属させる完全インピュテーション方式の場合，法人所得のうち配当に充てた部分に関する限り，二重課税は完全に排除される。なお，英国の部分的インピュテーション方式では，受取配当にその 1/9 を加えた額を課税所得に算入し，算出税額から受取配当額の 1/9 を控除する。
4．ドイツでは，2008 年まで総合課税のもと，配当所得一部控除方式（受取配当の 50% を株主の課税所得に算入）が採られていたが，2009 年から，利子・配当・キャピタルゲインに対する一律 25% の申告不要（分離課税）が導入されたことに伴い，個人株主段階における法人税と所得税の調整は廃止された。
5．フランスでは，2007 年まで総合課税のもと，配当所得一部控除方式（受取配当の 60% を株主の課税所得に算入）が採られていたが，2008 年から，総合課税と分離課税の選択制が導入され，分離課税を選択した場合には個人株主段階における法人税と所得税の調整は行われないこととなった。なお，2013 年予算法案において，利子・配当・譲渡益について分離課税との選択制が廃止され，2013 年分所得から累進税率が一律適用されることとなった。
出所：財務省ホームページ「わが国の税制の概要」(https://www.mof.go.jp/tax_policy/summary/financial_securities/risi04.htm：2020 年 11 月 23 日アクセス)。

　日本では，シャウプ勧告において法人税の制度設計に法人擬制説が採用されたため，1989年に法人税率が37.5％に一本化されるまで，配当と内部留保に異なった税率で課税しており，配当は一般的な税率よりも10％低い税率が課されていた。配当軽課と配当控除の2つの方式で調整を行っていたが，個人段階での調整方式である配当控除に一本化し，現在に至っている。2020年現在では，総合課税を選択した場合，個人株主段階で配当を税額控除によって調整する措置が採られている。法人間配当については，2015（平成27）年度税制改正で，持ち株割合に応じて，20％，50％，100％を益金不算入とする制度になっている。

3．法人税の転嫁と帰着

　最終的な税負担を誰がするのかというのが，税の帰着の概念である。法人税は，誰に（どこに）税負担が帰着するのかが必ずしも明確でない。法人が税負担をするという概念自体がよくわからないものである。「法人税は誰が負担するのか」という問題を考えるのに，ミクロ経済学や公共経済学では，法人税転嫁の理論を使って分析を行う。

　法人税の税負担については複数のルートを通じて最終的な負担者に税負担が帰着することが考えられる。考えれるルートとしては，①製品価格に上乗せする，②従業員の給与・賃金を下げる，③配当もしくは内部留保を減少させるという3つのルートである。①のルートの最終的な負担者は消費者ということになる。②のルートでは，賃金に転嫁され最終的な負担者は従業員ということになる。③のルートでは，株主が法人税を負担がする。配当減少は直接，株主の負担となるし，内部留保の減少も株価を低下させ，譲渡損を通じて株主に間接的に負担を転嫁することになる。この3つのルートのうち，どの可能性が最も高いかについて，実証研究が行われたものの，立証はされていない。

第II節　法人税の仕組みと計算方法

1．法人の種類

　法人税法では，法人税の納税義務について，内国法人と外国法人に分けて

定めている。内国法人とは，国内に本店または主たる事務所を有する法人である。内国法人は，所得の源泉が国内にあるか国外にあるかを問わず，すべての所得に対して納税義務を負う。外国法人は，内国法人以外の法人のことである。外国法人は国内に源泉のある所得にのみ納税義務を負う。

　法人税法で，内国法人と定められているのは以下の通りである。

① 　普通法人：株式会社，合名会社，合資会社，合同会社，相互会社等

② 　公共法人：地方公共団体，公社，公庫，国立大学法人等

③ 　公益法人等：一般財団法人・一般社団法人，社会医療法人，学校法人，公益財団法人・公益社団法人，宗教法人等

④ 　協同組合等：農協，漁協等

⑤ 　人格のない社団等

　それぞれの法人の性格に応じて定められている課税範囲は，次の通りである。①と④についてはすべての所得に対して課税が行われる。②については，法人税は課税されない。③については，基本的に収益事業から生じた所得にのみ課税される。なお，NPO法人（特定非営利活動法人）は，公益法人等とみなされ，法人税法その他の法人税に関する法令の規定が適用される。⑤については，法人税法上，法人とみなされ，収益事業から生じた所得に限り課税される。

2．法人税の計算方法

　法人税はどのように算定されるのだろうか。法人税の算定の流れを示すと図表6-2のようになる。法人税の課税ベース（課税所得）は，企業の利潤であるが，企業会計上の当期純利益と一致しない。企業会計上の当期純利益をベースとして，税法の規定に従って，税務調整が行われる。法人税の課税ベースは，益金−損金で計算される。式では以下のように表すことができる。

法人税の課税ベース＝益金−損金
　　　　　　　　　＝企業会計上の当期純利益＋（益金算入額＋損金不算入額）
　　　　　　　　　　−（益金不算入額＋損金算入額）

　益金は，商品・製品の売上収入，土地・建物等の譲渡収入，サービス提供に

図表 6-2　法人税の課税ベース

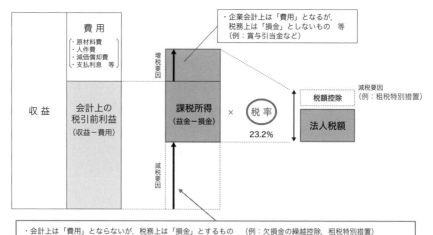

出所：財務省ホームページ「法人課税に関する基本的な資料」(https://www.mof.go.jp/tax_policy
/summary/corporation/c01.htm：2020 年 11 月 23 日アクセス)。

よる収入，利子・配当収入などが当たる。損金は，その事業年度の収益に対応
する原材料購入費，一般管理費，人件費，減価償却費，販売費，引当金・準備
金がそれに当たる。決算利益では収益とされているが，税法上は益金の額に算
入されるものが益金算入，益金の額に算入されないものが益金不算入となる。
また，決算利益では費用とされているが，税法上は損金の額に算入されるもの
が損金算入，損金の額に算入されないものが損金不算入となる。益金不算入は
減税要因，損金不算入は増税要因となる。

　会社法，企業会計原則と法人税法には，企業の所得や利益を計算する点で共
通するところがある。企業会計上の決算利益と法人税の課税所得が必ずしも一
致しないのは，計算の機能や目的が異なるからである。企業会計の目的は，外
部の関係者に経営情報を開示することであり，法人税法の目的は，担税力のあ
る課税所得の算出である。

　税率は，原則，比例税率である。2019 年度の改正以降，普通法人と人格の
ない社団等については税率が 23.2％となっている。このうち，資本金が 1 億円
以下のもので年 800 万円以下の金額については税率が 15％となっている。公

益法人等については，法人の区分によって，19％または23.2％の税率となっている。協同組合等については，税率は19％となっている。公益法人等，協同組合等もともに，年800万円以下の金額については税率が15％となっている。すなわち，2020年の法人税率は，普通法人で資本金が1億円以上の企業の法定税率が23.2％，資本金が1億円以下の中小法人には軽減税率が適用されている。軽減税率は，法人税制本則で19％，特例で15％となっている。

　算出された課税ベースに税額を掛け，税額控除を引くと，法人が納付すべき税額が求められる。すなわち，法人税額＝課税ベース×税率－税額控除となる。税額控除については，法人が利子を受け取る際に源泉徴収された所得税，海外での事業所得に対して課された外国の税額を控除できる外国税額控除がある。

　普通法人を例に，法人税を計算してみよう。ひとつ目の例は，資本金が800億円の株式会社が法人所得を1,500億円得たとする。所得税額控除が200億円，外国税額控除が40億円の時の納付税額は以下のように計算される。

$$1{,}500億×23.2％－(200億＋40億)＝108億円$$

　2つ目の例は，資本金が1億円以下である法人が法人所得1,300万円を得た時，納付税額は以下のように計算される。なお，税額控除はないものとする。

$$(1{,}300万－800万)×23.2％＋800万×15％＝282.4万円$$

3．法人税率の推移

　法人税率の特徴として，1980年代前半までは，段階的に引き上げられてきたし，1980年代後半以降，今日まで引き下げられてきたことがわかる。1980年代前半まで，法人税は，政策税制として，また財源調達・税収確保として用いられてきた。1960年代から1989年に廃止されるまで，配当の二重課税の調整のために，内部留保に対する税率よりも配当に対する税率を軽減していた。1970年代からは，所得減税のための財源調達，財政の悪化に対応するための税収確保から税率が引き上げられてきた。

　図表6-3は，1981年以降の法人税率の推移を示したものである。1980年

図表 6-3　法人税率の推移

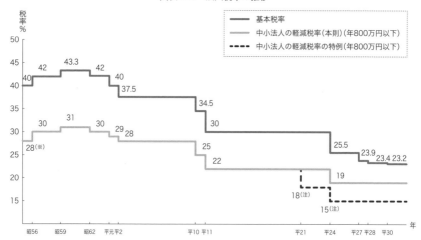

注：中小法人の軽減税率の特例（年800万円以下）について，平成21年4月1日から平成24年3
　月31日の間に終了する各事業年度は18%，平成24年4月1日前に開始し，かつ，同日以後に
　終了する事業年度については経過措置として18%，平成24年4月1日から令和3年3月31日
　の間に開始する各事業年度は15%。
※：昭和56年3月31日の間に終了する事業年度については年700万円以下の所得に適用。
出所：財務省ホームページ「法人課税に関する基本的な資料」（https://www.mof.go.jp/tax_policy
　　/summary/corporation/c01.htm：2020年11月23日アクセス）。

代後半以降，90年代に至るまで，世界的な税制改革の流れに従って，法人税
率が引き下げられる。「課税ベースを拡げて，税率を引き下げる」という理
念のもと，米国に端を発したこの税制改革に，日本も影響を受けた。税率が
37.5%に引き下げられ，配当軽課措置も廃止された。その後，21世紀になり，
国際競争力確保の観点から税率の引き下げは続いた。2012（平成24）年に
は25.5%，2015（平成27）年に23.9%，2016（平成28）年に23.4%，そして
2018（平成30）年には23.2%まで引き下げられている。この引き下げには，
国際比較に用いられる法人実効税率が影響しているが，これについては後述す
る。2011年3月11日に発生した東日本大震災の復興に必要な財源確保を目的
に，2012年4月から2015年3月の適用期間で「復興特別法人税」が創設され
た。「復興特別法人税」の税率は10%の付加税として設けられたため，この間
の法人税率は25.5%から28.05%に引き上げられたことになる。
　法人税率については，経済政策との関わりが見られる反面，税収不足を補う

ために強化された時期もあり，必ずしも一貫した方向性があったとはいえない。

4．日本の法人税の特徴

(1)　法人企業の状況

　法人税の特徴は，税収が景気の変動にかなり敏感に反応することである。景気が良い時には税収が大幅に増えるし，景気が悪いと税収は大幅に減ることになる。法人税の課税ベースは益金から損金を引くことで算出されるのはすでに説明したが，景気の良い時には益金が増加し，景気が悪い時には益金が減るために税収に影響を与えるわけである。益金が損金を下回り，儲けがなくなると赤字に転落し，欠損法人となる。欠損法人になると法人税を支払う必要はなくなる。

　さて，日本の課税対象となる法人企業について，国税庁の「税務統計から見た法人企業の実態」によれば，2018年度分の法人数は273万8,549社で，このうち連結親法人は1,751社，連結子法人は1万3,256社となっている。資本金別に見てみると，1,000万円以下が236万231社，1,000万円超1億円以下が35万6,224社，1億円超10億円以下が1万5,960社，10億円以上が6,134社となっている。資本金1億円以下の法人企業が全体の99.2％を占めている。組織別法人数の構成比は，株式会社が全体の93.3％を占めている。株式会社が多いのも日本の特徴といっていいが，これには「法人成り」の仕組みが関係している。

　同資料の統計によれば，欠損法人は，169万2,623社で，その割合は62.1％となっている。欠損法人が全体の6割を占めていることから，法人税を納める必要のない赤字法人が多いことも特徴である。

(2)　企業の経営環境の変化に対応した仕組み

　企業の経営環境が大きく変化するのに対応し，日本経済を活性化させ，企業の活力を高める目的で企業の柔軟な組織再編を可能とする法制度の整備が進められた。連結を主体とする企業会計への移行，独占禁止法における持ち株会社の解禁，会社分割や株式交換についての商法改正等などがそれにあたる。グ

ローバリゼーションの進展やメガコンペティションに対応するための税制措置
として創設された連結納税制度と組織再編税制について見てみよう。

　連結納税制度は，2002年に創設された。この制度は，日本企業の国際競争
力の強化と経済構造改革に資することを目的に導入された。企業グループをひ
とつの課税単位として見て，企業グループ内の法人の所得と欠損を通算して課
税を行う。その最大のメリットは，親子間の損益通算が認められることによ
り，企業グループ全体の税負担が軽減できることにある。制度の適用は選択制
であり，親法人と親法人が直接または間接に100％の株式を保有するすべての
子会社が対象になる。ただし，外国子会社は除かれる。法人税の申告・納付は
親会社が行い，子会社は連帯納付責任を負うことになる。連結納税のメリット
により，連結納税を選択する法人は増加する傾向にある。

　組織再編税制は，2001年に創設された。改正商法による会社分割法制に合
わせ，合併，分割，現物出資，事後設立の4つの場合を中心に見直しが行われ
た。通常は資産移転の譲渡益に課税されるのであるが，この4つの場合につい
ては，課税の繰り延べを行うことができる。また，法人の株主が所有する株式
の譲渡損益についても課税の繰り延べができるほか，引当金の引継ぎに関して
も組織再編成の形態に応じた措置が講じられた。また，組織再編成を租税回避
手段として乱用されることを防止する規定が従来から設けられていたが，新た
に三角合併を利用した国際的な租税回避を防止する規定が2007年度税制改正
で設けられた。

第III節　経済のグローバル化と法人税

1．法人税の実効税率

　日本の法人税率は，国際的にみて高いのだろうか，低いのだろうか。法人税
率を国際比較するのに用いられるのが，法人実効税率の概念である。国際比較
を行う際に，国税の法人税の法定税率だけで比較を行うのは不十分である。法
人は国税の他に，地方税である法人事業税と法人住民税を負担している。法人
実効税率は，国税と地方税を合わせて計算されるが，地方税の法人事業税は，
国税との二重の負担を調整するために損金に算入される。調整後の税率が実際

に効果を持つことから実効税率と呼ばれる。法人実効税率は以下の式で求められる。

$$\frac{(法人税率＋（法人税率×法人住民税率）＋事業税率）}{(1＋事業税率)}$$

　財務省が行っている法人実効税率の国際比較が図表6-4である。日本においては，2015年度・2016年度において，成長志向の法人税改革が実施された。税率は37.00％から2015年度には32.11％，2016・2017年度には29.97％，2018年度からは29.74％と段階的に引き下げられている。

2．国際的な租税回避

　経済の国際化・グローバル化が進んだ今日，法人の企業活動も国境を越えて行われることが当たり前となり，大企業については多国籍企業化している。多国籍企業の国際取引は，財・サービスといったモノの取引だけでなく，ヒトやカネの移動を伴う取引にまで及んでいる。法人企業は「利潤の最大化」を目的に行動するならば，多国籍企業は，「企業グループでの利潤最大化」を目指し行動する。親会社は，海外子会社との取引を通じてこれを達成しようとするのである。世界各国の税制は，その国の経済社会の実態に合わせて決められており，経済活性化のために税率を引き下げたり，税の優遇策を設けたりしている。多国籍企業グループは，そのような税の優遇策を利用したタックスプランニングを行う。タックスプランニングを利用し，国際的な租税回避が行われるようになった。

　国際的な税率の引き下げ競争に伴い，日本も国際競争力確保や経済活性化のために法人実効税率を引き下げてきている。法人税率が高いと国内の企業が海外に流出し，産業の空洞化が生じる。それだけでなく，子会社との取引を通じて利益を移転しようとするインセンティブが生じる。たとえば，高税率国にある親会社は，海外の低税率国にある子会社との取引の価格を市場で取引されている価格よりも安い価格で販売すると親会社から子会社へ利益が移転される。企業グループ内での取引価格は，移転価格と呼ばれる。

　また，多国籍企業は，子会社をタックスヘイブンと呼ばれる国や地域に置

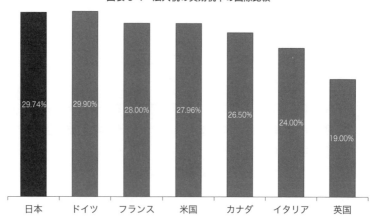

図表 6-4　法人税の実効税率の国際比較

注：1．法人所得に対する税率（国税・地方税）。地方税は，日本は標準税率，米国は
　　　カリフォルニア州，ドイツは全国平均，カナダはオンタリオ州。フランスについ
　　　ては，課税所得のうち 50 万ユーロ以下の部分の税率は 28%。なお，法人所得に
　　　対する税負担の一部が損金算入される場合は，その調整後の税率を表示。
　　 2．日本においては，2015 年度・2016 年度において，成長志向の法人税改革を実
　　　施し，税率を段階的に引き下げ，37.00%（改正前）→ 32.11%（2015 年度），
　　　29.97%（2016・2017 年度）→ 29.74%（2018 年度〜）となっている。
　　 3．フランスにおいては，2018 年から税率を段階的に引き下げ，2022 年には 25%
　　　となる予定。英国においては，2020 年度から 17% に引き下げる予定。
出所：財務省ホームページ「法人課税に関する基本的な資料」（https://www.mof.go.jp
　　　/tax_policy/summary/financial_securities/risi04.htm：2020 年 11 月 23 日アクセ
　　　ス）。

き，利益をそこに集中させ，税金をほとんど支払わないような租税回避を行っ
ている。タックスヘイブンとは，税金が免除される，もしくは著しく税率が低
い国や地域のことである。外国資本の導入や外貨獲得のため，このような制度
を導入する国や地域は，産業が発達しないため経済発展が難しく，国際的な物
流拠点や資金の導管となることで産業育成や経済発展を遂げようとする。その
多くは，小国であり，カリブ海や南太平洋の島国が多い。

3．国際課税制度

　国境を越える取引は，古くから行われており，交通通信手段の発達により，
財・サービスや資本の輸出入は増加の一途をたどってきた。近年は，インター
ネットを利用した IT 技術の発展が，これらをさらに加速させている。国境を

越えて行われる経済活動によって生じた二重課税の排除が，国際課税において解決すべき問題であった。国際的二重課税は，各国が独自の租税制度によって課税を行うことで生じる。国際的二重課税の調整が行われないと，個人や企業は経済的に不利益を被る。そこで，国家間で租税条約を締結し，二重課税の調整を行うのである。

　外国で発生した所得は，源泉地原則か居住地原則かのどちらかで課税が行われる。二重課税の調整方法はどちらの原則を採択するかで異なる。源泉地原則は，所得の発生地で課税が行われ，国外の所得には課税されない。所得の発生地が優先的に課税することから，属地主義課税ともいわれ，国外所得免除方式で国際的二重課税が調整される。居住地原則は，居住者の全世界所得に課税が行われる。このことから属人主義的な課税であり，国外で納税された税を税額控除する外国税額控除方式で国際的二重課税が調整される。日本の法人税は，居住地原則を採用し，国際的二重課税の調整は外国税額控除によって行われる。

　日本は，国際的租税回避に対応する国際課税制度として，移転価格税制，過小資本税制，タックスヘイブン対策税制を導入している。国際課税に関する制度は，法人税法本則ではなく，租税特別措置で扱われている。

　移転価格税制は，先に取り上げたケースのように移転価格を利用した国際的租税回避を防止する税制である。親子関係にある関連企業間で用いられた取引価格が，第3者が用いている価格（市場価格）よりも高い（低い）場合に，利益移転が行われたとする。利益移転が認定されると市場価格で法人税の課税ベースを計算しなおし，納税額を確定させる。たとえば，国境を越える取引で移転価格税制が適用され，親会社から子会社へ利益が移転されたと認定された場合，子会社で納税額が増えると，国際的二重課税の調整によって，親会社に還付金が生じることになる。かつては，比較対象が探しやすい有形資産の取引が中心であったが，近年は，比較対象が見つけにくい無形資産が移転価格税制の中心となっている。

　過小資本税制は，過小資本を利用した国際的租税回避を防止するための制度である。過小資本とは，外資系企業が資金調達をする場合に，親会社からの出資を少なめにして，負債を多くすることで利益を移転するものである。こ

れは，配当は損金算入できないが，支払利子は損金算入できるため，借り入れを増やすと課税所得を減少させられることを利用している。過小資本税制は，海外の子会社の保有する株式が親会社の自己資本額の3倍以下となる場合に，その超過額に対応する支払利子を経費として控除できないようにする制度である。

　タックスヘイブン対策税制は，タックスヘイブンに指定された国や地域に立地した子会社の所得を親会社の所得に合算しなければならない制度である。日本のタックスヘイブン対策税制は，外国子会社合算制度である。

4．BEPSプロジェクト

　国際課税において，二重課税の排除が解決すべき問題であった。近年，タックスヘイブンのような課税の空白地を利用した多国籍企業の国際的な租税回避は，課税権がどこにも帰属しない「国際的二重非課税」の問題を引き起こしている。国際課税の問題は，二重課税から二重非課税に比重が移りつつある。

　多国籍企業が，さまざまなスキームを駆使したタックスプランニングを用いて租税回避を行い，税負担を逃れていることが国際的に問題になっている。近年，グーグル，アマゾン，フェイスブック，アップルといった巨大IT企業（アルファベットの頭文字をとってGAFAと呼ばれる）が行う国際的租税回避がクローズアップされている。インターネットを利用したIT技術の発達は，デジタル財のようなものであれば，事務所や店舗がなくても取引が可能になるので，所得の捕捉を難しくする。また，企業価値を決める特許やノウハウといった無形資産を税制上の優遇措置のある国・地域に移転し，合法的に節税を行い，税負担を軽減する。

　国際的な租税回避の問題は，OECD（経済協力開発機構）で議論されている。2012年のスターバックスの国際的租税回避を契機として，「納税地と利益計上地との乖離」の問題が一気に広がり，OECDにBEPS（Base Erosion and Profit Shifting：税源浸食と利益移転への対応）プロジェクトが立ち上がった。2015年9月に，最終報告が公表され，15の行動計画が示された。15の行動計画は，デジタル経済下の租税回避を広範に議論している。国際課税のルールの検討について触れ，その特徴は，移転価格税制の充実・強化，最終的なゴール

を多国間協定の開発としているところである。

　日本では，BEPS の行動計画に従い，2016（平成 28）年度税制改正で国際課税に関する制度を充実・強化している。日本は，国際課税制度において，国際的な協調を主導する役割を果たそうとしている。

　BEPS プロジェクトは，先進諸国だけでなく，発展途上国さらにはタックスヘイブンも巻き込んだ国際的な租税回避を防止する壮大なプロジェクトである。OECD 加盟国だけでなく，非加盟国も包括的枠組みに参加している。非加盟国の中にはタックスヘイブンも含まれている。国際課税は，租税条約を締結することで問題の解決を図るが，タックスヘイブンはどことも租税条約を結んでいない。そのため，課税に関する情報の収集が困難となり，所得の追跡ができなくなる。タックスヘイブンも取り込むことで，タックスヘイブンからも課税情報や課税当局間の協力を引き出そうという意図であるが，その効果は未知数である。

　国際課税において，デジタル財のデジタル課税が検討すべき問題となる。BEPS プロジェクトにおいても検討すべき問題として取り上げられている。2020 年現在，デジタル課税については，EU，米国，発展途上国で対立が生じている。

ディスカッションテーマ

- 先進各国の法人税について「法人実在説」と「法人擬制説」のどちらに依拠して制度が作られているかを調べて，根拠を示しながら説明してみよう。
- 1950 年代以降の法人税率について，財務省や税制調査会の資料を調べ，そのトレンドや背景にどのようなことがあったかまとめてプレゼンテーションしてみよう。
- 経済のグローバル化やデジタル経済と課税のような問題について，法人税がどのような形で仕組みが改正されているかを調べて，評価してみよう。
- 国際課税の役割や仕組みについてまとめ，国際的な協調が可能かどうか議論してみよう。

第7章

消　費　税

到達目標

1　消費課税の体系を理解する。

2　付加価値税の仕組みについての基本となる考え方を理解する。

3　日本の消費税の仕組みや計算方法を理解する。

4　ラムゼイルールのような経済学の考え方が消費税率の考え方に及ぼす影響について理解する。

5　消費税の課題である益税問題と逆進性問題について理解する。

キーワード

付加価値税，消費税，軽減税率制度，間接消費税，直接消費税，ラムゼイルール，益税，逆進性

第Ⅰ節　消費課税の類型

1．消費課税

　消費課税とは，個人の消費支出に担税力を見出して，これを課税標準とす

図表 7-1　消費課税の分類

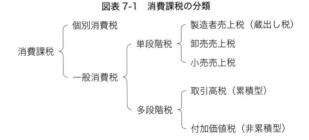

る税をいう。間接消費税は，広く消費全般に課税する一般消費税と特定の財・サービスに課税する個別消費税に分けられる。さらに一般消費税については，課税のポイントがどの流通段階にあるかに応じて，単段階で課税される小売売上税，卸売売上税，製造者売上税と，多段階で課税される取引高税，付加価値税に区分される。ただし，単段階売上税の中では，卸売売上税や製造者売上税が実際上，消費者向けサービスに課税できないことから，小売売上税が最も課税標準の広い税であるといえる。

付加価値税（消費型）は，理論上，最終消費支出を課税標準としている点で小売売上税と同じだが，前者の場合，納税義務者が原則としてすべての事業者であるのに対して，後者の場合は小売業者に限定される点が異なる。他方，取引高税は，すべての事業者の売上高に課税するため，この点で課税標準は付加価値税よりも大きくなる。

わが国における消費課税としては，付加価値税の一変型として位置づけられる「消費税」と，「酒税」，「たばこ税」などの各種の個別消費税が存在する。

2．一般消費税

⑴　取引高税

取引高税とは，すべての流通段階における取引高（売上高）を課税標準とする税である。製造から消費にわたるすべての取引段階でそれぞれの売上に対して課税する方式である。現在，先進国でこの税を採用している例はないが，徴税の容易さ，インフレ対策，税収確保等の要請から，付加価値税導入前の旧西ドイツ，イタリア，ベルギーなどが採用していたことがあり，わが国も戦後の一時期に実施した経験をもつ。

取引高税は課税の累積という特性から，取引高税の実施には，通常，以下のような弊害が伴う。第1に，同様な製品でも取引回数によって最終小売価格が異なるために，効率的な価格体系が歪められる，第2に，取引回数を減らせば，総税負担額が軽減されるので，企業の垂直的統合（財貨の取引を市場を通じてではなく，単一の企業組織内で行うこと）が促進される，第3に，最終小売価格に含まれる税額が不明確なため，輸出に際しての正確な国境税調整が困難になる，といったことである。

⑵　製造業者売上税・卸売売上税・小売売上税

　製造業者売上税，卸売売上税，小売売上税は単段階売上税である。

　製造業者売上税は 1990 年末までカナダにおいて適用されていた。その仕組みは製造業者が製造するすべての物品について製造段階で一度だけ売上課税をするものである。

　卸売売上税はオーストラリアで現在の消費税が導入されることを契機に廃止されたり，スイスでは 1994 年ごろまで採用されていた。その仕組みは製造業者や卸売業者が小売業者に対して販売する物品について，その売上に卸売り段階で課税するものである。

　小売売上税は小売業者による最終消費者への販売に対して課せられる単段階売上税である。累積課税を排除するため，原材料等を免税・非課税で販売，購入できる仕組みとなっている。最終消費者への販売に対して課税するため，サービスに対して課税が可能であるうえに，小売段階のみでの課税であるため，輸出の際に税額還付の必要がなく，国境税調整を容易に行うことができる。しかし，小売段階での課税であることから，消費財と事業投入財の区別を厳格に行う必要があること，すべての事業者の中で小規模な事業者が多いこと，小売業者のみに課税することが公平の観点から果たして適切なのかという問題はある。この小売売上税は米国のほとんどの州や，カウンティ・市などで実施されているほか，カナダでも一部の州で採用されている。

⑶　国境税調整（ボーダータックス）

　消費課税については仕向け地主義（最終消費地課税）が国際的な潮流となっている。国境税調整とは財の輸出に際しては国内で課せられた税は払い戻し（＝免税）となり，一方で，財の輸入に際しては当該国の税を課すことを意味している。より簡潔には輸入品には関税がかかり，企業が輸出して得た利益には課税されないということである。これは，国境を越えて取引される製品については，消費される国（仕向地）で課税すべきとする仕向け地原則を達成するための調整措置である。これに対して，それら製品が生産される国（原産地）で課税すべきとする立場は原産地原則と呼ばれる。

3．個別消費税

⑴　酒税

　アルコールやたばこといった負の価値財に対する課税は，過度の消費を抑制するための禁止税として根拠づけることができる。わが国でも，酒とたばこは特殊な嗜好品としての性格から，明治初期より長らく消費課税の対象とされてきた。戦前においては国税収入の第1位を占めていた時期もあったが，戦後は直接税中心の租税体系となったことから，現在では，酒税の税収は国税収入の約2％程度であり，税収は徐々に減少傾向にある。このような状況を改善することを目的に2018年に酒税法改正が行われ，税率に関しては2026年までに3段階で変更されることになっている。

　酒税はアルコール分1度以上の飲料を課税対象として，酒類の製造場からの移出等の段階で酒類の製造業者等を納税義務者とする。

　酒税の課税標準は，酒類の原料や製造方法などにより4種類に区分された種類別に従量税率が定められている。たとえば，ビールなどの発泡性酒類は1キロリットルあたり22万円が課せられる。しかし，同様のビール飲料でも，さらに麦芽比率によって適用税率が異なり，そのことが発泡酒誕生の契機になるなど企業活動に多大な影響を与えているといわれる。経済取引に対する中立性や税負担の公平性を確保するうえで，酒類間の税率格差解消が今後の課題となっている。

⑵　たばこ税

　たばこ税は日本専売公社の民営化に伴い，1985年にたばこ消費税として創設された。その後，1989年の税制の抜本改革において消費税の導入との関係において，その名称がたばこ税に改められた。

　たばこ税もたばこの本数に対して一定税額が課せられる従量税である。税率は，現在1,000本あたり，国税として6,622円，道府県税として930円，市町村税として5,692円の合計13,244円である。

　また，高齢化の進展による社会保障関係費の増加等を背景に，引き続き国・地方で厳しい財政事情にあることを踏まえ，たばこ税の税率は引上げられる傾向にある。2018年度の税制改正ではたばこ税の税率を3段階で1本あたり1

円ずつ，合計3円（1箱60円）の税率引上げとなった。近年急速に市場を拡大している加熱式たばこについて，その加熱式たばこの製品特性を踏まえ，課税区分を新設した上で，5段階で課税方式を見直すことになっている。

(3)　特定財源

航空燃料税，石油石炭税，電源開発促進税，国際観光旅客税はその税収を特定の公的サービスに要する費用の財源とすることになっている。

①　航空燃料税

航空機燃料税法に基づき航空機に積み込まれた航空機用燃料に対して課税されるエネルギーを課税標準としている国税である。納税義務者は，航空機の所有者，または整備・試運転者であり，積み込み場所を納税地として課税される。課税標準は積み込み数量であり，税率は1キロリットルにつき1万8,000円となっている。税収は国の空港整備，航空機騒音防止対策などの財源として使用される。

②　石油石炭税

2003年度改正においてLPGおよびLNGの税率の引き上げおよび石炭の課税対象への追加が行われた。新たに石炭に課税されることに伴い，石油税から石油石炭税と改称された。原油，輸入石油製品，ガス状炭化水素，石炭というエネルギーに対して課税され，国産原油，ガス状炭化水素，石炭については採取者，輸入原油等については保税地域から引き取る者が納税義務者になる。税率は原油および輸入石油製品は1klにつき2,800円，天然ガスおよび石油ガス等は1tにつき1,860円，石炭は1tにつき1,370円の従量税率になっている。税制による地球温暖化対策を強化するとともに，CO_2排出抑制のための諸政策を実施していく観点から，「地球温暖化対策のための課税の特例」として，CO_2排出量に応じた税率を石油石炭税に上乗せしている。石油石炭税の税収は燃料安定供給対策およびエネルギー需給構造高度化対策の財源として使用される。

③　電源開発促進税

　電源開発促進税は，電源開発促進税法（1974年法律第79号）に基づいて，電源立地対策および電源利用対策に要する費用に充てるため，電気事業法（1964年法律第170号）に規定される一般電気事業者（電力会社）が販売した電気の電力量を課税標準として一般電気事業者が納付する税である。税率は販売電気1,000キロワット時につき375円となっている。電源開発促進税の税収は，電源立地対策，電源利用対策，原子力安全規制対策の財源として使用される。

④　国際観光旅客税

　2018年改正において観光先進国実現に向けた観光基盤の拡充・強化を図るための恒久的な財源を確保するために，国際観光旅客税が創設された。国際観光旅客税は，原則として，船舶または航空会社が，チケット代金に上乗せする等の方法で，日本から出国する旅客（国際観光旅客等）から徴収（出国1回につき1,000円）し，納付する。国際観光旅客税の税収は，国際観光復興施策の財源として使用される。

4．消費課税の経済効果

　ここでは消費課税の経済効果について述べるが，特に一般消費税の複数税率化に焦点を当てる。

　消費税を複数税率にした場合，基本的には次のような問題が生じる。

　1．実務的に仕入税額控除を正確に行うためにインボイス方式の導入が必要となること
　2．何が軽減税率の対象となる品目かが分かりにくいこと（簡素性）
　3．課税の中立性が損なわれること（効率性）
　4．軽減税率適用のメリットが低所得者だけではなく高所得者も享受できる（公平性）
　5．軽減税率適用により一部税収が失われること
　6．事務的な手間が増加する，など

本項は消費課税の経済効果であることから特に3.課税の中立性が損なわれ

るという点について検討することにしよう。軽減税率を導入することで，相対価格の変化による代替効果が生じ，そのため消費者の消費選択に歪みをもたらすことになる。消費税が均一税率であるならば，相対価格を変化させないため，所得効果のみが生じることになる。そのため均一税率には軽減税率と比べて消費者の選択を歪めないというメリットがある。課税の中立性を考慮すれば，消費税は均一税率であることが望ましいと考えられている。

　消費者の最適行動の条件は，第1財の価格を P_1，限界効用を U_1，第2財の価格を P_2，限界効用 U_2 とすると，

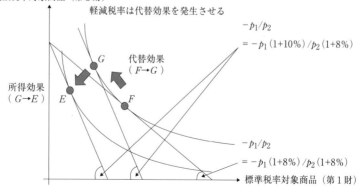

図表7-2　消費税の経済効果

【均一税率の場合】

第2財

所得（$\acute{Y}$）を一定とすれば，均一課税による効果は所得効果のみ

$Y/p_2(1+8\%)$

$Y/p_2(1+10\%)$

$-p_1/p_2$
$= -p_1(1+8\%)/p_2(1+8\%)$
$= -p_1(1+10\%)/p_2(1+10\%)$

F

E　所得効果

第1財

【複数税率の場合】

複数税率対象商品（第2財）

軽減税率は代替効果を発生させる

$-p_1/p_2$
$= -p_1(1+10\%)/p_2(1+8\%)$

G　代替効果（$F{\to}G$）

所得効果（$G{\to}E$）

E　　F

$-p_1/p_2$
$= -p_1(1+8\%)/p_2(1+8\%)$

標準税率対象商品（第1財）

$$\frac{U_1}{P_1} = \frac{U_2}{P_2} \tag{A}$$

である（加重限界効用均等の法則）。これを変形すると，

$$\frac{U_1}{U_2} = \frac{P_1}{P_2} \tag{B}$$

となる。税率 t の消費税が導入されると，2 財の価格はそれぞれ，$(1+t)P_1$，$(1+t)P_2$ となるが，最適条件（B）は変化しない。よって均一税率は中立的といえる。一方，複数税率は商品により税率が異なるため，上記の条件（B）が成り立たない。

　このように一般的な財政学においては軽減税率が間違いであると考えられている。さらに，このことをラムゼイルール（ラムゼイの逆弾力性ルール）でも検討してみよう。ラムゼイルールとは超過負担を最小にするための最適課税のルールである。言い換えると経済効率性を重視した税率の決定の仕方に関するルールである。より具体的には，このラムゼイルールで消費税の税率を各財の需要の価格弾力性に反比例するように決定するのである。これを逆弾力性の命題ともいう。ラムゼイルールについては以下の 3 つにまとめることができる。

① 需要の価格弾力性の低い財ほど課税による非効率は発生しにくい

② 課税による資源配分の非効率性は，あまり生じない

③ 税の超過負担は少ない

　そのため，一般的には生活必需品は需要の価格弾力性が低く，ぜいたく品は需要の価格弾力性が高いことから，これをラムゼイルールにあてはめれば，ぜいたく品よりも，生活必需品の方が高い税率で課税すべきということになる。それは需要の価格弾力性が低いということは，価格が上がっても需要はそれほど減少しないことを意味しており，そのような財に対して，仮に高い税率をかけても需要はそれほど減少しないということを意味する。そのため，所得水準の低い人が支出全体に占める税負担の割合が多くなってしまうという逆進性の問題を孕んでいる。

　これをまとめると次のようになる。

　需要の価格弾力性が高い財（奢侈品）：課税による超過負担が大きいので軽課

　需要の価格弾力性が低い財（必需品）：課税による超過負担が小さいので重課

　これを図表7-3に示す。需要曲線が弾力的な場合（奢侈品）と需要曲線が非弾力的（必需品）の場合を比較すると，前者の方が，超過負担が大きいことが分かるであろう。

図表7-3　需要の価格弾力性と消費税

【需要曲線が弾力的な場合】

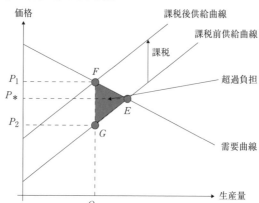

【需要曲線が非弾力的な場合】

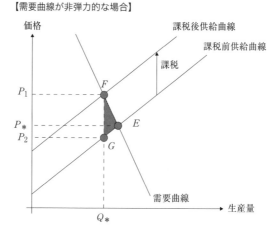

第Ⅱ節　付加価値税

1. 主要国の付加価値税の概要

　1954年にフランスで最初に導入された付加価値税は，1960年代後半から西欧諸国で相次いで導入されて以降，世界的に急速に普及し，現在，OECD加盟37カ国のなかで米国を除く29カ国，全世界では100カ国以上の国で採用されるに至っている。1960年代後半の付加価値税の導入の背景にはドイツの売上税の場合のように，既存の一般消費税の改革の必要性があったと考えられている。当時の付加価値税の税率は概ね10％程度であったが，現在では20％前後が主流となっている。

　この西欧諸国の付加価値税の導入から少し遅れて，わが国やニュージーランドが付加価値税（消費税）を1980年代後半から導入していくことになる。特に経済構造改革を背景に付加価値税が導入されていくことになる。これらの国々の当時の税率は3～10％となっており，比較的低めであり，その後も大きな変動はない。

　付加価値税は，基本的にすべての流通段階における付加価値（売上－仕入等）に対して課税する多段階売上税である。ただし，課税標準となる付加価値の定義，課税標準や税額の算定方法によっていくつかの類型がある。

　最も基本的な分類の基準が，課税標準の算定にあたって資本財購入をどのように取扱うかである。これにより，付加価値税は3つの類型がある。すなわち，①課税標準を消費財と資本財とし，減価償却費は控除しないGDP型付加価値税，②資本財購入のうち減価償却部分のみを控除するのが所得型付加価値税，③課税標準を消費財のみとし，資本財購入を即時一括控除するのが消費型付加価値税である。

　次に，これら付加価値額の算出方法の違いから，控除法と加算法という区別がなされる。控除法は，売上から原材料あるいは資本財（減価償却）などの中間投入物を控除することによって課税標準を求めるのに対して，加算法は，利潤，賃金，利子等の各種生産要素に対する支払いを合計することによって算定する。

　さらに，控除法の消費型付加価値税には，前段階税額控除方式と仕入控除方式という2通りの税額計算方法がある。前段階税額控除方式は，売上に含まれる税額から仕入等に含まれる税額を，インボイス（仕送り状）を通じて控除する方法で，一般にインボイス方式と呼ばれる。一方，仕入控除方式は，算定された付加価値額そのものに税率を適用することによって税額を算出する。この方式は，簡素な税制という点では優れているものの，前段階税額控除方式と異なり，財・サービスの種類に応じて異なる税率（複数税率）を適用できないという弱点をもつ。

　これらさまざまなタイプの付加価値税のうち，最も一般的で，現在 EU の共通税制となっているのが，前段階税額控除方式の消費型付加価値税である。

2．付加価値税の種類

⑴　GDP 型付加価値税

　GDP 型付加価値税とは，課税標準を消費財と資本財とし，減価償却費は控除しない方式である。この場合の付加価値税の課税標準は，賃金＋利子＋地代＋減価償却費＋利潤と等しくなる。

⑵　所得型付加価値税

　所得型付加価値税は，国民総生産（GNP）から減価償却費を差し引いた，いわゆる国民純生産（NNP）を課税標準とする。この場合の課税標準は，賃金＋利子＋地代＋利潤に等しくなり，経済学的観点から考えれば，これが本来

図表 7-4　付加価値税の種類

注：課税ベースに投資を含むことから，狭義の消費課税ではない。
出所：鎌倉（2018），7 ページを加筆・修正。

の付加価値に対応する。

⑶　消費型付加価値税

　前段階税額控除方式の消費型付加価値税の仕組みを数値例を用いて説明しよう。

図表 7-5　消費型付加価値税の仕組み

	製造業者	卸売業者	小売業者	消費者
売上（税込）　A × 1.10	5,500	8,800	11,000	11,000
仕入（税込）　B × 1.10	0	5,500	8,800	納税額合計
売上に係る消費税額　C	500	800	1,000	
仕入に係る消費税額　D	0	500	800	1,000
納税額　E＝C－D	500	300	200	

出所：筆者作成。

　各事業者は，売上にかかる税額から仕入にかかる税額を引いた額が納付税額となるので，製造業者は 500（＝5,000×0.1），卸売業者は 300（＝8,000×0.1−5,000×0.1），小売業者は 200（＝10,000×0.1−8,000×0.1）の税額をそれぞれ支払う。この場合，取引に際して売り手企業には，付加価値税額を含む契約上の必要事項を記載したインボイス（領収書等）の添付が義務付けられる。他方で，買い手企業は，受領したインボイス（領収書等）を通じて当該仕入品に含まれる税額の控除が可能となる。その結果，各段階における付加価値の合計に占める総税額の割合は，常に税率と同じ 10％となる。

　このインボイス方式の消費型付加価値税の優位性をまとめると次のようになる。まず，①課税の累積が生じないことから，資源配分や企業活動に対して中立的であること，②最終小売価格に含まれる税額が明確なために，国境税調整を図りやすいこと，③納税義務者が製造業者，卸売業者，小売業者に分散されるので，税収の徴収漏れの危険性が低下すること，④インボイスにより事業投入財の適切な控除が可能となること，⑤同様にインボイスを通じて取引業者間での相互チェックや税務当局の調査が容易になるので，脱税の機会が減少すること，などがある。

　それに対して欠点は，付加価値税は税収調達力が高いことから政府は安易に

付加価値税を中心とした租税体系への依存（財政規模の拡大）につながるのではないかという懸念が残る。また，インボイスの作成・保管・申告といった一連の納税システムを納税義務者に依存しているため，納税側と徴税側の双方に大きな事務負担を課すことが指摘できる。そこで，そうした執行上のコストを節減する目的から，通常，付加価値税には免税制度が設けられている。

3．免税とゼロ税率

　一般に付加価値税における免税制度とは，売上高が一定額以下の小規模事業者を非課税とするものである。しかし，この場合に注意すべきは，免税業者は売上への課税が免除される代わりに，仕入に含まれる税額の控除は認められないことである。つまり，非課税措置はその品目が消費税体系から除外されることを意味する。たとえば，小売事業者である A 企業が非課税とされるケースでは A 企業の課税売上および課税仕入がともに制度の枠外に置かれることから共にゼロになり，A 企業の消費税額はゼロになる。この点はゼロ税率と同じであるが，非課税の場合には制度の枠外になるため仕入税額を控除できない。そのため，免税業者は仕入税額の負担を回避すべく，その分価格を引上げて取引先業者に販売する。ところが，免税業者にはインボイスを発給する権限を与えられていないので，取引先の課税業者は，当該免税業者からの仕入について税額控除を受けることができない。この点から，課税業者は免税業者との取引を回避することが予想され，結果として免税業者が取引から締め出される（あるいは，そうならないために免税の適用を拒否する）可能性が出てくる。

　一方，ゼロ税率の場合，売上に対してゼロ税率を掛けて，売上税額を計算するため，当然売上にかかる消費税額はゼロになるとともに，インボイスによって仕入税額控除（税額還付）が認められる。このため，消費者に転嫁すべき税はない。

　ある事業者の取引にゼロ税率が適用されると，その実質的な税負担額はゼロとなるため，当該業者が免税業者のように取引上不利な立場に置かれることはない。しかし，その際，事業者は通常の課税取引と同様に，ゼロ税率の適用される取引についても記帳やインボイスの作成などが義務付けられるため，事業者と税務当局にかかる事務負担の問題は残る。

第III節　消費税の仕組みと計算方法

1. 消費税の概要

　わが国の消費税は，所得税の税率引き下げなどを含む，1988（昭和63）年の税制の抜本的な改革の一環として創設され，1989（平成元）年4月から，3％の税率で導入された。その背景にはシャウプ勧告以来，直接税を中心とした租税体系がわが国の経済社会の変化に対応しきれていないのではないかという問題意識があった。より具体的には当時の税制は，所得課税が中心となっている租税体系であり，同時にそれまでの消費課税が物品税中心の体系であったため，物品間の課税の不均衡を引き起こしていたこと，またサービスの多くが課税から漏れていたために，消費の多様化やサービス化に対応できなくなっていたことなどがあり，当時の，所得課税にウェイトが偏った租税構造を見直すという観点からも，広く消費全般を課税対象とする間接消費税の創設が叫ばれるようになった。消費税は，私たちの身近な「消費」という行動に課せられる税であるため，消費税の導入に反対する声は大きく，メディアにおいても毎日のように消費税のことが取り上げられるなど，消費税に対する当時の国民の関心は高かった。

　こうした導入の趣旨に基づき，消費税は，原則として国内におけるすべての財・サービス取引を課税対象としており，資本取引，医療・福祉・教育関連の取引等についてのみ例外的に非課税としている。税率は国民の反発を受けながらも，段階的に引き上げられていき，導入当初の税率は3％であったが，1997（平成9）年に5％，2014（平成26）年に8％と段階的に引き上げられ，2019（令和元）年10月には10％（飲食料品や新聞は軽減税率適用で8％のまま）まで引き上げられた。現在，消費税は国税・地方税収入の約18％を占め，今後ますます増大するわが国の財政需要を支える税源として欠かせない存在となっている。

2．消費税の負担者と納税者

(1)　課税取引

　消費税は原則として国内において事業者が事業として，対価を得て行う資産の譲渡等及び特定仕入れを課税対象とする。この場合の事業者とは個人事業者と法人をいい，事業とは同種の行為を反復，継続かつ独立して遂行することをいう。さらに，対価を得て行うことが必要であることから，原則として無償取引は課税対象から除外される。資産の譲渡等とは資産の譲渡，資産の貸付け及び役務の提供をいい，特定仕入れとは国外事業者が行う事業者向け電気通信利用役務の提供及び芸能・スポーツ等の役務の提供を受けることをいう。また輸入取引の場合の課税対象は，保税地域から引き取られる外国貨物であり，有償，無償を問わず，課税対象となる。言い換えれば，外国から商品を輸入する場合も輸入のときに課税されるのである。

(2)　非課税取引

　消費税は原則として国内において事業者が事業として，対価を得て行う資産の譲渡，資産の貸付けおよび役務の提供に課税されるが，これらの財貨・サービスの中には消費に対して負担を求める消費税という税の性格上，課税対象とならないものと，政策的配慮に基づいて消費税を課税することが適切ではないものがある。消費に対する課税という性格上，非課税とされている取引には次のような取引がある。

1　土地の譲渡，貸付け（一時的なものを除く）など
2　有価証券，支払手段の譲渡など
3　預貯金の利子，保証料，保険料など
4　郵便切手，印紙および証紙の譲渡
5　商品券，プリペイドカードなどの譲渡
6　住民票，戸籍抄本等の行政手数料，外国為替取引など

一方，政策的配慮に基づき非課税とされるのは次のような取引がある。

7　社会保険医療など
8　介護保険サービス・社会福祉事業など
9　お産費用など

10　埋葬料・火葬料

11　一定の身体障害者用物品の譲渡・貸付けなど

12　一定の学校の授業料，入学金，入学検定料，施設設備費など

13　教科用図書の譲渡

14　住宅の貸付け（一時的なものを除く）

⑶　納税義務者

　消費税は課税資産の譲渡等および特定課税仕入れを行う事業者が納税義務者となる。納税義務の判定はその課税期間（個人事業者は暦年，法人は事業年度）の基準期間における課税売上高が1,000万円を超える事業者は，消費税の納税義務者（課税事業者）となる。基準期間における課税売上高が1,000万円以下であっても，特定期間における課税売上高が1,000万円を超えた場合は，その課税期間においては課税事業者となる。基準期間とは個人事業者の場合はその年の前々年，法人の場合は原則としてその事業年度の前々事業年度をいう。また，特定期間とは個人事業者の場合はその年の前年の1月1日から6月30日までの期間，法人の場合は，原則として，その事業年度の前事業年度開始の日以後6カ月の期間のことをいう。なお，特定期間における1,000万円の判定は，課税売上高に代えて，給与等支払額の合計額により判定することもできる。つまり，特定期間における1,000万円の判定をいずれの基準で判定するかは，納税者の任意となっている。

⑷　免税事業者

　基準期間の課税売上高および特定期間の課税売上高等が1,000万円以下の事業者（免税事業者）は，その年（または事業年度）は納税義務が免除される。しかし，課税仕入れに係る消費税額等の控除もできない点には注意が必要である。免税事業者であっても，輸出取引を行っていることにより，仕入れに係る税額控除をし，還付を受けようとする事業者等は所轄の税務署長に課税事業者選択の届出を提出することにより課税事業者となることを選択することができる。ただし，この届出を提出した事業者は，以後2年間は課税事業者となる。

⑸　税率

消費税の税率は 2012 年 8 月に成立した「社会保障の安定財源の確保等を図る税制の抜本的な改革を行うための地方税法及び地方交付税法の一部を改正する法律（2012 年法律第 69 号）」に基づき，2014（平成 26）年 4 月より 6.3%（地方消費税（消費税額の 17/63）と合わせた税率は 8%）となっている。また，2019 年（令和元）10 月より消費税率 7.8%（地方消費税（消費税額の 22/78）と合わせた税率は 10%）となり，その際，軽減税率制度が導入され，「酒類・外食を除く飲食料品」および「定期購読契約が締結された週 2 回以上発行される新聞」については消費税率 6.24%（地方消費税（消費税額の 22/78）と合わせた税率は 8%）が適用されている。

3．軽減税率の適用対象

⑴　軽減税率と逆進性

課税標準が増大するにつれて，平均税率が低くなる税のことを逆進税という。一般に，年間収入が増加するほど貯蓄に回る分が増えるため消費性向は低下する。そのため，消費を課税標準にした均一税率の消費税を課すと，収入の低い，すなわち消費性向の高い世帯ほど年間収入に対する消費税負担率が高くなる。収入が変化しても人々は生活水準（消費水準）をすぐに変えることはできないことから，低所得層の人々は所得に対してより多く消費することになり，結果として消費税の負担率も高くなる。このように，しばしば消費税は逆進税と言われる。

この消費税の逆進性を緩和する目的で導入される軽減税率は，制度の簡素化や経済活動に対する中立性に反し，また，税収面への影響も大きいなど，これまで多くの問題点が指摘されてきている。

⑵　軽減税率の対象品目

軽減税率は 2012 年 8 月に成立した「社会保障の安定財源の確保等を図る税制の抜本的な改革を行うための地方税法及び地方交付税法の一部を改正する法律（2012 年法律第 69 号）」の第 7 条に基づく消費税率引上げに伴う低所得者対策として実施された。軽減税率の対象品目は下記の 2 つである。

①　酒類および外食を除く飲食料品
②　定期購読契約が締結された週2回以上発行される新聞

①　「酒類・外食を除く飲食料品」
　飲食料品とは，酒類を除く食品表示法に規定する食品をいう。ここでいう「食品」とは，すべての飲食物をいい，人の飲用または食用に供されるものであり，たとえばスーパーなどで野菜や肉，魚を購入する際には，軽減税率の8％が課税される。一方，レストランで食事をしたり，コンビニで弁当を買ってイートインスペースで食べたりする場合は，軽減税率の対象とならず，消費税率10％が適用される。
　酒類については，軽減税率の対象かどうかのポイントとしてはアルコール度数である。基本的に，酒類は標準税率（10％）の対象品目であるが，酒税法では，アルコール度数が1度（＝1％）を超えるものを"酒類"と定義している。つまり，ビールやワインなどはもちろん，調理に用いる本みりんや料理酒は，軽減税率の対象外となる。しかし，アルコール分1％未満の料理酒や，みりん風調味料などは飲食料品に分類されるため，軽減税率（8％）の対象になる。
　外食やケータリング等は，軽減税率の対象とはならないが，テイクアウトや飲食料品の宅配等は，軽減税率の対象となる。ここで外食とは，飲食店営業等，食事の提供を行う事業者が，テーブル，椅子等の飲食に用いられる設備がある場所において，飲食料品を飲食させる役務の提供をいう。そのため，普段から自宅でお酒を飲む人や外食の頻度が高い人は消費増税による影響を受けやすいといえる。

②　「定期購読契約が締結された週2回以上発行される新聞」
　新聞は軽減税率の対象となる。ただし軽減税率の対象になるには「週2回以上発行して，政治，経済，社会，文化などの一般社会的事実を掲載していること」「定期購読契約に基づくもの」の2条件に合致していなければならない。つまり，自宅に配達される日本経済新聞などの全国紙や地方紙，スポーツ新聞などは「新聞」に該当し，軽減税率の対象となる。一方で，駅のキオスクやコ

ンビニで売られている新聞の購入は，定期購読契約に基づいていないため，消
費税は10％になる。また，インターネット回線を利用する新聞の電子版は「新
聞」に該当せず，これらの消費税率も10％になる。新聞の購入は単なる消費
行動ではなく，私たちが生きるために必要な情報を入手したり，活字文化を楽
しんだりする行動であると位置づけられ，軽減税率の対象になった。

4．計算の仕方

　事業者は税抜きの売上に税率を乗じた額（課税売上げに係る消費税額）か
ら，課税仕入れ等に係る消費税額を控除した額を納付する。軽減税率制度の実
施に伴い消費税率が複数税率となったことから，税率ごとに区分して消費税の
納付額を計算する必要がある。そのため，事業者の準備等の執行可能性に配慮
し，現行の請求書等保存方式を維持しつつ，区分経理に対応するための簡素な
方法（区分記載請求書等保存方式）および税額計算の特例が導入された。
　具体的な消費税の計算方法には，原則的方法と簡易課税制度の2つがある。

(1)　原則的方法

　原則的方法は，文字どおり原則的な消費税の計算方法である。つまり消費税
は売上に伴って顧客から「預かった消費税」から，仕入れや経費支出，設備投
資などで実際に「支払った消費税」を差し引いて計算するのが基本であること
から，次のように計算する。

　課税期間中の課税売上げに係る消費税額－課税期間中の課税仕入れ等に係る
　消費税額＝消費税額

　この時，課税仕入れ等に係る消費税額を控除するには，帳簿および請求書等
の保存をする必要がある。

(2)　簡易課税制度

　一定の事業規模以下の中小事業者については，選択によって売上に係る消費
税額を基礎として，仕入れに係る消費税額を簡単に計算する仕組みが採用でき
る。これを簡易課税制度という。簡易課税制度は基準期間における課税売上高

が5,000万円以下の中小事業者について，簡易課税制度の適用を受ける旨の届出を所轄の税務署長に提出することでその制度の適用を受けることができる。この簡易課税制度の特徴的な点は仕入高を売上高の一定割合とみなす「みなし仕入率」に基づいて消費税額を計算することを認める特例措置である。みなし仕入率は，現在，6つの事業区分ごとに定められており，第一種事業（卸売業）で90%，第二種事業（小売業）で80%，第三種事業（製造業）で70%，第四種事業（その他）で60%，さらに第五種事業（サービス業等）で50%，第六種事業（不動産業）で40%となっている。したがって，実際の課税仕入れ等に係る消費税額を計算することなく，課税売上高から納付する消費税額を計算することが可能となる。

　簡易課税制度の適用を受けた小売業者のケースをこれまでと同じ例によって説明しよう。この業者は，1000の税抜販売価格から，800（＝1000×0.8）を仕入価格とみなすことができるので，納税額は20（＝1000×0.1−800×0.1）となる。つまり，この制度では売上の金額だけから自動的に税額が算出される仕組みになっている。そのため，簡易課税制度を利用する事業者の実際の仕入額が，みなし仕入率から算定される金額よりも少なければ，不可避的にその差額分の益税が生じることになる。先の例で，仮に実際の仕入額が600であれば，本来支払うべき税額40（＝1000×0.1−600×0.1）と納税額20の差である20が益税となる。

(3)　地方消費税の計算

　地方消費税は，地方分権の推進，地域福祉の充実等のため，地方税源の充実を図るための地方税（道府県税）であり，次のように計算する。

　消費税額×地方消費税率＝地方消費税額

　この時，地方消費税率は「78分の22」である。

5．区分記載請求書等保存方式

　これまで確認してきたように，2019（令和元）年10月から消費税8%と10%のものが存在する複数税率が日本で導入された。その複数税率の導入と同

時に開始されるのが「区分記載請求書等保存方式」である。この区分記載請求書等保存方式は軽減税率制度導入に合わせて，請求書の記載および経理の方式が変わることを意味する。軽減税率の対象品目の売上げや仕入れ（経費）がある事業者は，「軽減税率対象である旨」や「税率ごとの合計額」を記載した請求書等（区分記載請求書等）の交付や記帳などの経理（区分経理）を行う必要がある。

(1) 仕入税額控除

　軽減税率制度の実施に伴い，消費税の申告を行うためには，取引等を異なる税率ごとに区分して記帳するなどの経理（区分経理）が必要となる。課税事業者は消費税の申告の際に課税仕入れ等に係る消費税額を控除する仕入税額控除を受けるための条件が，区分経理に対応した帳簿や請求書の保存が必要となる。ここで仕入税額控除とは消費税がかかる経費支出で，消費税の申告の際に控除できる金額のことをいう。

(2) 区分記載請求書等保存方式

　軽減税率（複数税率）制度に伴い，その対象品目を取り扱う事業者には「区分記載請求書等保存方式」への対応が求められるようになった。これは税率ごとに区分経理を行う制度であり，請求書等の書類や，帳簿への記載方法に影響がある。ここで，軽減税率制度の導入に伴って対応を求められる「請求書等」とは，軽減税率に該当する品目の税込み対価と，標準税率の品目の税込み対価が分けて記載された書類のことをいい，請求書，納品書や領収書なども区分記載請求書等に含まれる。この時，消費税の課税事業者は，仕入税額控除の適用を受けるためには区分経理に対応した帳簿および「軽減税率の対象品目である旨」や「税率ごとに区分して合計した税込対価の額」等が記載された請求書等（区分記載請求書等）を保存しておく必要がある。免税事業者の場合，自分の消費税申告は必要ないことから，仕入税額控除の準備を行うことはない。しかし，課税事業者との取引に際しては，課税事業者から，区分記載請求書等の交付を求められる場合がある点には注意が必要である。

⑶　適格請求書等保存方式（インボイス制度）

　区分記載請求書等保存方式は 2023（令和 5）年 9 月 30 日に終了し，翌日の
10 月 1 日からは複数税率に対応した消費税の仕入税額控除の方式として適格
請求書等保存方式（インボイス制度）が導入される。従来は事業者であれば誰
でも認められていた消費税の仕入税額控除を所轄の税務署長が認定した課税
事業者（適格請求書等発行事業者）のみに限定することが目的である。軽減税
率制度の導入に伴い，請求書等の作成やその保存の方法は「区分記載請求書等
保存方式」を移行的な措置として，適格請求書等保存方式に切り替えられる。
より簡潔には，請求書等の発行側が受領側に対し，正しい適用税率や消費税額
などを伝えることを目的とした書類である「適格請求書」を，税務署長認定
の「適格請求書等発行事業者」のみが発行できるようになる仕組みである。適
格請求書等保存方式（インボイス制度）に対応するためには，税務署で適格請
求書発行業者の登録手続きを済ませ，登録番号を発行してもらう必要がある。
加えて，従来の請求書等のフォーマットにも変更を加え，適格請求書の記載事
項を満たしたものにしなければならない。ここで適格請求書（いわゆるインボ
イス）とは，売手が買手に対して正確な適用税率や消費税額等を伝えるための
書類であり，その様式は法令等で定められておらず，一定の事項が記載された
書類（請求書，納品書，領収書，レシート等）であれば，適格請求書に該当す
る。適格請求書等保存方式においては，「適格請求書発行事業者」が交付する
「適格請求書」等の保存が仕入税額控除の要件となる。

6．申告・納付

　国内取引の場合には，免税事業者を除いた事業者は消費税の申告・納付のほ
か，直前の課税期間の消費税額に応じて中間申告・納付が義務付けられてい
る。具体的には，個人事業者は翌年の 3 月末日までに，法人は課税期間の末日
の翌日から 2 カ月以内に消費税と地方消費税を併せて所轄税務署に申告・納付
する。

　前課税期間の消費税額の年税額が 48 万円を超える事業者は，中間申告と納
付を行わなければならない。また，期限内に申告書の提出や納付をしなかった
り，誤った申告をすると，申告後に不足分の税額を納めるだけでなく，加算税

や延滞税も納めなければならないことがある。

7．消費税の課題

(1) 益税

　本項では消費税の課題として，益税の問題と逆進性の問題について触れる。

　消費税は商品・製品の販売やサービスの提供などの取引に対して課される税である。そして消費税の負担者は最終消費者である。事業者間の取引でも税のやりとりは発生しているが，事業者は税抜きの売上（課税標準）に税率を乗じた額（売上に係る消費税額）から，仕入れに含まれている消費税相当額を控除した額を納付する。したがって，事業者が消費税を負担しているわけではなく，あくまで負担者は最終消費者である（間接税）。

　しかし，現在の日本の制度では，主に中小事業者の事務負荷軽減を目的とした制度により，消費税を預かりはするものの納税が免除されたり（事業者免税点制度），売上から納税額を概算計算したりすることが認められている（簡易課税制度）。これらの制度により，消費税の一部が事業者の手元に残ってしまい，消費者が負担する額と国に納められる額に差分が生じる。これを「益税」と呼ぶ。

　消費者が負担する税が国庫に納められず，特定の企業（あるいは個人）の利益となってしまうことから，租税の公平性という観点から適切ではないといえる。過去の研究では，益税額は約5,000億円（2005年，消費税率5％時点）とする推計もある。

　このような事態を踏まえて政府は，益税を減少させてきたという経緯がある。消費税率10％への引き上げでは，軽減税率導入に伴い，2023年10月から適格請求書等保存方式（以下，インボイス方式）が義務化されることになっており，益税解消に向けた動きが一層加速すると考えられる。その一方で，益税を生じさせる既存の制度（事業者免税点制度および簡易課税制度）の変更は，とりわけ中小事業者に影響を与えるため，段階的な対応が必要である。

　ここでは簡単に事業者免税点制度における益税の問題について確認する。事業者免税点制度とは前々年の年間課税売上高1,000万円以下の事業者については，消費税の納付義務が免除される制度である。この制度の目的は小規模事業

者への事務負担の配慮である。

　図表7-6 は，上記 2 つの制度を介して発生する益税のメカニズムを，簡単な取引イメージで示したものである。最終販売価格を 600 円と想定すると，本来国に納められるべき税額は，最終消費者が支払った 600 円× 10% の 60 円である。

　しかし，取引過程において免税事業者が介在した場合（ケース 2），免税事業者は納税義務がないため，20 円が益税として残ることになる。

図表 7-6　益税のメカニズム

【ケース 1　原則的方法】

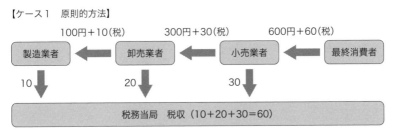

※あるべき税収額（60）＝最終消費者が負担した 60 を複数の事業者が分散して納税

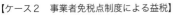【ケース 2　事業者免税点制度による益税】

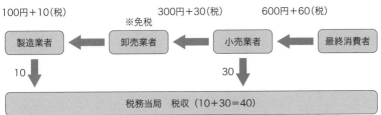

※最終消費者が負担した 60 のうち 40 のみが納税
※免税事業者（卸売業者）は納税義務がないため，20 が手元に残る。

(2)　逆進性

　ここまで消費税の課題として益税について検討をしてきたが，次に消費税の逆進性について触れていこう。一般的に消費税は逆進性があるため不公平な租税である，と言われることがある。この「逆進性」とは，どのような性質なのだろうか。

　私たちが生活をする上で食費，光熱費，通信費などは必須であろう。これを生活費とすれば，たとえば年収400万円の人が年間80万円の生活費への支出をした場合，消費税率が10％とすれば，消費税は80万円×10％＝8万円である。この場合，消費税が年収に占める割合は2％になる。一方で，年収1,200万円の人を考えてみよう。先ほどと同様に年間80万円の生活費の支出をしたとすれば，消費税額は8万円である。そして，この場合の消費税が年収に占める割合は，約0.67％になる。

　このように収入が高い人ほど消費税率の負担割合が下がるという現象を消費税の「逆進性」と言う。

ディスカッションテーマ

- 消費税の歳入規模を調べてみよう。
- 日本にはどんな消費課税があるかを調べてみよう。
- 現代の財政再建問題について議論し，今後の消費税の使途を考えてみよう。
- 事業者免税点制度と益税の問題を関連させて考えてみよう。

第8章

財政赤字と公債

到達目標
1 公債による資金調達と租税の相違について説明できる。
2 公債（国債）の仕組みについて説明できる。
3 日本の国債の実情について説明できる。
4 日本の国債累増の要因について説明できる。

キーワード
4条公債，特例公債，公債の負担，等価定理，プライマリーバランス（基礎的財政収支）

第Ⅰ節　公債の基礎理論

　公債とは，広義には政府部門がその経費をまかなうためのあらゆる公的債務を指すが，本章においては，中央政府（国）と地方政府（都道府県・市町村）が財源調達を目的とする債務に限定する。1973（昭和48）年の第1次石油危機以降，わが国では公債発行による財源調達が常態化し高水準の公債依存度が継続しており，一方，歳出面では公債費が増加傾向で推移している。累積した公債残高の対GDP（国内総生産）比は2倍を超えており，適切な経済成長率を確保しつつ歳入歳出面における効率的な財政運営が要請されている。

　このように日本財政が公債に大きく依存していることを踏まえ，以下では，公債の基礎理論や国債発行の仕組み，国債管理政策，公債の実情などについて解説する。

1．公債による資金調達の特徴

　政府収入の根幹となるべき財源調達手段は租税であるが，戦争や自然災害などの緊急時の資金需要やデフレ・ギャップがある場合，あるいは将来にわたって便益をもたらす社会資本整備などの財源をまかなうために利用されるのが公債である。公債および租税の両者とも政府の財源調達手段で民間における購買力の政府への移転であり，民間部門における資源が公共部門へ配分される点では同じである。

　租税は家計や企業から強制的に徴収され個別的反対給付はない。一方，租税を担保として発行される公債は家計や企業が購入するか否かは自由であり，公債発行に対する人々の抵抗感は租税に比べて弱いといえる。また，租税は恒常的，固定的収入であるが，公債は任意的，臨時的，弾力的な収入であるため，緊急に多額の資金を調達する場合に適している。さらに負担の点からみると，1年単位で賦課される租税は課税時の国民に集中するが，公債の償還は世代間に分散することができる。なお，租税および公債の両者とも民間部門における消費や貯蓄を減少させるが，租税が直接に民間消費を削減するのに対して，公債は主として民間貯蓄からまかなわれる。

　このように公債の特徴は租税と対照することにより明らかになるが，公債による財源調達は民間部門における資金需要や世代間の公平性などを考慮して利用されるべきである。

2．公債負担論

　公債発行による財源調達が租税による財源調達と比較して余分な負担が生じるか否かを考えるのが公債の負担論である。公債発行による古典派の考えでは，租税は民間消費に向けられる資金からまかなわれるが，公債は民間投資に充当される貯蓄からまかなわれるため，公債発行は生産的な民間資本から非生産的な政府支出への転換を意味する。そして将来の課税による元利償還は民間資本の蓄積を阻害し，生産力を低下させ，そして所得の低下を引き起こすことを負担と捉える。古典派は均衡財政を望ましいとし，公債発行による財源調達には否定的である。

　公債の負担に関するラーナーやハンセン等のケインズ派の公債負担論は古典

派の理論と対比する意味で新正統派理論と呼ばれている。新正統派は公債発行による財源調達が民間部門における利用可能な資源の減少を負担と考える。内国債の発行または課税のいずれの場合も民間部門全体の利用可能な資源の量に変化はなく，資源が民間部門から公共部門へ移転するだけであり，負担は即時に発生し将来世代への負担の転嫁は生じない。経済が過剰設備と非自発的失業が存在する不完全雇用の状況にある場合，赤字公債の発行によって民間部門における過剰貯蓄を吸収すべきであると主張する。そして，内国債は外国債とは異なり公債を所有していない国民から公債を所有している国民へ所得が移転するものの，将来世代に負担が転嫁することはないと主張する。しかし，外国債の場合には，発行時点で負担は生じないが，償還時には増税が実施され所得の海外流出が生じるので，民間部門において利用できる資源は減少し将来世代への負担の転嫁が発生する。

　ボーエン，デービス，コップは生涯消費の減少を負担と捉える。公債発行時の世代の生涯消費は減少しないが，公債償還時の世代の場合には生涯消費の減少という形で負担を負うと考えた。同一世代間で公債の発行と償還が行われる場合には公債発行による負担は発生しないが，公債の発行と償還が異なる世代間でなされる場合には，公債償還時における世代の生涯消費が減少する。

　ブキャナンは個人の効用水準の低下を負担と捉える。公債発行時の世代は任意に公債を購入するので負担を負わないが，公債償還時の将来世代は償還財源が強制的な課税によってまかなわれるので負担を負うことになる。したがって内国債および外国債の両者とも，償還時における世代への負担の転嫁が生じると主張した。

　モディリアーニは公債の負担を資本蓄積の減少と捉える。公債は租税に比べて貯蓄削減効果が大きく，公債発行に伴う資本蓄積の減少は将来の生産能力を抑制し将来世代の所得を減少させる。したがって，財源調達を公債により行えば，内国債または外国債のいずれも将来世代への負担の転嫁が生じる。

　こうした世代間の負担の転嫁の有無に関してさまざまな議論があるが，前提とする負担の定義がそれぞれ異なる。公債の発行と償還が同一世代内で行われる場合には，公債の負担転嫁は生じず，異なる世代間で行われる場合は負担転嫁が生じるという見方が一般的である。

3．等価定理と中立命題

　上記の公債負担転嫁論は公債の発行それ自体が負担をもたらすか否かについて論じている。一方，家計が最適化行動をする場合，公債と租税を同等とみなし公債発行が特別な負担をもたらすことはないとするのが，リカードとバローの議論である。

　リカードは，政府支出を公債発行によりまかなっても課税によってまかなっても家計に与える影響はまったく同じであり，将来世代への負担は生じないと考えた。課税の場合には家計は単に消費を減少させるが，公債が発行されると家計は将来の償還時の課税に備えて貯蓄を増やし消費を減少させる。公債発行は単に課税の繰り延べに過ぎず，資本蓄積が阻害されることもなく，また公債負担が将来世代に転嫁されることもないと捉える。その前提条件として完全雇用が達成され，公債の発行と償還が同一世代のなかでなされることを想定している。こうした公債と課税は同じ経済効果であると捉える議論は「リカードの等価定理」（Ricardian equivalence theorem）と呼ばれている。

　バローは，現在世代の効用関数のなかに将来世代の効用関数が含まれると仮定すると，公債による財源調達と租税による財源調達の効果は同じであると考えた。換言すると，現在世代が将来の公債償還に備えて資産を形成するならば，公債発行による財源調達が将来世代に転嫁されることはない。この意味で中立的であると主張した。バローのこの議論は公債発行時の世代が公債償還時における課税を正しく予想可能であるとするなどの厳しい条件を満たす必要がある。

4．ドーマーの法則

　日本では，国と地方公共団体の公債残高は国内総生産の約2倍に達しているが，財政破綻に陥る可能性はどうだろうか。ドーマーは公債の限度は絶対額で考えるべきではなく，NI（国民所得）に対する公債残高の比率を問題にすべきであり，NIの一定割合の公債が発行され続けるとしても，公債残高の対NI比率は無限に増大するとは限らないと主張した。NIが一定の比率で成長していくならば，この比率（毎期の公債発行額の対NI比率/NIの成長率）は一定の値に収束することを，ドーマーは以下のように論証した。

NI を Y, 公債残高を D, 初期値をそれぞれ Y_0, D_0 とし, Y の成長率を r, 毎期の公債発行額の対 NI 比率を α とすると, t 期における Y と D は次の式で表すことができる。

$$Y = Y_0 e^{rt}$$
$$D = D_0 + \alpha Y_0 \int_0^t e^{rt} dt = D_0 + \alpha Y_0 \cdot \frac{1}{r}\left[e^{rt}\right]_0^t$$
$$= D_0 + \frac{\alpha Y_0}{r}\left(e^{rt} - 1\right)$$

この2式から, 公債残高の国民所得に対する比率 $\left(\frac{D}{Y}\right)$ をもとめると,

$$\frac{D}{Y} = \frac{D_0}{Y_0 e^{rt}} + \frac{\alpha}{r}\left(1 - \frac{1}{e^{rt}}\right)$$

となる。

この式において $r>0$ として, t を無限大とすると,

$$\lim_{t\to\infty}\left[\frac{D_0}{Y_0 e^{rt}} + \frac{\alpha}{r}\left(1 - \frac{1}{e^{rt}}\right)\right] = \frac{\alpha}{r}$$

となり, $\frac{D}{Y}$ は $\frac{\alpha}{r}$ に収束する。すなわち, 公債発行額に対する NI 比率を NI の成長率で割った値となるのである。

これから, NI が成長している場合, NI の一定割合の公債発行が継続されても公債残高の対 NI 比率は無限に高くなるわけではないのである。プライマリーバランス（基礎的財政収支）が達成されているならば, 経済成長率が利子率を上回れば財政赤字は維持可能であることを示している。ただ, 利払費が公債発行でまかなわれる場合, 利子率が NI 成長率を上回ると, 国債残高の対 NI 比率は発散し財政は破綻することになる。

したがって, 公債の利子率を上回る経済成長率を実現することが肝要であり, 政府が経済成長なくして財政再建なしと主張する所以である。

第Ⅱ節　公債の仕組み

　これまで，一般論として公債についての基礎的な理論を紹介してきたが，本節では，わが国における公債の仕組みを概観する。まず，公債発行の基本原則を紹介し，ついで公債の分類，公債の消化制度，国債管理政策について解説する。

1．公債発行の基本原則

　財政の基本原則は，日本国憲法「第7章 財政」において定められている。これを踏まえ財政の制度的枠組みや財政運営について定めた基本法が1947年施行の財政法である。財政法第4条と第5条において公債発行についての基本原則が謳（うた）われている。

　財政法第4条第1項では「国の歳出は，公債又は借入金以外の歳入を以て，その財源としなければならない」と規定し，公債発行を原則禁止している。そして第4条第1項の但し書きにおいて「但し，公共事業費，出資金及び貸付金の財源については，国会の議決を経た金額の範囲内で，公債を発行し又は借入金をなすことができる」と謳（うた）っている。このように財政法は公債発行を原則禁止しながら，投資的経費の財源として公債発行を認めているのである。すなわち，公債発行における建設公債の原則である。したがって，経常的経費をまかなうための公債，つまり赤字公債の発行は財政法に反することになる。そのため，赤字公債を発行する場合には財政法第4条に関する特例法を制定して発行しているのである。財政法第4条の但し書きに基づいて発行される公債を4条公債または建設公債と通称し，特例法に基づいて発行される公債を特例公債または赤字公債と通称している。

　建設公債による社会資本の整備から将来世代も利益を受けるため，いわゆる利用時払いの原則に則っており償還時に将来世代は税負担しても不利益はない。一方，赤字公債に基づく政府支出からの受益は基本的に公債発行時の世代に帰着し，将来世代は償還時における税のみを負担することになる。デフレ・ギャップなどが存在する場合に赤字公債による財源調達を認めることができる

が，可能な限り赤字公債による財源調達は避ける方が望ましいといえる。

　財政法第5条では「すべて，公債の発行については，日本銀行にこれを引き受けさせ，又，借入金の借入については，日本銀行からこれを借り入れてはならない」と規定し，公債の日本銀行引き受けの原則禁止を定めている。すなわち，公債の市中消化の原則である。なお，第5条但し書きで「但し，特別の事由がある場合において，国会の議決を経た金額の範囲内では，この限りでない」と例外があることを謳っているが，現在，日本銀行が保有している公債を借り換えるための借換債や政府短期証券などの発行がこれに相当する。借換債などは債務残高の増加や通貨膨張をもたらさないとの理由からである。

2．公債の元利償還

　公債は政府部門の借金であり，満期には元利を償還しなければならない。毎年，公債を確実に償還するための基金として国債整理基金特別会計に関する規定が「特別会計に関する法律」（第38〜第49条）に設けられている。毎年度，一般会計と特別会計から国債整理基金特別会計へ資金が繰り入れられるが，この資金および借換債により国債の元利償還などの経費をまかなっている。

　国債の償還は，満期ごとに一部を一般財源で償還し，それに償還額の一部を借り換えるための資金を調達する借換債の発行によりなされる。償還期限は60年間で償還する仕組みとなっているが，これは建設国債によって整備された社会資本の平均耐用年数を60年と想定し，毎年度，前年度期首における公債残高の100分の1.6に相当する金額を国債整理基金特別会計に繰り入れることになっている。これを繰り返すことにより60年後に償還を終えるルールである。

　この60年償還ルールの例外として復興債などがある。復興債は東日本大震災からの復旧・復興事業に充当する財源のために発行される国債で東日本大震災特別会計の収入となるが，その償還は毎年度見込まれる政府保有株式の処分収入や復興特別税の収入を順次償還に充てることになっている。

　国債整理基金特別会計への繰入れには，ほかに剰余金の繰入れと予算繰入れがある。前者は一般会計における決算上の剰余金の2分の1を下らない額の繰入れであり，後者は必要がある場合の予算措置による繰入れである。

3．公債の種類

　公債を発行主体からみると，国が発行する国債，地方公共団体が発行する地方債，政府関係機関が発行する債券の債務保証を行う政府保証債がある。起債地で見ると国内で発行する内国債と国外で発行する外国債に分類される。

　本項では主として国が発行する普通国債についてみていくことにする。国の発行する債券である国債の発行根拠は法律で定められ，発行目的により普通国債と財投債（財政投融資特別会計国債）に大別される。

　普通国債は建設国債，特例国債，借換債および復興債などから構成され，元利払いは上述の通り，主として一般財源によってまかなわれている。建設国債は「財政法」第4条第1項但し書きに基づき発行され，特例公債は「特例公債法」等に基づいて発行されている。借換債と復興債は，それぞれ「特別会計に関する法律」の第46条，第228条に基づいて発行されている。財投債は財政融資資金の運用財源に充てる目的で発行される債券であるが，その償還が財政融資資金の貸し付け回収金によってまかなわれる点で普通国債とは異なる。

　さらに，日々の国庫の資金繰りをまかなう政府短期証券や，国の支払い手段である交付国債や出資・拠出国債がある。

　次に，公債の償還期限による分類であるが，年度内に償還される短期債と償還期間が会計年度を超える長期債に分類することができる。わが国では，長期債の償還期限を10年としているため，償還期限10年の国債を長期債，2年から5年を中期債，15年以上を超長期債と呼んでいる。償還期限が1年以下の政府短期証券として，財務省証券，外国為替資金証券，石油証券および食糧証券がある。

4．国債管理政策

　国債管理政策とは国債の発行と償還に関する種々の政策の総称である。国債管理政策の推進に当たっては，財政構造の健全化を推し進めることで，国債に対する信認を維持しつつ，国債の円滑な発行と中長期的な調達コストの抑制を基本的な目標としている。市場のニーズや動向を踏まえ，発行額や年限などを設定する必要がある。換言すると，公債発行の種類や残高構成を変化させることによって，公債の利払い費を最小化させ，また公債の流動性の維持・向上を

推し進めることにより経済の安定化を図ることが重要になる。

　一般に景気過熱期には利子率が高くなり，不況時には利子率が低下する。また，短期債に比べて長期債の利子率は高くなる。したがって，利払い費を最小化する観点からは，利子率の高い好況期にはできるだけ短期債を発行し，利子率の低い不況期には長期債を発行することで利払い費を抑制できる。公債管理政策においては，利払い費の最小化と経済安定化という2つの政策目的がトレードオフの関係にあるが，経済安定化については金融政策といった他の政策手段もあり，トレードオフは強いものではない。金融市場に大きな影響を及ぼさないように公債を発行し，合わせて利払い費を最小化する公債管理政策が必要となる。

　なお，国債の大量発行が継続する中で，国債の保有者の多様化を推し進め，円滑な消化を推進すると共に国債市場の安定化を図る必要がある。ただ，外国の投資家による保有が一定水準を超えた場合の影響を考えると，国内における円滑な消化に重点を置くべきである。

第Ⅲ節　公債の実情

　本節では，主として公債の発行や残高の実情を明らかにする。まず公債発行の推移，公債累増の要因と問題点，国民経済への影響などについて解説する。

1．公債発行の推移

　図表8-1は，1975（昭和50）年度以降の一般会計における歳出額，税収額，公債発行額の推移を示したものである。1964（昭和39）年の東京オリンピック後の不況により1965（昭和40）年度の補正予算において歳入補填債による財源調達が行われた。

　その後好景気が続いたが，1973（昭和48）年秋の第1次石油危機を契機に日本経済は低迷し1975（昭和50）年度補正予算で事実上はじめて特例公債を発行するに至った。1990（平成2）〜1993（平成5）年度の4年度間を除き，2020（令和2）年度現在まで40年以上特例公債による財源調達が続いている。

　図表8-1から税収入は1990（平成2）年度の60.1兆円をピークに，それ以

図表 8-1　公債発行の推移

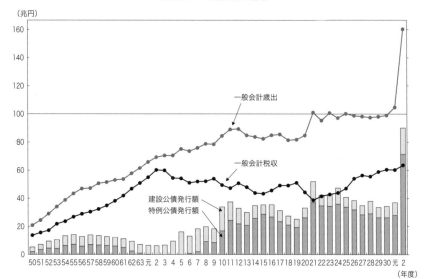

注：1．平成 30 年度までは決算，令和元年度は補正後予算，令和 2 年度は第 2 次補正後予算による。
　　2．公債発行額は，平成 2 年度は湾岸地域における平和回復活動を支援する財源を調達するための臨時特別公債，平成 6 〜 8 年度は消費税率 3％から 5％への引上げに先行して行った減税による租税収入の減少を補うための減税特例公債，平成 23 年度は東日本大震災からの復興のために実施する施策の財源を調達するための復興債，平成 24 年度及び 25 年度は基礎年金国庫負担 2 分の 1 を実現する財源を調達するための年金特例公債を除いている。
　　3．令和元年度・2 年度の計数は，臨時・特別の措置に係る計数を含んだもの。
出所：財務省『日本の財政関係資料』（2020 年度）。

降減少し低迷が続き，2018（平成 30）年度に初めて税収は 60.4 兆円と約 30 年ぶりに 1990 年初頭の水準に回復したのである。一般会計歳出は，景気対策のための公共事業の拡大，社会保障費や公債費の増加などにより持続的に増加している。一般会計税収入と一般会計歳出の差は，図の棒グラフで示されるように，大部分が特例公債（赤字公債）でまかなわれてきている。1990 年代以降，わが国財政がいかに公債発行に大きく依存してきたかがわかる。いわゆるバブル経済の崩壊以降，政府は，デフレーションや景気の低迷に対応する一方，財政健全化に向けさまざまな取り組みを進めてきた。たとえば，改革法を成立させ，財政赤字を対 GDP の 3％以下にすること，2003（平成 15）年度までに特例公債から脱却することを目標とした。また，2006（平成 18）年の「経済財

政運営と構造改革に関する基本方針2006」では，将来世代への負担の先送り
を避け，持続可能な財政制度を確立するため，歳出削減を徹底し，歳入改革を
進める歳出・歳入一体改革を取り決めた。この中で，2011（平成23）年度ま
でに国・地方のプライマリーバランス（基礎的財政収支）を黒字化する目標を
掲げた。プライマリーバランスとは，税収入といった基本的な歳入で，国債費
を除く一般歳出と地方交付税交付金といった経常的な経費をまかなえるかをみ
るものである。プライマリーバランスが均衡している場合は，財政赤字の拡大
が止められる。しかしながら，プライマリーバランス黒字化の目標は現在まで
何度も延期され，依然として達成されていない。

　2020（令和2）年度（第3次補正後予算）末の国債残高は，建設国債約284
兆円，特例国債約695兆円，東日本大震災に関わる復興債約7兆円の合計約
985兆円と見込まれている。国債と地方債を合計した公債残高は1,201兆円
で，対GDP比率は224％である。わが国の公債残高は先進諸国の中では極め
て高い数値となっており，財政状況の悪いギリシャやイタリアと比較しても際
立っている。ちなみに，1990（平成2）年度と2020（令和2）年度補正後予算
の歳入構造をみると，1990（平成2）年度は租税および印紙収入83.8％，公債
金収入10.2％，その他収入6.0％であったが，2020（令和2）年度第3次補正
後予算では，それぞれ31.4％，64.1％，4.5％であり，2020（令和2）年度第3
次補正後予算は新型コロナ禍が大きく影響している。

2．公債累増の要因

　公債累増を招いた要因は，循環的なものと構造的なものに分けられる。景気
後退期には所得税や法人税といった所得弾力性の高い税目の収入減や減税によ
る税収の減少により，一方，歳出面では景気対策のための公共事業や失業給付
といった経費が増加する。その乖離を公債発行によりまかなわざるを得ない。
しかしながら，景気が回復するならば，税収入の増加により公債額は減少し，
歳入における公債依存度は低下する。このような景気循環に伴う財政収支の赤
字，公債の増加は循環的なものである。

　構造的要因は景気循環に伴う要因が解消されたとしてもなお存続するもので
ある。歳入面では長期的な経済成長の低迷による構造的な税収の低下，歳出面

では人口の高齢化に伴う社会保障費の増加，累増する公債償還のための公債費の増加がその要因として上げられる。現在の膨大な公債累増は循環的要因というよりも構造的要因によるものがより一層大きいといえる。

　経済政策の失敗も然ることながら，長期にわたる経済成長率の低迷による税収の低下，および人口の高齢化に伴う財政需要の増大が公債累増の主たる要因であるといえる。

3．公債累増の問題点

　公債累増の問題点として，財政構造の弾力性の低下，世代間の負担の不公平，財政錯覚による安易な公債依存，クラウディング・アウト，公債に対する極端な否定的感情を上げることができる。

　まず，第1に財政構造の弾力性の低下である。高水準の公債依存度の継続により公債残高が増加すると，元利償還などにかかる公債費が増大する。公債費は借金返済のための義務的経費であり，歳出に占める公債費の割合が増大すると公共事業や，教育・科学の振興，防衛力の整備などといった政策的経費が圧迫され，財政の硬直化が進展する。また，公債が累増すると，投資家から財政規律が緩んでいるとみられ，政府の信用が低下し，公債の消化に問題が生じる可能性がある。さらに，家計や企業が，政府が公債償還のために増税すると予想すると，消費や投資を大幅に抑制し，経済への縮小圧力が高まる。

　第2に，将来世代への負担の転嫁である。公債残高は膨大な金額になっているが，基本的に将来世代に便益をもたらさない特例公債（赤字公債）が公債残高の7割を占めている。特例公債はその償還時の課税により将来世代が負担することになるため世代間の不公平が生じる。建設国債は，社会資本のように将来世代にも利益が及ぶ場合に，利用時払いの原則によって負担を求めることができるが，将来世代は，現在の社会資本建設に関する予算決定の政治プロセスに参加できないという点で不公平である。それに，社会資本からの受益よりも維持管理や公債償還の経費が大きくなる可能性もある。このように建設公債も将来世代へ負担の転嫁が生じる可能性がある。

　なお，各世代について公共サービスからの受益と負担を計測することで，世代別の純便益を比較する世代会計によると，将来世代ほど受益よりも租税およ

び社会保障負担が大きく，負担超過になると推計されている。少子・高齢化が加速するなかで世代間の公平性に留意することが極めて重要である。

　第3に，財政錯覚による安易に財政赤字に頼る傾向である。現在世代は，負担感の大きな租税より負担感の希薄な公債を選択するという財政錯覚に陥り，財政支出拡大につながりやすい。その結果，財政赤字は一層増大し将来世代への負担の転嫁がますます大きくなる。歳入と歳出を均衡させ，財政赤字の拡大を抑制するという均衡財政主義の考え方は，このような公債による財政錯覚と財政赤字の拡大を懸念している。

　現在のわが国の状況は，公債残高が累増しているにもかかわらず，利子率が低いため利払い費は低水準に止まっている。しかし，政府の財政健全化の取り組みや財政の持続可能性に対する信認が失われていくと，国債金利は上昇し，利払い費が急増する可能性がある。また，公債金利の上昇は全般的な金利上昇につながり，金融システム全体の不安定をもたらし，家計や企業の経済活動，あるいは国のみならず地方公共団体の財政運営にも大きな影響を及ぼす。

　第4に，クラウディング・アウト（民間投資の締め出し）による民間投資の抑制の可能性である。

　民間投資は，家計や企業の貯蓄が源泉となっている。現在，家計の純資産残高は約1,500兆円に上り，公債をまかなう資金は十分に存在するといわれている。しかし，人々が，現役時代の貯蓄を退職後に取り崩して消費に回すと考えるライフ・サイクル仮説や，高齢化に伴う将来の増税や社会保険料負担の増加，あるいは可処分所得の低下を考えると，わが国の貯蓄率は確実に低下していくことは必至である。また，経済が低迷から脱し民間における資金需要が増大した場合に，政府が大量の公債発行により民間貯蓄を吸収すると，クラウディング・アウトが発生する。これは公債発行により民間金利を上昇させ，民間投資を抑制することにより資本蓄積をさまたげ，中長期的な経済成長を低下させる可能性があり，将来世代の経済的利益を低下させることにもつながる。さらに，クラウディング・アウトの発生を，中央銀行によるマネーサプライの増加により回避しようとすると，インフレを誘発する可能性がある。

　第5に，国民の公債に対する極端な否定的感情である。1990年代末以降の閉塞感の流布は，公債発行に伴い強調されてきた負の側面よりも，むしろ国

民の将来不安による需要不足に基づく投資機会の縮小が要因である。政府および日銀は2%のインフレターゲットを設けているが，実現には程遠い状況にある。したがって，財政再建に関する主張も然ることながら，適切な経済成長率を確保しつつ，国民の将来不安を払拭することを優先するべきとの議論にも一理はある。公債依存度や公債残高などの捉え方についてあらゆる側面から再検討することも必要であろう。

第IV節　財政健全化

　1998年度以降，歳入面では国債依存度が30%を超える状況が継続し，歳出面では社会保障関係費と国債費が増加傾向で推移してきている。その結果，2020年度末の普通国債残高は1010兆円に上り，対GDP比は184%に達している。このような財政状況は決して持続可能ではない。

　財政の健全化とは，持続可能な財政構造の構築を意味し，その第一歩としてプライマリーバランス（基礎的財政収支）の均衡した状態を目標としてあげられる。財政の健全化は1970年代から叫ばれてきたが，半世紀近く経過した現在，なおプライマリーバランスの均衡化は達成されず，2020年2月に発生した新型コロナ禍への対応のため，さらに先送りせざるを得ない経済状況にある。

1．プライマリーバランス黒字化の取り組み

　プライマリーバランス（Primary Balance）は，歳入総額から国債発行による収入（国債収入）を差し引いた金額（税収等＝税収＋税外収入）と，歳出総額から国債費（元本返済＋利払費）を差し引いた金額（政策的経費）とのバランスを見たものである。プライマリーバランスが均衡した状態というのは図表8-2に示されているように，税収等＝政策的経費，または，国債収入＝国債費，のことである。

　国債費を除いた歳出が，税収等の範囲内であれば，国の借金は過去の債務の利払分は増えるが，それを超えて増えることはない。プライマリーバランスが赤字ということは，税収等で政策的経費をまかなえない状況，つまり，税収等

＜政策的経費，になり国債をさらに発行せざるを得なくなる。この悪循環を断ち切るため，まずプライマリーバランスの均衡化，そして黒字化を財政健全化目標の第一歩に掲げるのである。なお，プライマリーバランスが黒字とは，税収等＞政策的経費，の状態である。

　プライマリーバランスが均衡の状態，つまり，税収等＝政策的経費の時には，債務は利払費の割合で増え，一方，GDP は経済成長率の割合で増加する。利払費が経済成長率より低い場合に，プライマリーバランスが均衡すると，債務の増え方の方が GDP の増え方よりも小さくなる。ドーマーの法則で示したように，経済成長率が利払費よりも高ければ，国債残高は一定の値に収束するのである。プライマリーバランスの黒字化を目指すことは必然であり，さらに，プライマリーバランスの黒字幅の拡大が望ましいことは言うまでもない。このように，プライマリーバランスは財政の持続可能性を判断する指標として極めて重要である。

　さて，これまでの日本財政の健全化への取り組みについて概観しよう。小泉内閣は「経済財政運営と構造改革に関する基本方針 2006」において，2011（平

図表 8-2　プライマリーバランスが均衡した状態

（歳入）	（歳出）
国債発行 （国債収入）	元本返済
	利払費
税収等	政策的経費

出所：財務省「日本の財政関係資料」20 ページの
図をもとに作成。

成23）年度までにプライマリーバランスを黒字化する目標を掲げたが，2008（平成20）年の世界的な金融・経済危機，いわゆるリーマン・ショックの影響により頓挫することになった。そして，2012（平成24）年末に成立した第2次安倍内閣は2015（平成27）年までにプライマリーバランスの赤字の対GDP比を2010（平成22）年比で3.3％に引き下げ，2020（令和2）年までにプライマリーバランスの黒字化を目指すという目標を立てた。2015（平成27）年の目標は達成したが，2020（令和2）年の目標には届かなかった。政府はプライマリーバランス黒字化の目標を堅持し，新たな目標として，2025（令和7）年度におけるプライマリーバランスの黒字化を目指すと同時に，債務残高の対GDP比の安定的な引き下げを目指すことを堅持することとした。しかし，予期しない新型コロナ禍が発生したため，これらの目標の達成は不可能であると予想される。

　このように，バブル経済の崩壊とともに財政構造は悪化し，その後のアジア通貨危機やリーマン・ショック，東日本大震災，新型コロナ禍等により財政の健全化の目標は常に出鼻を挫かれることになった。ただ，国債残高の約2分の1は市場を通して日本銀行が購入・保持していること，そして国債残高の9割以上が国内の資金でまかなわれていることに留意する必要がある。確かに，財政の健全化を進める第一歩として，プライマリーバランスの均衡化，その黒字化は不可避な道筋であるが，長期にわたり単純再生産の状態にある日本経済の下で最優先課題とすべきかどうかの議論を排除してはならない。

2．フローの指標とストックの指標

　財政の持続可能性を見る上では，フローとしての毎年度の財政赤字とストックとしての国債残高を考察することが重要である。1990年代末以降の日本経済の低迷に伴い，歳入における国債依存度は20年以上にわたって30％超で推移している。こうした長期にわたる財政赤字の継続より，国債残高の対GDP比（ストック指標）は主要先進国の中で最も高い水準となっている。

　わが国の財政状況を，財政収支の対GDP比（フロー指標）でみると，2003〜2007（平成15〜19）年度にかけて改善したものの，2008（平成20）年度以降は，世界的な景気後退の影響により，急速に収支が悪化した。新型コロナ

禍対策等のため，2020（令和2）年度における国債発行額は前年度の約3倍の108.6兆円に達し，国債依存度は73.5％と未曾有の水準である。なお，2021（令和3）年度当初予算における国債依存度は43.6％に上り依然とし極めて高水準である。

　財政健全化，すなわち財政構造の改革には，適切な経済成長率を確保すると共に，歳入面における税制改革や歳出面における社会保障改革などを推し進めることが肝要である。こうしたことは長期にわたって指摘されてきているが，政策当局は有効な解を見出しておらず，今後，抜本的な政策転換が必要であろう。

ディスカッションテーマ

- 公債負担に関する経済学者の議論について，世代間で負担が転嫁するかどうかのポイントを押さえながら，その違いに関してまとめてみよう。
- 4条国債（建設国債）と特例国債（赤字国債）に関して，それぞれの将来世代の負担に関する特徴をふまえながら，発行の是非を議論してみよう。
- 日本の国債累増の問題点について論じ，財政の持続可能性について考えてみよう。
- 日本の財政赤字の実情を世界の財政赤字の実情と比較するとどのようなことが言えるか，調べてまとめてみよう。
- 日本の財政再建について考え，自分の意見をまとめてみよう。

第9章

予算制度

到達目標

1　現行憲法や法律において，予算案がどのように取り扱われているのか理解する。

2　予算の種類（一般会計と特別会計，当初予算と補正予算）や予算の編成プロセスなど，予算制度に関わる基本的事項について理解する。

3　予算制度の問題点や改革の方向性について展望できるようになる。

キーワード

財政民主主義，予算原則，一般会計予算，特別会計予算，政府関係機関予算

第Ⅰ節　財政民主主義と予算制度

1．財政民主主義とは

　予算とは「通常，一年における歳入と歳出の拘束力をともなった計画」のことである。言葉の使い方として，政府の収入のことを「歳入」，支出のことを「歳出」と呼ぶ。国の予算は，私たち家計の予算に擬せられることがあるが，大きく異なる点として，国の予算は，憲法をはじめとしたさまざまな法律によって規定されていることがある。

　現代の民主主義社会において，予算は議会（日本では国会）の議決と承認に基づいて執行される。特に，歳出については，議会の承認がなければ，1円たりとも支出することはできないし，予算の金額を超えて使用することもできない。つまり，国民の代表として選出された議員から構成される議会の承認が必要なのである。このような考え方が，財政民主主義である。この伝統は，中世

から近代のヨーロッパにおいて，国王の課税権を制限し，戦費の調達や公債の発行などに際して，議会の承認を必要とするなど，近代民主主義の発展に伴い確立された考え方である。特に，英国の「マグナカルタ」（1215 年），「権利の章典」（1689 年），フランスの「人権宣言」（1789 年）などに盛り込まれている。わが国においては，明治時代の大日本帝国憲法は，議会の権限が不十分であったことが知られている。欧米と同様に，財政民主主義の考え方が，広く展開されるのは，戦後の日本国憲法（1946 年公布・1947 年施行）を待たねばならなかった。

　一般に，財政民主主義は，次の 4 つの原則から成り立っている。

① 「租税法律主義」…国民に対する租税の賦課は議会の承認を必要とする。
② 「予算承認原則」…議会が歳入・歳出予算を審議し，承認する。
③ 「決算原則」…議会が予算の決算を審議し，予算執行をコントロールする。
④ 「下院優越の原則」…議会が二院制の場合は，下院が優先権を持つ。日本においては，衆議院の優越が認められている。

　このような財政民主主義の考え方は，現在の日本国憲法や財政法などによって規定されている。次項の 2. では，憲法と予算の関係について見ておこう。

2．憲法と予算

　最初に，法的な決まりごとや仕組みを押さえておこう。わが国の財政制度は，最高法規である日本国憲法の第 7 章「財政」に基本的原則が定められている。さらに，国の予算については，財政法や租税関係の所得税法や消費税法などに，また地方自治体の予算については，地方自治法や地方財政法などに細かく規定されている。ここでは，憲法の予算に関する条文を確認しておこう。

　最初に，上記の財政民主主義の考え方については，第 83 条【財政処理の基本原則】が包括的に示しており，最も重要な条文である。①の「租税法律主義」は，第 84 条【課税】において，②の「予算承認原則」は，第 86 条【予算】において，③の「決算原則」は，第 90 条【決算検査，会計検査院】およ

> ［予算制度に関わる憲法の条文］
> 第60条【衆議院の予算先議，予算議決に関する衆議院の優越】
> 　① 「予算は，さきに衆議院に提出しなければならない」
> 　② 「予算について，参議院で衆議院と異なった議決をした場合に，法律の定めるところにより，両議院の協議を開いても意見が一致しないとき，又は参議院が，衆議院の可決した予算案を受け取った後，国会休会中の期間を除いて三十日以内に，議決しないときは，衆議院の議決を国会の議決とする」
> 第83条【財政処理の基本原則】…「国の財政を処理する権限は，国会の議決に基いて，これを行使しなければならない」
> 第84条【課税】…「あらたに租税を課し，又は現行の租税を変更するには，法律又は法律の定める条件によることを必要とする」
> 第85条【国費の支出及び国の債務負担】…「国費を支出し，又は国が債務を負担するには，国会の議決に基くことを必要とする」
> 第86条【予算】…「内閣は毎会計年度の予算を作成し，国会に提出して，その審議を受け議決を経なければならない」
> 第90条【決算検査，会計検査院】…「国の収入支出の決算は，すべて毎年会計検査院がこれを検査し，内閣は，次の年度に，その検査報告とともに，これを国会に提出しなければならない」
> 第91条【財政状況の報告】…「内閣は，国会及び国民に対し，定期に，少なくとも毎年一回，国の財政状況について報告しなければならない」

び第91条【財政状況の報告】において，そして④の「下院優越の原則」は，第60条【衆議院の予算先議，予算議決に関する衆議院の優越】において規定されている。

　一般の法律は，議員立法の形で議員が国会に提出することができるが，予算案を国会へ提出できるのは，内閣のみである。具体的には，財務大臣がその任に当たる（憲法第73条【内閣の職務】（内閣の事務の5号））。また，国会に提出した予算案を議会がどの程度修正することができるかという点については，いくつかの見解がある。ただし，現実に国会に提出された予算案が修正されることはほとんどない。予算の編成サイクルについては，第Ⅲ節で詳しく説明している。

第Ⅱ節　国の予算制度

1．予算の機能と原則

　このように，わが国の予算制度は，憲法によって大きな枠組みが定められて

いるが，具体的な運用のルールや細則は，別に定める法律が必要である。その場合，予算の策定において守るべき原則（予算原則）と，実際の運用ルールを定めた財政法との関係が重要である。ここでは，予算原則を示しながら，財政法の条文と照らし合わせてみよう。予算の策定において，原則を守ることは大切だが，現実の財政活動においては弾力的な運用方針や例外的な規定が設けられることも多い。予算原則から外れているからといって，一概に悪いわけではないが，どのような理由で乖離しているかを考察することが重要である。

　予算原則は，時代や国ごとに変わりうるが，現代では次のような「予算原則」が謳われている。

単年度主義の原則：予算は，原則として会計年度ごとに作成し，国会の議決を経なければならない。

　わが国では，財政法第11条【会計年度】において，国の会計年度を，毎年4月1日に始まり，翌年3月31日に終わるものと規定している。予算を適切に管理し，実効性を高めるためには年度ごとに区切る必要がある。ちなみに，会計年度は国によって異なり，英国は日本と同様，4月1日から翌年3月31日，フランスやドイツは，暦年通り1月1日から12月31日，米国は10月1日から翌年9月30日までとなっている。

　ただし，単年度主義の原則を厳格に適用すると，複数年にまたがる経費をまかなうことができない。そのため，財政法では，第14条の2【継続費】において，継続費などの例外規定を設けている。

会計年度独立の原則：ある会計年度の歳出は，当該会計年度の歳入でまかなわなければならない。

　これは，財政法第12条【経費支弁】において明示されている。この原則は，今年度の歳出を翌年度以降の歳入増を見越して執行することを排除するためである。ただし，ある年度の歳出が年度内に支出し終わらない場合，あらかじめ歳出の繰越しを明示しておくことができる。たとえば，財政法第14条の3【繰越明許費】に設けられている繰越明許費などである。継続費や繰越明許費などの例外的規定については，後述する。

<u>総計予算主義の原則</u>：国の歳出と歳入はすべて予算に計上しなければならない。

　総計予算主義の原則は，完全性の原則とも言われ，財政法第14条【歳入歳出予算】に規定されている。

<u>統一性の原則</u>：歳入と歳出が計上される予算は複数あってはならない。

　統一性の原則は，予算を複雑にせず，出納を管理し易くするためのものである。つまり，予算を1種類にするべきと解釈できるが，わが国では一般会計のほかに特別会計が存在している。財政法第13条【一般会計・特別会計】では，「国の会計を分って一般会計及び特別会計とする」としており，統一性の原則は順守されていない。特別会計を設ける理由や根拠は次項の2.で説明する。

<u>ノンアフェクタシオンの原則</u>：歳入を特定の政策目的の支出に充ててはならない。

　統一性の原則と関連するものとしてノンアフェクタシオンの原則があるが，これは特定の支出項目と財源を結びつけることを禁止するものである。ただし，日本には電源開発促進税や都市計画税など，いくつかの目的税が存在しており，この原則も厳密には守られていない。

<u>収支均衡の原則</u>：国は当該年度の歳入でもって，歳出をまかなわなければならない。いわば，公債を発行して借金をしてはならない。

　これは，財政法の中で最も有名な条文である第4条【歳出財源の制限】において，「国の歳出は，公債又は借入金以外の歳入を以て，その財源としなければならない。」としており，事実上，赤字公債の発行を禁止している。ただし，「…公共事業費，出資金及び貸付金の財源については，国会の議決を経た金額の範囲内で，公債を発行し又は借入金をなすことができる」としており，公共事業費など，将来にわたる資産を形成するためには，公債発行を認めており，これに基づいて発行される公債を建設公債または4条公債という。さらに，現実には公共事業費以外の経費をまかなうために，毎年巨額の公債が発

行されているが，これは予算とは別に毎年特例法を制定して，そのつど国会の議決を必要としている。これを特例公債または赤字公債といい，あくまで例外的に認められてきたものであるが，実際は毎年度特例法を制定していることから，例外ではなく，ほぼ常態化しているのが現実である。

　このように予算原則は，理想的な予算のあり方を示しており，基本的には財政法にその運用ルールが定められているが，原則を必ずしも守っているわけではないことに注意が必要である。実際，財政法には予算原則から外れる例外規定などが定められている。

　他にも予算原則として，「事前決議の原則」（予算執行の前に，国会の議決を受けること）や「公開性の原則」（内閣は，財政状況を国会や国民に対して報告し公開すること）などがある。これらは，憲法の条文にもあるように，財政民主主義の一端を示すものである。

2．予算の種類

　内閣が国会に提出する予算の形式は，財政法第16条【予算の内容】によって定められている。国会の承認，議決の対象となるのは，一般会計予算，特別会計予算，政府関係機関予算の3つであり，予算書としては2,000ページを超えるボリュームである。

　一般会計予算とは，租税や公債を財源として，社会保障や教育，公共事業など一般的な公共サービス活動をまかなう中核的な予算である。単に予算という場合，「一般会計予算」を指すことが多い。

　特別会計予算は，国が扱う特定の事業や資金を一般会計とは区別して管理する予算である（財政法第13条2項）。たとえば，複数の予算を一括して管理してしまうと，事業の区分や性格が曖昧になったり，出納上の不都合が生じることがある。そのため，特別の勘定を作って機動的に運用する必要があるのである。特別会計の数については，1966-67年度では，45もの特別会計が設置されていたが，2000年代の半ば以降，行政改革が進められた結果，2020（令和2）年度現在，13の特別会計予算がある。近年では，東日本大震災からの復興目的のために，「東日本大震災復興特別会計」が設置された。

<13 の特別会計予算>

交付税及び譲与税配付金特別会計	地震再保険特別会計
国債整理基金特別会計	外国為替資金特別会計
財政投融資特別会計	エネルギー対策特別会計
労働保険特別会計	年金特別会計
食料安定供給特別会計	国有林野事業債務管理特別会計
特許特別会計	自動車安全特別会計
東日本大震災復興特別会計	

　3つ目の政府関係機関予算とは，その資本金が全額政府出資であり，予算について国会の議決を必要とする政府関係機関の出納を管理する予算である。2020（令和2）年度現在では，「沖縄振興開発金融公庫」，「（株）日本政策金融公庫」，「（株）国際協力銀行」「（独）国際協力機構有償資金協力部門」の4つが該当する（2公庫・1銀行・1部門）。これらの機関は公共性が強いこともあり，その予算は国会の議決対象となっている。政府関係機関予算については，かつては国鉄（日本国有鉄道），日本電信電話公社，日本専売公社といった3公社も政府関係機関に含まれ，その予算が国会での議決対象となっていたが，民営化以降は，政府関係機関から除外されている。

　国の会計といえば，一般会計を指すことが多いが，前述したように，一般会計予算，特別会計予算，政府関係機関予算は一体としてとらえなければならない。

　図表9-1を参照してほしい。近年の一般会計の予算規模はおおよそ100兆円程度であるが，特別会計のそれは約4倍の400兆円程度ある。政府関係機関予

図表9-1　平成30年度一般会計，特別会計，政府関係機関予算の純計

（当初予算ベース，単位：億円）

歳入		歳出
977,128	一般会計予算総額（A）	977,128
3,910,790	特別会計予算総額（B）	3,884,960
4,887,917	（C）=（A）+（B）	4,862,087
16,524	政府関係機関予算総額（D）	17,272
4,904,442	（E）=（C）+（D）	4,879,360
2,492,144	3予算の重複額等（F）	2,474,596
2,412,298	純計額（G）=（E）-（F）	2,404,764

出所：『図説 日本の財政』（令和元年度版）。

算の規模は小さいものの，これら3つの予算を単純に合計しても，予算の全体像は把握できない。なぜなら，一般会計から特別会計，政府関係機関予算へと財源の繰り入れがあり，また特別会計から一般会計へも事業で発生した利益の繰り入れが行われるなど，相互に密接に結びついているためである。そのため，3つの会計を合計し重複を除いた純計では240兆円ほどである。

3．予算の内容

予算の内容については，財政法第16条【予算の内容】により，次の5つの項目から成り立っている。

① 予算総則　歳入歳出予算に関する総括的な事項のほか，公債発行の限度額，財務省証券および一時借入金の最高額，その他予算の執行に必要な諸事項を定めている。いわば，書物で言えば，「プロローグ（前書き）」に相当するものである。

② 歳入歳出予算　予算の本体部分であり，一定の区分に従って，歳入歳出の項目や金額が載っている（財政法第23条【予算の部款項の区分】）。歳入は税収の見積もりであり，金額はあくまで予測であるが，歳出は単なる見積もりではなく，政府が支出できる支出額の上限を示している。また，予見が難しい歳出に対応するため，予備費としての計上が認められている（財政法第24条【予備費】）。ただし，予備費の支出はすべて，事後に国会の承諾を得る必要がある。

③ 継続費　予算の単年度主義の例外規定である。工事，製造その他の事業で，完成に数会計年度を要するものについて，経費の総額および年割額（毎年度の支出見込額）を定め，あらかじめ国会の議決を経て，数年度にわたって支出するものである。ただし，その支出は当該各年度の歳入をもって充てられることになるため，後年度の財政を過度に拘束することのないよう，とくに必要な場合に限定したうえで認められ，かつ年限も5カ年度以内に限られている（財政法第14条の2【継続費】）。近年においては，防衛費における警備艦や潜水艦の建設費用などがそれにあたる。

④ 繰越明許費　歳出予算のうち，その性質上または予算成立後の事由によ

り年度内にその支出が終わらない見込みのあるものについて，あらかじ
め国会の議決を経て，翌年度に繰り越して使用することができることと
する経費である（財政法第14条の3【繰越明許費】）。これは，会計年
度独立の原則の例外規定である。繰越明許費に関しては，その経費は公
共事業費が大半である。

⑤ 国庫債務負担行為　年度内に契約を結ぶ必要があるが，実際の支出は翌
年度以降の場合，その契約（債務負担）を年度内に済ませておかなけれ
ばならない（財政法第15条【国庫債務負担行為】）。また，実際に支出
する際は，翌年度以降の歳出予算に計上し，改めて国会の議決を受ける
必要がある。

予算書は膨大であり，その大部分は歳入歳出予算の本体部分である。歳入歳
出予算のうち，歳出については所管省庁別に分けられ，さらに各組織の中で目
的別の「項」に分類される。通常，「項」までが国会の議決対象となっている
ため，「項」までを議決科目といい，「項」以下の分類（「目」）は議決対象とは
ならない行政科目と呼ばれる。また，歳入歳出予算のうち性質が類似または相
互に関連している経費間の融通である移用および流用には，国会の再議決が必
要である。

上記の③〜⑤は予算原則に関わる例外規定である。継続費，繰越明許費，国
庫債務負担行為の違いについて簡潔に述べる。継続費は，国庫債務負担行為と
異なり，債務負担権限のみならず，後年度にわたる支出権限も国会で議決され
る。また，継続費は，最大5カ年にわたって支出することが可能だが，繰越明

図表 9-2　継続費と国庫債務負担行為の主な相違点

	継続費	国庫債務負担行為
権限付与の範囲	総額の債務負担権限 後年度にわたる支出権限	総額の債務負担権限のみ
債務負担を行う年度	初年度にかぎらず， 5カ年以内にわたることも可能	初年度に全額債務負担
対象経費	「工事，製造その他の事業」に限定	とくに限定なし

出所：『図説 日本の財政』（令和元年度版）。

許費は翌年度まで繰越しを認めるに過ぎない。さらに，継続費の対象経費は「工事，製造その他の事業」にきびしく限定されているが，国庫債務負担行為にそのような限定はない。これらから，継続費は，国庫債務負担行為よりも単年度主義に対する例外的規定の要素が大きいといえるだろう。

4．本予算・暫定予算・補正予算

　一般会計，特別会計，政府関係機関の各々の予算は，一体として国会の審議・議決を経て，通常は会計年度の始期である4月1日までに成立する。この予算のことを本予算，もしくは当初予算という。ただし，年末から年明けにかけて，衆議院解散や政権交代などが起こった場合，本予算が3月末までに成立しないことがある。正確には，3月2日までに本予算案が衆議院を通過しないときは年度内の自然成立はなく，参議院も3月末までに議決しないときは，本予算の議決は新年度にずれ込むことになる。このとき，本予算が成立するまでの間の必要な経費支出のために暫定的な予算が必要になる。これを暫定予算という。新年度開始後，本予算が成立すれば，暫定予算はその効力を失い，本予算の中に吸収される。たとえば，2015（平成27）年度予算は，衆議院の解散にともなう総選挙があったため，本予算の成立が遅れ，暫定予算を作成した。ただし，暫定予算を執行する場合でも国会の議決は必要である。

　また，本予算がいったん成立すれば，当該会計年度の間は，その目的や方針に沿って，本予算のみで対応することが望ましい。しかしながら，天災や予期せぬ突発的な事態により，当初の予算通りに執行できない場合，本予算の内容を変更する予算を組むことがある。これを補正予算という。補正予算は，財政法第29条【補正予算】に法的根拠を持ち，1947年の施行以降毎年度作られている。当該年度に二度，三度と作られる場合もある。1947年には，15回もの補正予算が編成されたことがある。新型コロナウイルスへの対応が焦点となった2020（令和2）年度予算においては，補正予算が三度組まれ，総額約175兆円という過去最大の予算規模となったことは記憶に新しい。補正予算は，本予算に修正を加えるものであり，緊要となった経費の追加や変更の場合のみ認められるべきだが，実際には，さまざまな政治的駆け引きや景気対策の手段として一般化しているのが現状である。また，本予算よりも短期間で作成されるこ

とが多く，査定なども甘くなりがちである。

5．予算編成とサイクル

　予算は，編成から決算までいくつかの過程があり，準備作業から国会で決算が承認されるまでの時間を考えると，3年を超えるサイクルで動いている。ここでは，図表9-3とともに，編成，審議，執行，決算の各段階を追ってみよう。

　編成段階では，前年4〜6月頃，各省庁は翌年度予算の見積もりを開始する。それと同時期に，各業界団体なども要望を行う。6月頃に開催される経済財政諮問会議では，各省庁の要望を踏まえ，予算方針や重点項目などをまとめた「骨太の方針」（経済財政運営と改革の基本方針）が閣議決定される。その方針を受けて，財務省は概算要求基準を示し，その範囲内で8月末（2020（令和2）年は9月末）までに各省庁からの具体的な要求をまとめることになる。このとき，厳しい財政状況を反映して，概算要求の伸び率を一定率以下に抑えるシーリングが課せられる。伸び率はゼロ％もしくはマイナス％のことが多い（ゼロシーリング，マイナスシーリングという）。続いて，秋季から冬季にかけて財務省の主計官と各省庁の担当者が折衝し，12月に予算案（政府案）を閣議決定する。編成段階では，財務省の権限が大きいことが分かる。

　続いて，審議段階である。毎年1回開くと決まっているのが，翌年度の予算

図表9-3　通常の予算編成プロセス

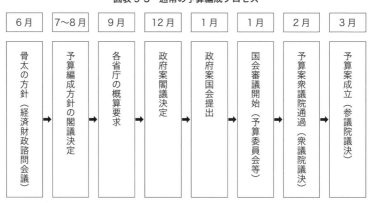

6月	7〜8月	9月	12月	1月	1月	2月	3月
骨太の方針（経済財政諮問会議）	予算編成方針の閣議決定	各省庁の概算要求	政府案閣議決定	政府案国会提出	国会審議開始（予算委員会等）	予算案衆議院通過（衆議院議決）	予算案成立（参議院議決）

出所：財務省ホームページより作成。

案を審議する通常国会であり，政府案が国会に提出される。通常国会は，毎年1月に召集され，会期は150日間と定められており，1回だけ延長できる。通常国会で審議する翌年度の予算は，「本予算」，「当初予算」と呼ばれ，4月から1年を規定する。予算関連法案も審議され，翌年度の予算と政策のほとんどが通常国会で審議される。前述したように，憲法第60条の衆議院の優越の規定により，予算案は衆議院から先議される。

　予算を扱う予算委員会は全閣僚が出席して基本的質疑から始まる。予算内容に関する事柄は当然議論されるが，総括的質疑という理由で，予算本体と直接関係ない議論も多く飛び交う。通常国会において，衆議院と参議院で約2カ月間審議され，本予算の成立の運びとなる。先に説明したように，ここでも予算議決に関する衆議院の優越があることに注意してほしい（憲法第60条第2項を参照のこと）。ちなみに，臨時国会は，法律上開会の義務はないものの，補正予算を審議し，成立させるため，秋季に開くことが慣例となっている。

　さらに，予算の執行段階では，各省庁に予算が配賦され，内閣の命により予算が執行される。最後に，決算段階である。会計年度が終了し，予算の執行が完了すると，各省庁の長は決算報告書を作成し，翌年度の7月31日までに財務大臣に送付する必要がある。財務大臣は決算報告書を基に決算を作成し，閣議決定後に会計検査院に送付する。最終的に，会計検査院の確認を受けた決算は国会に再び提出され，審議，議決を受けるが，仮に決算が否決されても予算執行に影響を与えることはない。四半期ごとに注目を浴びる企業決算と異なり，国の決算はそれほど関心が集まらないのが現状である。

6．財政投融資

　財政投融資とは，国債の一種である財投債によって金融市場から調達した資金などを特殊法人に貸し付ける制度である。「第二の予算」と呼ばれる。国の信用力によって集めた有償資金を用いて，民間では困難なプロジェクトに対して資金の効率的な配分を行う仕組みである。特に，民間ではリスクが大きくて実施が難しい大型プロジェクト，ダムや空港建設など大規模かつ超長期の公共事業などに対して有償資金が投入されている。

　具体的な資金供給手法は，(1)財政融資，(2)産業投資，(3)政府保証の3種類が

ある。財政融資は，国債の一種である財投債によって調達した資金などを，国の特別会計，地方公共団体，独立行政法人などに対して行う融資である。産業投資は，NTT 株や JT 株の配当金を原資として行う出資（投資）である。政府保証は，政府関係機関や独立行政法人などが事業に必要な資金を調達するために，金融市場で発行する債券や借入金を対象とした債務保証である。

　かつて財政投融資は，郵便貯金や年金積立金などを旧大蔵省（現在の財務省）の資金運用部に義務的に預託していた。しかしながら，政策目的や資金需要とは関係なく原資が集まったため，肥大化や非効率化といった批判がなされた。これを受けて，2001（平成 13）年度に，市場メカニズムに沿った抜本的な改革が実施され，財政投融資の対象機関である特殊法人も財投機関債の発行を通じて資金調達がなされるようになった。近年における財政投融資計画の規模は約 15 兆円あまり，残高の規模は約 150 兆円と，財投改革が始まった当時と比べても半減している。

第III節　地方自治体の予算制度

1．地方自治体の予算制度の特徴

　地方自治体の予算制度は，地方自治法などで定められているが，基本的な原則や仕組みは，国の予算制度と同様である。そのため，ここでは，地方自治体特有の仕組みや論点を中心に見ていこう。

　地方自治体の予算は，会計区分上，一般会計と特別会計に大別することができる（地方自治法 209 条）。一般会計は，行政に要する収支を総合的に経理するもので，地方自治体の基本的な活動に必要な経費を網羅するものである。特別会計は，各自治体によって特定の事業・資金などについて特別の必要がある場合に，一般会計から区別してその収支を別個に経理するための会計である。国の法令により設置が義務付けられているもの（国民健康保険特別会計や介護保険特別会計など）と，各自治体が任意に設置するもの（地方公営企業に係る特別会計など）がある。注意が必要な点として，ひとつは国の会計と同じく，一般会計と特別会計の間，また特別会計間で資金のやり取りがあることである。たとえば，多くの自治体では，国民健康保険会計は赤字となっているた

め，一般会計から繰り出して補填している場合が多い。2つ目は，一般会計や特別会計の内容や範囲が，各自治体の判断に任されていることである。たとえば，ある事業がA市では一般会計に分類されていても，別のB市では特別会計に分類されていることがある。よって，その範囲や種類が異なるため，統計区分としては，普通会計と公営事業会計に区分している。普通会計とは，一般会計と公営事業会計を除く特別会計を合わせ，重複等を控除したものである。地方自治体の予算と言った場合，この普通会計を指すことが多い。一方，公営事業会計は，地方自治体の企業活動の収支を表すもので，公営企業会計や国民健康保険事業などの事業会計のことである。このうち，経費を料金収入でまかなう独立採算を原則とする水道事業や病院会計などがある（図表9-4と9-5）。

　地方自治体の予算については，会計年度や編成サイクルなども，基本的には国の予算と同様である（地方自治法208条）。自治体の予算編成においては，編成権と提出権は知事や市町村長などの首長にある。ただし，具体的な編成作業は，財政課などの財政部門であり，各課や議会へのヒアリング，査定，内示といったプロセスを経て，予算案は議会に提出される。予算審議では，議会が審議権を有し，予算の決定には議会の議決が必要である。議会で議決された予算は都道府県の場合は総務大臣（市町村の場合は知事）に報告し，住民に公表される。そして，予算の執行権は首長にある。当初予算成立後に，自然災害の

図表9-4　普通会計と公営事業会計予算

普通会計予算＝一般会計予算＋特別会計予算（公営事業会計予算を除く）
公営事業会計予算…公営企業会計予算＋収益事業会計予算など

出所：総務省資料。

図表9-5　地方財政の範囲

普通会計　｛一般会計／特別会計｝

公営事業会計　｛国民健康保険事業、老人医療事業、介護保険事業など／公営企業会計（水道事業・下水道事業、公共交通、病院など）｝

地方三公社／地方独立行政法人／第三セクター

出所：総務省資料。

対応や新たな事業を開始したりする場合，補正予算を編成する場合もある。

2．市町村の歳入歳出

　市町村の歳入歳出構造は，それぞれの自治体によって大きく異なるが，多くの自治体では歳入の大きな項目として，地方税，地方交付税，国庫支出金，および地方債などがある。これら歳入の構造を見る場合，いくつかの分類方法がある。たとえば，使途が決められていない地方税や地方交付税などの「一般財源」と使途の定めがある国庫支出金などの「特定財源」の区別である。また，自治体自らの力で調達する「自主財源」と国や都道府県から交付される「依存財源」といった区別もある。日本の地方自治体の多くは，自主財源の割合が低いため，「三割自治」などという不名誉な称号を受けている。

　歳出の分類については，行政の目的別による分類である「目的別歳出」と経費の性質による分類である「性質別分類」があり，双方に共通している項目もある。前者は，総務費，民生費，教育費など，後者は人件費，扶助費，物件費などの分類となっている。「目的別歳出」で分けた三大経費は，民生費，教育費，土木費といわれている。また，「性質別歳出」の分類では，さらに「経常的経費」「義務的経費」「その他経費」に分けられる。「義務的経費」とは，公務員の給与や退職金などの「人件費」，生活困窮者などの援助に要する「扶助費」，債務の返済に充てる「公債費」がそれに該当する。

　このような歳入歳出予算の内容を明らかにするための区分として予算科目がある。最も大きい分類が「款」であり，以下「項」「目」「節」となる（図表9-6）。歳入は性質に従って「款」に大別され，各款の中で「項」に区分される（地方自治法216条）。さらに，各項は「目」「節」に区分される。このうち，議会の議決の対象となる予算科目を議決項目といい，「款」と「項」が該当する。一方，議決の対象とならない予算科目を執行科目といい，「目」と「節」

図表9-6　歳入予算の款・項・目の区分

款	項	目
1．市税 ・ ・	1．市町村民税 ・ ・	1．個人 2．法人

が該当する。そのため,「款」や「項」の間で流用することはできない。ただし,必要があるときのみ「項」の流用は認められている（地方自治法 220 条 2 項）。

第Ⅳ節　予算制度の改革に向けて

1. 国の予算制度改革

　近年,主要先進国をはじめとして各国では,ニュー・パブリック・マネジメント（New Public Management）と呼ばれる行財政改革が実施されている。これは,民間部門の行動様式に倣い,政府部門が提供する行政サービスにも効率性,透明性をより一層浸透させようというものである。具体的には,各種事業の民営化,費用対効果（費用便益分析）,PFI の導入,公会計制度の採用などがある。その中のひとつとして,予算制度改革も含まれている。わが国では地方財政も含めてきわめて厳しい財政状況にあるが,財政悪化の要因のひとつに予算制度があると指摘されている。

　そのため,財政赤字の議論を踏まえながら,予算制度の不備について,簡潔に指摘しておく。

　最初に,予算制度そのものに内在する問題点としては,予算がそもそも景気変動に対して機動的に編成できないことがある。前述したように,財政法第 4 条は国債発行を原則禁止しており,マクロ的な景気変動に対して脆弱である。

　また,予算の編成過程においては,1970 年代以降「増分主義」がとられていることがある。増分主義とは,前年度の予算を基準として当該年度の予算の増減を決定する制度である。これにより,膨大な予算編成作業を効率化できるメリットもあるが,予算の大胆な組み換えがしづらく,経費が既得権益化しやすいというデメリットも持つ。

　さらに,すでに説明した通り,概算要求基準（シーリング）は,一般会計の当初予算のみを対象としており,補正予算や特別会計に対しては抑制が効かないことがあげられる。一般会計で歳出を抑制しても,補正予算などが対象外となっているため,財政規律が働きにくいのである。かつて,「母屋（一般会計）でおかゆを食べているのに,離れ（特別会計）ではすき焼きを食べてい

る」と特別会計の見直しを訴えた財務大臣（政治家）もいた。

　マクロ的な側面から，財政支出拡大への歯止めがなかったわけではない。近年における日本の予算制度改革としては，財政構造改革法（1997年）がある。これは，2003年度までに，国と地方の財政赤字の対GDP比を3%以下にすることを目標としていたが，その後のアジア通貨危機に端を発する景気悪化などにより，1998年に同法は停止されてしまった。

　一方で，財政状況の開示や透明性という観点から，発生主義・複式簿記などの企業会計の考え方を活用した財務諸表の作成など，公会計の整備も進展している。一般会計および特別会計を連結した「国の貸借対照表」の作成，予算執行の単位である各省庁別の「省庁別財務書類」（2002（平成14）年度〜）などが作成，公表され現在に至っている。ただし，国の貸借対照表では，年金債務は本来「負債」として扱うのが正確だが，公的年金は賦課方式であるという理由により，貸借対照表には計上されていないなど課題も多い。

2．地方自治体の予算制度改革

　地方財政については，北海道夕張市の財政破綻を契機として，2007年6月に財政健全化法（「地方公共団体の財政の健全化に関する法律」）が成立した。当時の夕張市では，特別会計の損失を付け替えたり，一般会計が黒字であると見せかけていたことが問題となった。そのような反省を踏まえ，国は地方財政に関する健全化指標を作成した。同法では，4つの指標（「実質赤字比率」「連

図表9-7　早期健全化と財政再生の基準

	早期健全化基準	財政再生基準
実質赤字比率	都道府県：3.75% 市区町村：11.25〜15%	都道府県：5% 市区町村：20%
連結実質赤字比率	都道府県：8.75% 市区町村：16.25〜20%	都道府県：15% 市区町村：30%
実質公債費比率	都道府県：25% 市区町村：25%	都道府県：35% 市区町村：35%
将来負担比率	都道府県・政令市：400% 市区町村：350%	—

出所：総務省ホームページ。

結実質赤字比率」「実質公債費比率」「将来負担比率」）が導入され，自治体の財政が健全なのか否か判断する材料が整えられたのである。

各自治体にとっては，図表9-7の4つの指標のうち，ひとつでも早期健全化基準を上回ったときには，「イエローカード」が発せられ「財政健全化団体」となり，公表した年度の末日までに早期健全化計画の策定が義務付けられる。

また，同表の「将来負担比率」を除く3つの指標のうち，ひとつでも財政再生基準を上回ったときには，いわば「レッドカード」が発せられ「財政再生団体」となり，財政再生計画の策定が義務付けられる。この計画について，国の同意手続きや地方債の起債制限などが加わることになる。

最後に，地方自治体の予算制度に関して，「住民との協働」の事例について紹介しよう。各地方自治体の予算制度については，興味深い取り組みが各地で

(参考) 図表9-8 地方財政に関する健全化指標

Ⅰ　実質赤字比率

$$実質赤字比率 = \frac{一般会計等の実質赤字額}{標準財政規模}$$

※　一般会計および特別会計のうち，普通会計に相当する会計における実質赤字の程度を指標化し，財政運営の悪化の度合いを示す指標の1つ。

Ⅱ　連結実質赤字比率

$$連結実質赤字比率 = \frac{連結実質赤字額}{標準財政規模}$$

※　公営企業会計を含む自治体すべての会計を対象とした，実質赤字額および資金の不足額の標準財政規模に対する比率。企業における連結決算額における赤字比率と同様。

Ⅲ　実質公債費比率

$$実質公債費比率 = \frac{地方債の元利償還金 + 準元利償還金 - (特定財源 + 元利償還金・準元利償還金にかかる基準財政需要額算入額)}{標準財政規模 - 元利償還金・準元利償還金にかかる基準財政需要額算入額}$$

※　公債費による財政負担の度合いを判断する指標で，借入金（地方債）の返済額およびこれに準じる額の大きさを指標化し，資金繰りの程度を示す指標。

Ⅳ　将来負担比率

$$将来負担比率 = \frac{将来負担額 - 基金等の額}{標準財政規模}$$

※　一般会計等により将来負担すべき債務（公営事業会計，一般事務組合等，地方公社・第三セクター等の分も含む）が，標準財政規模の何倍であるかを示す指標。

出所：総務省ホームページ（https://www.soumu.go.jp/iken/zaisei/kenzenka/pdf/kenzenka_data_2.pdf），衣笠（2013）を参考に筆者作成。

行われている。たとえば，予算の使途を各地域やコミュニティで決める施策は全国でも増えつつある。いわゆる市民参加型予算編成であり，予算の編成段階から自治体住民の意見を取り入れようとする試みである。たとえば，鳥取県智頭町では，予算編成段階において，住民の意見や要望を聴き，予算原案に反映させようとしている。

　また，一部の予算編成を市民に任せる地区予算制度という方法もあり，これは各地区が実施する事業に一括交付金を交付し，包括的な交付金制度とするものである。実際，大阪府池田市や大阪狭山市などでは，個人市民税の「1％」について，地域のコミュニティ推進協議会などに予算編成権を与えている。これは，全国に先駆けて千葉県市川市が導入した「1％支援制度」を参考に，市民との協働を目指したものである。地方自治体が抱える課題は多岐にわたるが，税制や行財政改革の観点からも，新たな予算制度の試みとして注視していくこととしたい。

ディスカッションテーマ

- 予算原則は厳密に守られているだろうか。原則と乖離しているのであれば，どのような理由からだろうか。
- テレビ中継やネット動画などで，国会中継を視聴してみよう。財政演説や予算委員会の質疑で，どのような議論が交わされているだろうか。また，予算委員会の質疑内容は，予算本体に関するものに限定すべきだろうか。
- 自分の居住している地方自治体の予算の規模はどのくらいだろうか。一般会計や特別会計の規模や内容（費目）で，気になる点や特徴をあげてみよう。

第10章

財政支出の推移と構造

到達目標

1　わが国の財政支出の規模や内容について理解を深め，その特徴や経年的な変化を説明することができるようになる。

2　経費論に関する代表的な学説のエッセンスを会得し，現実の一般会計歳出などと結び付けて理解することができるようになる。

3　一般会計歳出における各分類方法の意義や目的を理解し，個別の費目について，データやグラフに基づいて，内容を精査することができるようになる。

キーワード

経費論，経費膨張の法則，転位効果，経費分類（主要経費別・所管別・目的別・使途別・経済性格別），一般歳出

第Ⅰ節　財政支出の推移

　一国の政府が行う財政支出の推移や支出の構造を研究する分野を経費論という。経費論は，租税論，公債論，予算論などと並んで，財政学の主要なテーマであり，財政学の誕生とともに，多くの学者がさまざまな学説や見解を述べている。

　そもそも経費（public expenditure）とは，政府がさまざまな政策を実行するための財源としての貨幣支出である。現代では，①国家の基幹的任務である防衛費や教育費，②公的年金，医療給付，生活保護など国民の福祉向上をはかるための社会保障費，③有形・無形のインフラ整備を行う公共事業費など，政

府の経費の内容は多岐にわたっており，規模も大きくなっている。

　現代の政府の経費の特徴として，留意する点を 2 つあげておこう。ひとつは，社会保障費に代表される移転支出が増大していること，特に医療や介護などの現物給付が増大していることである。もうひとつは，租税支出（tax expenditure）など「隠れた経費」の存在である。租税支出とは，租税特別措置などにより，特定の個人や企業を対象とした一種の補助金である。経費としての貨幣支出は伴わないが，対象者からすれば，経費を交付されたのと同等の効果があり，これらは「隠れた経費」と捉えることができるのである。

　近年の日本の一般会計予算の規模は，毎年 100 兆円を超えている。特に2020 年度（令和 2 年度）の一般会計においては，新型コロナウイルス対策として 3 度の補正予算を組んだこともあり，一般会計の総額が 175 兆円を超えたことは記憶に新しい。仮に，2020 年度が例外的な年度であったとしても，経費の膨張は何を原因としているのか，どのような経費構造の変化が見られ，果たして経費は効率的に支出されたのかどうか，詳細に検討していくことは大切である。

　本章の第 I 節では，わが国の経費支出の歴史的推移を概観する。第 II 節においては，経費に関する代表的学説を述べ，最後の第 III 節は，経費の分類として，所管別や目的別など，経費の内訳について詳細に検討する。

　最初に，わが国の財政支出を歴史的な視点から眺めてみよう。日本の経費支出の現状を，主に一般会計歳出予算（臨時・特別の措置を含む）を例にして，主要経費別に概観してみる。国の予算（経費）の内訳やその歴史的な変遷を見ることによって，その時々の政府が国民全体のためにどのような任務を担っているのか，また経費額の大小を比較することで，各項目の相対的な重要度を推し量ることができる。

　図表 10-1 は，主要経費別で見た予算配分の時間的推移である。戦前（1934～36 年平均）において一番多くの割合を占めていたのは，軍事費（防衛関係費）であり，全体のほぼ半分近くを占めていた。戦後復興から高度経済成長期にかけては，公共事業関係費や文教および科学振興費の割合が相対的に高い。日本では，1950 年代半ばから 1970 年代初めまでの高度経済成長期において，道路，港湾などの生産基盤型社会資本への投資比率が高かった。これら投資は

民間投資と補完的なものであり，政府は「公共財」供給として公共事業関係費などに注力していたことが分かる。マスグレイブが指摘しているように，経済が成熟段階に入ると，生産基盤型の社会資本から，公住宅，教育，あるいは保健など生活基盤への支出へと移行する。1960 年代に文教および科学振興費のウエイトが高かったことも特徴的である。

　また，日本の特徴は，第二次世界大戦後に地方分権化を推進したことによって，戦後は地方財政関係費の割合が大きく上昇していることである。特に，地方公共団体間の財政力格差を是正するための地方交付税交付金の役割が大きい。第 II 節で取り上げる「集中過程」，つまり，中央政府の経費の方が地方政府のそれよりも膨張するという傾向とは反対の事例が見られる。

　さらに，近年における支出構造の大きな特徴は，高齢化を背景とした社会保障関係費の増加と国の債務残高の累増から生じる国債費の増加である。その一方で，近年においては，他の経費の相対的ウエイトに大きな変動はあまり見られない。ただし，2020 年度は，新型コロナウイルス対策として，持続化給付金や雇用調整助成金など中小企業の事業継続を支援したため，また多額の予備費も計上したため，中小企業対策費およびその他のウエイトが大きく上昇している。

図表 10-1　主要経費別分類による予算構成比率の推移

（単位：%）

費目＼年度	1934〜1936平均	1960	1970	1980	1990	2000	2010	2020
社会保障関係費	0.7	11.4	14.1	18.8	16.6	19.7	29.6	25.3
文教および科学振興費	6.6	13.6	11.8	10.6	7.8	7.7	6.4	3.7
国債費	16.9	1.7	3.5	12.7	20.7	24.0	20.5	15.0
地方財政関係費	0.3	18.3	21.6	16.9	23.0	17.7	19.7	9.7
防衛関係費	44.8	10.0	7.2	5.2	6.1	5.5	4.9	3.3
公共事業関係費	7.4	18.3	17.6	15.9	10.0	13.3	6.1	4.3
経済協力費	−	0.3	1.1	0.9	1.2	1.1	0.8	0.4
中小企業対策費	0.0	0.2	0.6	0.6	0.4	1.0	0.9	14.0
エネルギー対策費	−	−	−	1.0	0.8	0.8	0.9	0.6
その他	23.3	26.2	22.5	17.6	13.4	9.1	10.2	23.7
計	100.0	100.0	100.0	100.0	100.0	100.0	100.0	100.0

注：端数により，100%とならない年度がある。
出所：財務省『財政統計』（決算額）各年度より作成。

　このように，実際の経費の規模や内訳を検討することにより，これまでの政府の財政運営の評価や今後の経費のあり方について予想することも可能となる。

　次に，経費の歴史的推移を説明し，時間的なパターンなどの法則性について考察した「経費の理論」を見てみよう。

第 II 節　経費の理論

1．ワグナーの経費膨張の法則

　19世紀のドイツ財政学の大家であるアドルフ・ワグナー（Adolf Wagner）は，その著『財政学』（1872年）や『経済学原理』（1893年）などにおいて，当時の西欧諸国，米国や日本などの財政事情を観察した結果，「進歩した文明諸国において中央および地方政府の活動は，恒常的に拡大する。この拡大は外延的（extensive）であり，内包的（intensive）である」と述べ，いわゆる「経費膨張の法則」を唱えたのである。

　「経費膨張の法則」を解釈すれば，経済が発展するにつれて，経費額は拡大し，政府は新しい役割を次々に追加すると同時に，これまでの古い機能をさらに充実させていくということである。

　経費が膨張する要因として，需要側と供給側からの仮説が提起されている。需要側の要因としては，そもそも経済活動など商慣行が複雑化，活発化すれば，法制度や契約などの法制面の整備が必要であり，人々が要求する需要も多様化，拡大化する。具体的な事例では，国民の所得の増大により，自動車の保有が増えれば，道路など交通網の整備が必要であろう。海外旅行が一般化すれば，それに伴う空港などのインフラ整備や検疫体制の充実への要求が高まるであろう。一方，供給側の要因としては，官僚や政治家による予算獲得が目的化してしまうことなどが考えられる。

　実際，西洋諸国においては，第一次世界大戦前には，政府支出の対GNP比は10％以下であったが，戦間期は20〜30％，第二次世界大戦後は30％以上といった形で膨張した事実がある。

　ただし，ワグナーの経費膨張の法則については，統計的な検証を経て唱えら

れたものではなく，また自然科学的な意味での因果関係や法則を述べたものでもない。今日では「法則」というよりも「予想」，「予言」の色彩が強く，また経費水準についても，どのような指標で測定するのか明確ではないとの批判もある。たとえば，経費水準の絶対額なのか，あるいは GDP（GNP）に占める経費総額の割合なのかは明瞭ではない。

その後，ワグナーの「法則」を実証的に解明しようとする動きが出てくるのである。それが，ピーコック＝ワイズマンの転位効果説や公共選択学派などのミクロモデルである。

2．ピーコック＝ワイズマンの転位効果説

ワグナーの「経費膨張の法則」に対して，ピーコック（A. T. Peacock）とワイズマン（J. Wisemam）は，経費の動態やその変化のプロセスの視点が欠けていること，また戦争時のような社会的動乱期の分析が十分ではないとして，その説を批判している。

彼らは，1890 年から 1955 年までの英国の政府経費の発展を実証的に検討した結果，政府の財政活動は，より低い経費水準からより高い経費水準へと段階（階段）状に推移していることを見出した（*Growth of Public Expenditure in the United Kingdom*：『英国における公共支出の増大』1961 年）。これを転位効果（displacement effect）と呼んでいる（図表 10-2）。経費の転位が起こるのは，戦争，飢饉あるいは大規模災害のような社会的動乱の時期であり，ポイントは，戦争のような社会的動乱が収まっても経費水準が元の水準に戻らず，動乱時の水準のまま維持されるという点である。わが国では，東日本大震災をはじめとした大地震や大型台風による大規模水害，あるいは世界的に蔓延した新型コロナウイルスなどを想起すれば分かりやすいであろう。

転位効果のメカニズムを少しく説明しよう。通常，人々は租税負担をできるだけ少なく，政府経費はできるだけ多くなるように望んでいる。このため，平時においては人々が許容する租税負担（「負担許容水準」）と人々が望ましいとする政府の経費水準とは乖離していることが一般的である。そこで，戦争などの社会的動乱が勃発すると，人々は高い租税負担を一旦受け入れるであろう。実際，日本でも日露戦争時の相続税の創設（1905 年）や太平洋戦争中におけ

る所得税の源泉徴収制度などの導入（1940 年）が知られている。そこでは，平時では実現されなかった新しい政府支出への再評価もなされることになる（「点検効果」）。

　その後，社会的動乱が収まっても，他の経費支出をまかなうことに使われるため，経費水準は高止まりするというものである。たとえば，戦後においても戦時に発行した公債の償還や戦時中に中断された繰り延べ需要が顕在化するのである。そのため，戦後になっても，高い経費水準は維持され，元の水準には戻らないという。

　さらに，ピーコックとワイズマンは，集中過程（concentration process）という考え方も述べている。これは，大規模な戦争などの社会的動乱期には，戦費調達に直接関わらない地方政府よりも中央政府の経費の方が膨張して集中するという現象のことである。これにより，戦後は財政調整制度などを通じて中央と地方は財政面でより緊密な関係を持つことになる。

　ピーコックとワイズマンが提示した統計データによると，英国の政府支出の対 GNP 比は 1890 年には 9％，1955 年には 37％となっている。この間，1 人当たり政府支出の大きな伸びが示されていること，1 人当たり政府支出の伸びの方が，1 人当たり GNP の伸びを上回っていることなどを示し，人口成長率，物価変動，および失業率（雇用率）水準などをコントロールした上で，転位効果が確認できると結論づけている。事実，彼らの分析の対象期間中に，英国

図表 10-2　転位効果

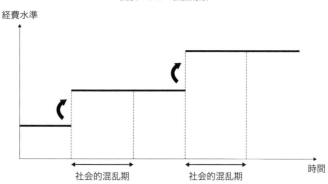

出所：栗林・半谷・篠原・望月編著（2020），62 ページ。

図表 10-3　英国の経費動向

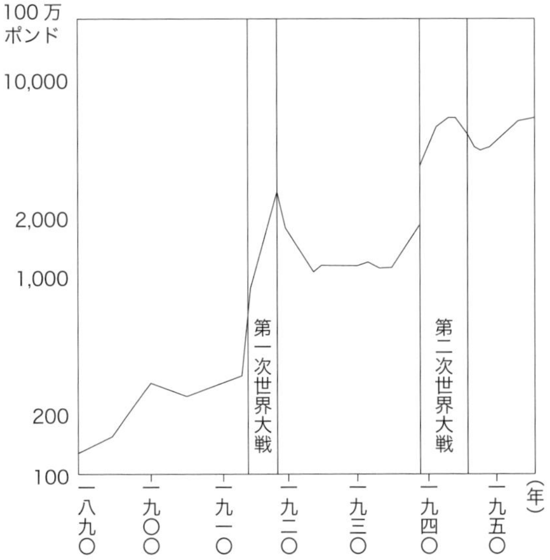

100 万
ポンド

10,000

2,000

1,000

200

100

第一次世界大戦

第二次世界大戦

一八九〇　一九〇〇　一九一〇　一九二〇　一九三〇　一九四〇　一九五〇　(年)

出所：和田（1991），119 ページ。

は，第二次ボーア戦争（1899-1902 年），第一次世界大戦（1914-18 年），第二次世界大戦（1939-45 年），および朝鮮戦争（1950-53 年）という大きな戦争を四つ経験している。特に，両大戦期の前後を調べると，転位効果が確認できると結論づけている。これらを示したものが，図表 10-3 である。

　ただし，転位効果に対してもさまざまな批判がある。たとえば，2 つの世界大戦ごとに転位が見られるのは英国のみであり，米国やドイツは世界恐慌（1929 年前後）と第二次世界大戦が連続した転位の契機となっている。また，日本では，第二次世界大戦前後の転位効果は見られなかったという指摘もあり，実証的な結論は曖昧である。さらに，1945 年以降，世界的に大きな戦争などは発生していないにも関わらず，政府の経費は大きく膨張しているため，転位効果が当てはまるのは，第二次世界大戦までという解釈も成り立つ。事実，英国本国においても，戦後において経費の転位は生じていないという。

　実際，戦後の経費膨張の大部分は，公的年金や医療給付などの移転支出であり，1960 年代半ばから本格化した福祉国家建設に伴うものである。そのため，先進国において経費の水準や動向を知るためには，そのような移転支出を明示

的にとらえていく必要があるといえよう。

3．ブラウン＝ジャクソンのミクロ的分析

　ブラウン（C. V. Brown）とジャクソン（P. M. Jackson）は，ワグナーの経費膨張の法則やピーコック＝ワイズマンの転位効果説は，あくまでもマクロ的な視点であり，経費の形成過程の説明がないことを問題視している。また，前述したように，第二次世界大戦後の時期において，転位効果を実証的に裏付ける分析は少ない。そのため，彼らは，いわゆる公共選択論の中位投票者モデルを用いて，政府支出の膨張の理由を公共財の需要と供給の両面から説明しようとしている。

　彼らが提示した経費増大の要因を簡潔にまとめておこう。

　1つ目は，公共財，特に公園や文化施設などの生活基盤型の公共財への需要の増加である。このような財への需要は，経済が発展して，人々の需要が多様化，高度化すると共に高まる傾向にある。政府がこうした需要に応えるように行動すれば，当然，経費水準は大きくなる。たとえば，警察による防犯（サービス）や高速道路などの高規格道路の建設である。

　2つ目は，公共財が提供される環境の変化である。たとえば，警察による防犯（サービス）では，その地域の治安状況に，道路建設においては，地価や混雑状況に影響されるであろう。

　3つ目は，人口変化の影響である。そもそも，第2章で説明した通り，純粋公共財とは「非競合性」と「排除不可能性」の2つの属性を持つ財であり，人口が増減しても追加的にかかる費用（限界費用）はゼロのはずである。ただし，実際には，国防や防疫を除くと，純粋公共財と呼ばれる財は少なく，混雑現象を伴う地方公共財など準公共財では，建設やサービス提供に係る追加的費用はゼロではない。そのため，人口増加が進むと，それ以上の割合で経費増加をもたらす傾向にある。

　4つ目は，公共財の質の向上である。公共財の質の測定については，難しい問題を含んでいるが，少人数教育（サービス）や博物館など，労働や資本をより多く投入する財については，常にサービスや品質に対する改善要求が存在し，経費増大への圧力となる。特に，地方自治体が提供する地方公共財につい

ては，いわゆる「デモンストレーション効果」が指摘されている。つまり，ある地方自治体において，公立図書館や体育館などの文化施設などが建設されると，他地域にも供給が波及し，公共財の量，質ともに高い水準で均衡する傾向にある。地方公共財の最適な供給量の問題と共に，自らの居住する地域の現状を考えてみると良いだろう。

　最後に，公共財供給のための投入物（生産要素）の価格上昇があげられる。民間部門と異なり，公的部門においては，生産要素の価格上昇を，生産性を高めることによって吸収することが難しいと言われている。政府，特に地方自治体の現場では，教育や市役所の窓口など，労働それ自体が生産物である人的なサービスが主体である。イノベーションなど技術革新や大規模資本を投入することが難しく，就中，多くの労働資源を行財政サービスに振り向けなければならない。そのため，経費上昇の増大要因となることが多いのである。

第Ⅲ節　財政支出の構造

1．経費の分類

　予算で示された財政支出の構造を見れば，政府がどのような政策に重点を置いているか，長期的な視点で見れば，その推移がどのように変遷してきたかを理解することができる。財政支出（経費）を分析するにあたり，経費の分類が必要となる。経費分類の目的として①財政の公開性に役立つこと，②会計上の正確性を保つこと，③経費の効率的使用を図ること，④国民経済に対する効果を明確にすることの4つがあげられる。主要経費別分類，所管別分類，目的別分類，使途別分類，経済性格別分類の5つについて，上記の目的に有効な分類であるのかを含めて見ていくことにしよう。

(1)　主要経費別分類

　主要経費別分類は，一般会計歳出予算が政府のどのような重点施策にどのように配分されているかが端的に示される（図表10-1参照）。主要経費別分類は，その目的として①財政の公開性に役立つこと，②会計上の正確性を保つこと，③経費の効率的使用を図ること，④国民経済に対する効果を明確にするこ

とに有効である。政府の予算過程において新聞・マスコミで主に紹介されるのがこの主要経費別分類である。

(2) 所管別分類

　所管別分類は，内閣の省を中心とした組織別分類である。所管別分類は，その目的として①財政の公開性に役立つこと，②会計上の正確性を保つこと，③経費の効率的使用を図ること，④国民経済に対する効果を明確にすることに有効である。経費を行政管理の観点から分類，すなわち財政支出にあたる行政機関別に予算を分類したものである。

　所管別分類は，経費についての権限と責任の所在がはっきりするが，どのような目的のために経費が支出されるかが明確にならない。また，どの省庁がどれだけの支出を行うかを示すのみで経済的な意味合いは小さいとされる。

図表 10-4　一般会計歳出予算所管別分類（2020 年度）

（単位：千円）

区分	
皇室費	11,573,381
国会	128,530,580
裁判所	326,624,181
会計検査院	17,099,094
内閣	176,103,240
内閣府	4,060,788,932
総務省	16,769,154,908
法務省	820,570,628
外務省	712,007,381
財務省	25,157,926,086
文部科学省	5,415,218,203
厚生労働省	33,036,565,690
農林水産省	2,217,023,010
経済産業省	1,243,458,715
国土交通省	6,898,261,553
環境省	353,720,637
防衛省	5,313,345,107
合計	102,657,971,326

出所：財務省「財政統計（予算決算等データ）」(https://www.mof.go.jp/policy/budget/reference/statistics/data.htm) より作成。

(3) 目的別分類

　目的別分類は，経費が国家のどのような機能に配分されているかを示したものである。目的別分類は，その目的として①財政の公開性に役立つこと，②会計上の正確性を保つこと，③経費の効率的使用を図ること，④国民経済に対する効果を明確にすることに有効である。主要経費別分類に似ているが，違いとしては，主要経費別分類では「その他経費」に分類されているが，目的別分類では国家機関費の項目があり，ここに各行政官庁の本省経費を始め，外交費，徴税費，警察費，司法費，国会費，皇室費が計上される。また，目的別分類の社会保障関係費は，主要経費別分類の社会保障関係費と公共事業関係費の住宅対策費から構成されている。

図表10-5　一般会計歳出予算目的別分類（2020年度）

（単位：千円）

国家機関費	5,701,194,970
地方財政費	15,912,057,341
防衛関係費	5,345,510,031
国土保全および開発費	6,979,627,553
産業経済費	26,950,838,855
教育文化費	5,766,562,832
社会保障関係費	41,023,958,868
恩給費	174,060,143
国債費	24,016,917,955
新型コロナウイルス感染症対策予備費	11,500,000,000
予備費	500,000,000
その他	16,389,966,900
合計	160,260,695,448

出所：財務省「財政統計（予算決算等データ）」（https://www.mof.go.jp/policy/budget/reference/statistics/data.htm）より作成。

(4) 使途別分類

　使途別分類は，財政資金がどのような形で国民経済に還流するかを性質別に表したものである。目的別分類は，その目的として④国民経済に対する効果を明確にすることに有効である。原則として経費の最終的支出対象による分類であるが，厳密には使途による分類でないものや経費の使途が必ずしも明確でない「補助費」や「他会計への繰入」などが項目にある。最終的な使途が示さ

図表 10-6　一般会計歳出予算使途別分類（2020 年度）

（単位：千円）

人件費	職員給与	3,803,487,238
	その他の給与	644,685,604
旅費		10,374,817
物件費		4,282,899,590
施設費		4,053,940,613
補助費・委託費		58,682,155,712
他会計へ繰入		56,349,741,240
その他		32,333,410,634
合計		60,260,695,448

注：各年度とも補正後予算である。
出所：財務省「財政統計（予算決算等データ）」（https://www.mof.go.jp/policy/budget/reference/
　　　statistics/data.htm）より作成。

れていない「補助費」や「他会計への繰入」が大きな割合を占めていることから，使途別分類は経費の最終的支出形態を十分に示しているとは言えない。

⑸　経済性格別分類

　経済性格別分類は，国民経済計算によるものである。経済性格別分類は，その目的として④国民経済に対する効果を明確にすることに有効である。経費の分類は，国と地方，一般会計と特別会計，政府関係機関などでそれぞれ異なり，国民経済における財政活動の作用をとらえるために，経済性格別分類が行われる。「政府の財貨・サービスの購入（消費支出と資本支出）」，「社会保障基金」など大まかな分類が行われているにすぎない。

2．財政支出の構造

⑴　現代の財政支出の構造

　わが国の財政支出の構造について，2021 年度（令和 3 年度）予算の一般会計歳出からその特徴を見てみよう（図表 10-7）。2021 年度予算の一般会計歳出においては，主に社会保障関係費，国債費，地方交付税交付金等に使われており，これらの経費が 4 分の 3 を占めている。

　社会保障関係費は，社会保障制度を支えるための経費で，年金，医療，介護，子供や子育てのために支出される。社会保障関係費は，人口構造の急速

図表10-7 一般会計歳出（2021年度）

（単位：億円）

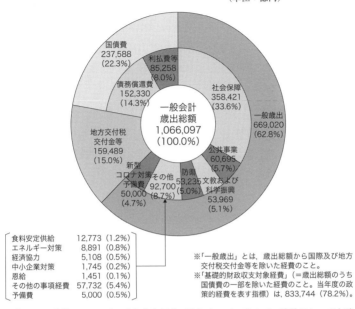

食料安定供給　12,773（1.2%）
エネルギー対策　8,891（0.8%）
経済協力　5,108（0.5%）
中小企業対策　1,745（0.2%）
恩給　1,451（0.1%）
その他の事項経費　57,732（5.4%）
予備費　5,000（0.5%）

※「一般歳出」とは、歳出総額から国際及び地方
交付税交付金等を除いた経費のこと。
※「基礎的財政収支対象経費」（＝歳出総額のうち
国債費の一部を除いた経費のこと。当年度の政
策的経費を表す指標）は、833,744（78.2%）。

注：1．計数については，それぞれ四捨五入によっているので，端数において合計
　　　とは合致しないものがある。
　　2．一般歳出における社会保障関係費の割合は53.6%。
出所：財務省「日本の財政関係資料」。

　な高齢化に伴って，経済の伸びを上回って，年金，医療，介護の給付が増大し
ていく中で，制度の重点化や効率化を行う必要が生じている。また，将来にわ
たって，持続可能な制度を構築していくために，安定的な財源の確保が必要と
なってきた。そのため，社会保障制度については，子供や子育てのための支出
に範囲を拡げ，その財源を消費税とすることになった。社会保障関係費は，一
般会計において最大の費目となっており，一般会計の33.6%を占めている。
そして，一般会計歳出から国債費，地方交付税交付金等を除いた一般歳出では
53.6%を占めるに至っている。なお，社会保障に関することは，第11章と第
12章で詳しく説明する。
　国債費は，国債を償還するための国債償還費と利子の支払いにあてられる利
払費等から構成される。言い換えれば，国の借金の元本の返済と利払いを行

うための経費である。一般会計歳出に占める割合は 22.3％となっている。第 8
章で見たように，1970 年代のオイルショックや 1990 年代のバブル経済崩壊以
降，国債の大量発行が継続され，一般会計に占める国債費の割合は増大してい
る。国債費や地方交付税交付金等の義務的経費の割合が高くなり，社会保障関
係費，公共事業関係費，その他を含む政策的経費である基礎的財政収支対象経
費の割合が低下し，財政の硬直化が進んでいる。また，近年の低金利政策に
よって，国債費の増大は相対的に抑えられてきた。巨額の債務残高を抱える状
況では，今後，金利水準が上昇することになれば，低金利政策によって低く抑
えられてきた利払費が大幅に上昇することによって，財政の急速な悪化を招く
ことにもなりかねない。日本の財政にとって財政健全化は急務の課題となって
いる。

　地方交付税交付金等は，どこでも一定のサービス水準が維持されるよう，国
が調整して地方公共団体に配分する経費である。地方財政に関する経費が大き
いことも日本財政の特徴である。地方交付税は，地方自治体の間に存在する
財政力格差を調整するための制度である。標準的な行政水準であるナショナル
ミニマムを国民や地域に保障するための地方財政調整制度である。地方財政費
は，地方交付税交付金等や特定の事業のために支払われる国庫支出金などが含
まれる。地方交付税制度や国庫支出金についての詳細は，第 13 章で説明する。

(2)　一般歳出

　前述したように，一般歳出とは一般会計歳出から国債費，地方交付税交付金
等といった義務的経費を除いたものである。義務的経費が増加すると財政の硬
直化が進み，自由に使える一般歳出の割合が小さくなる。社会保障関係費につ
いては，すでに説明しているので，ここでは，公共事業関係費，文教および科
学振興費，防衛費，経済協力費についてその特徴を見てみよう。

①　公共事業関係費

　社会資本とは，道路や港湾，住宅や上下水道，河川の堤防やダムなど社会経
済活動や国民生活，国土保全の基盤となるインフラ全般のことである。公共事
業関係費は，社会資本を整備するための経費である。わが国の公共事業関係費

の特徴は，近年においては低下の傾向があるにしても，一般政府総固定資本形成の公共事業分の対 GDP 比が他の先進国と比較して割合が高い。

　財政状況の悪化によって，公共事業関係費は制度的に抑制が容易であること，かつてムダの温床として効率化の対象となったことから歳出の抑制が図られてきた。効率化・透明化の推進を進めていくとともに，社会資本の老朽化にともない，更新需要の増大が見込まれる。人口や経済の動態から，予防保全の取り組み，更新コストの縮減の推進が必要とされている。

②　文教および科学振興費

　文教および科学振興費は，2021 年度予算において，5 兆 3969 億円で一般会計に占める割合は 5.1％となっている。

　教育に対する経費は，少子化の影響により減少傾向にある。わが国の公財政支出は OECD 諸国と比較して低いとの議論に対して，児童 1 人当たりの支出額で見れば OECD 諸国に遜色ないこと，国民負担率が先進諸国の中で低い水準であることを考慮すれば，教育に対する予算は手厚く措置されているとされる。厳しい財政状況の中，量的な拡大よりも費用対効果の観点から効果的・効率的な施策に重点を置くことが必要であることも述べられている。

　科学技術については，経済成長を支える基盤としての基礎研究の振興，科学技術を担う人材の育成，イノベーション創出のためのシステム改革などの研究基盤の充実，時代の要請に順応した科学技術の研究開発を行うことが求められる。政府は，創造的・基礎的研究などの分野を担うことが役割である。これらの分野に重点を置き，効率的な活用が求められる。

　高等教育に関しては，私費負担の割合が高いことが日本の特徴であるとされる。教育支出の高い私費負担が，所得格差の拡大という問題性を増している中，高等教育無償化の施策が 2020 年からスタートした。わが国の教育の公財政支出が GDP に占める割合が低いことを考慮すれば，拡充について検討を行う必要があろう。

③　防衛費

　防衛費については，その割合が低いことが特徴としてあげられる。第二次

世界大戦前までの経費構造の特徴として，軍事費（防衛関係費）の割合が高かった。しかし，敗戦を契機として軍備が解体されたものの，警察予備隊が発足し，後にそれが自衛隊になった。先進各国と比べると経済力に比べ，防衛費がかなり小さい。これについては，憲法第 9 条の戦争放棄の規定による制約とこれによる国民感情，戦後は経済成長策に重点が置かれたことによる。自衛隊は戦力ではないという立場に立って，防衛力の整備が進められてきた。1977 年度以降，防衛費は経済財政状況を勘案し，GNP の 1％以内にするという GNP1％枠が設けられた。1987 年度予算において防衛費が 1％を突破したために，総額明示方式が採用されることになった。

　平成に入り，一般会計に占める防衛費の割合は 5％程度で推移している。米国からの「安保ただ乗り」の批判が強く，防衛努力，米国からの武器購入や駐留在日米軍の経費負担，いわゆる「思いやり予算」の増加が求められていること，1990 年度の湾岸戦争のための費用分担が生じているなどによって，状況が変化，複雑化している。

　④　経済協力費
　経済協力費は，国際貢献のための経費である。経済協力は，無償援助と有償資金協力等に分類される。わが国の特徴として，有償資金協力が多いことがあげられるが，これは，かつて，わが国も世界銀行の融資を受け，経済成長を果たしてきた経験による。国際社会の一員であるわが国が，積極的な取り組みを求められる中で，政府開発援助（ODA：Official Development Assistance）は 1990 年代において，予算における伸びが著しいときもあった。財政状況が厳しさを増し，ODA の効果や効率性に対して国民の厳しい見方が出てきたことで伸びは抑えられることになった。

　2021 年度の一般会計 ODA 予算については，5 年連続増額となり，一般会計の 0.5％を占めている。これは，地球温暖化など SDGs への対応を含むグローバル経済社会との連携などの重点課題への取り組みを行うことや昨今の国際情勢を踏まえ，わが国として外交・安全保障の強化に取り組むという基本的な考えに基づいている。

ディスカッションテーマ ────────────────────────────────

- わが国の経費の水準や内容について，歴史的視点から評価してみよう。戦前期，戦後復興期，また高度成長期において，どのような特徴や変化が見られるだろうか。

- 最近の日本の財政支出の変化，特に東日本大震災や新型コロナウイルスへの対応に際して，どのような変化があっただろうか。また，それは経費論の代表的な学説と整合的だろうか。

- 公共事業関係費，防衛費あるいは経済協力費など，一般歳出の各費目について，予算規模は適切かどうか考えてみよう。もし，適切でないとしたら自分が首相になったつもりで予算規模を考えてみよう。

第11章

社会保障と財政

1 社会保障の定義・範囲と役割を理解し，社会保障制度と財政制度の関連性について理解を深めることができる。

2 社会保障制度全体の規模を示す社会保障給付費について，その定義，規模と推移を理解し，国際比較をすることができる。

3 国や地方財政における社会保障関係費について，その定義，規模と推移を理解することができる。

4 社会保障の財源構成と財源調達方式について，公費と社会保険料などの配分と役割を理解し，財源調達の方式の選択基準を説明することができる。

キーワード

社会保障給付費，社会保障関係費，国民負担率，財源構成，財源調達方式

第 I 節　社会保障制度の定義・機能と財政規模

1．社会保障の定義と範囲

わが国の一般会計歳出に占める社会保障への支出はかなりのウェイトを占めており，社会保障は財政制度によって支えられているのである。本章では社会保障制度と財政制度との関係について詳しく考察するが，まずは社会保障の定義と範囲を確認しておこう。

実は，社会保障の概念は国内外において必ずしも学問的にきちんと定義されているわけではない。時代や政治体制の違い，または学問分野の違いによって，異なるアプローチで社会保障の定義を説明している。

ILO（国際労働機関：International Labour Organization）は，以下の 3 つの基準を満たすすべての制度を社会保障制度と定義している。(1)制度の目的が，①高齢，②遺族，③障害，④労働災害，⑤保健医療，⑥家族，⑦失業，⑧住宅，⑨生活困窮などのリスクやニーズのいずれかに対する給付を提供するものであること。(2)制度が法律によって定められ，それによって特定の権利が付与され，あるいは公的，準公的，若しくは独立の機関によって責任が課せられるものであること。(3)制度が法律によって定められた公的，準公的，もしくは独立の機関によって管理されていること，あるいは法的に定められた責務の実行を委任された民間の機関であること。

日本においては，1950（昭和 25）年に社会保障制度審議会より出された「社会保障制度に関する勧告」において示された社会保障制度の定義が最も規範的なものとなっている。今日まで，日本の社会保障制度の範囲および定義はこの勧告に従っているといわれている。

1950 年の社会保障制度審議会勧告によれば，「社会保障制度とは，疾病，負傷，分娩，廃疾，死亡，老齢，失業，多子その他の困窮の原因に対し，保険的方法又は直接公の負担において経済保障の途を講じ，生活困窮に陥ったものに対しては，国家扶助によって最低限度の生活を保障するとともに，公衆衛生および社会福祉の向上を図り，もってすべての国民が文化的成員たるに値する生活を営むことができるようにすることをいうのである」とされている（社会保障制度審議会（1950），総理府社会保障制度審議会事務局監修（1980），253ページ）。

日本の定義にしても，ILO の定義にしても，社会保障制度は，「国家の公的責任」のもと，すべての国民に対して「最低限度の生活」を保障するものであると理解することができる。上記の 2 点からわかるように，社会保障制度と財政制度は施策対象と施策主体において共通している。また，のちに説明するが，再分配機能という面においても両制度は一致している。

なお，1950（昭和 25）年の社会保障制度審議会勧告の定義に従い，日本の社会保障制度は大別して 2 つの仕組みがつくられた。ひとつは，国が国民から集めた税金を用いて，国民に対して現金給付や現物給付（サービス）を提供する仕組みである。その典型は貧しい人を助けるための公的扶助制度（生活保護

制度）であるが，障害者福祉，児童福祉といった社会福祉サービスや，児童手当をはじめとする社会手当など，事前の拠出を必要としない制度も含まれる。もうひとつは，加入者が自らお金を出し合い，病気になったときや年をとって働けなくなったときに，医療サービスや生活資金をもらう社会保険制度という仕組みである。今日の日本には医療保険，年金保険，介護保険，雇用保険および労災保険という5つの社会保険制度がある。

2．社会保障の機能

　社会保障制度はどのような役割を果たしているのであろうか。一般的に，社会保障制度は，主として，①社会的安全装置（セーフティ・ネット），②所得再分配，③リスク分散，④社会経済の安定と成長という4つの機能がある。社会保障制度の果たす機能はこれまでの章で学んできた財政制度の機能と共通しているものが多い。

　誰しも，いつか病気や負傷，失業や高齢による退職，不測の事故による障害などによって貧困に陥るかもしれないという不安を抱えている。これらの不安をなくすために，民間部門による十分な対応が望めないため，国の主導する社会保障制度がつくられた。

　なぜ民間では適切な保険が提供されないのだろうか。その理由は，情報の非対称性や市場独占などの市場の失敗による問題が考えられる。医療を例にとって考えてみよう。医療には高度な専門知識が必要であるが，患者にはその知識がほとんどない。そのため，患者と医師との間に専門知識の差，すなわち情報の非対称性が存在する。通常，医師は患者より医療知識上の優位性を持っている。医師は医療知識上の優位性を利用して，必要以上の治療をしたり，処方箋を出したりして，医師誘発需要を生み出す可能性がある。過度な，かつ不適切な医師独占市場を是正するために，医療サービスの質を確保し，またはその対価を一律化することが必要である。それによって，国民に安全・安心の医療を提供することができる。このような目的達成のために，民間保険よりも公的な社会保険制度が有効である。

　また，保険者（保険制度の運営主体）と被保険者（保険制度の加入者）との間にも被保険者自身の健康状態に関する情報の非対称性が存在する。この場合

は，被保険者は保険者より健康状態上の優位性を持っている。保険者は健康でない人を完全に見分けることが不可能であるため，それらの人も健康な人も同様に平均的な保険料を設定することになる。自らの健康状態と照らし合わせて，健康な人はこのような保険料設定を割高と感じれば，保険制度に加入しなくなるかもしれない。その結果，不健康でリスクの高い人のみが提供された保険に加入することになる。このように本来なら保険者が保険加入者（被保険者）を選ぶところが，被保険者が保険者を選ぶことになる。いわゆる，「逆選択」が起きてしまうことになる。そうなると，保険機能が成り立たなくなる。それを防ぐために，公的医療保険制度によって保険加入を義務付ける必要がある。

　社会保障制度は公的扶助制度＝救貧と，社会保険制度＝防貧を通じて，国民生活の安定を図り，安心をもたらすための社会的な安全装置（セーフティ・ネット）としての役割を担っている。

　所得再分配機能は，稼得能力のある者から稼得能力のない者に所得を移転したり，高所得者層から低所得者層に資金を移転したりする社会保障制度のもつ特殊な構造によって実現されている。たとえば，生活保護制度では，税金を財源として，所得の多い者から所得の少ない者（貧困者）へと再分配されている。また，社会保険料の徴収において報酬比例の設定は高所得者が多く払うという所得再分配の要素を持っている。

　リスク分散機能は，主に社会保険制度が持つ機能である。社会保険も保険制度のひとつであるため，保険原理に従っている。つまり，大数の法則でいうように，同じような危険にさらされた者がたくさん集まり，あらかじめ保険料を徴収する。実際に事故が発生したときに，集めた保険料から当該者に約束した保険給付（現金か現物）が支給される。これはリスクを分散する仕組みである。

　社会経済の安定と成長機能に関しては，公的年金制度のように，引退後の所得をある程度保障し，高齢者の生活を安定させるだけでなく，消費の平準化を通じて経済の安定と成長にも寄与している。また雇用保険制度は，失業者の所得を一定の金額と期間で支え，個人消費の著しい減少による景気の落ち込みを抑制する効果（ビルト・イン・スタビライザー機能）もある。

　以上の説明を通して，所得再分配機能と社会経済の安定化機能に関しては，社会保障制度は財政制度と同様の役割を果たしていることがわかる。

3．増え続ける社会保障給付費

　社会保障の規模やその財源を全体的に把握するために，社会保障関係の諸費用を知る必要がある。社会保障費用は社会保障の制度体系や算定方法などによってその内容が異なるが，日本では，国立社会保障・人口問題研究所が ILO の基準に基づいて推計した社会保障給付費，社会保障などに関する国民の負担を示す国民負担率，国の一般会計予算における社会保障関係費などがある。

　まずは，社会保障制度の全体的規模を表す社会保障給付費からみていこう。社会保障給付費は，社会保障制度から支給される現金給付および現物給付に係わる費用を総計したものである。2018（平成 30）年度の社会保障給付費の総額は 121 兆 5,408 億円にのぼり，前年度に比べて 1 兆 3,391 億円（1.1%）も増加し，過去最高を更新した。また，国民所得に占める割合は 30.06% となり，対前年度比で 0.3 ポイント増加した。図表 11-1 は社会保障給付費総額（部門

図表 11-1　社会保障給付費（総額，部門別給付費，対国民所得比）の推移

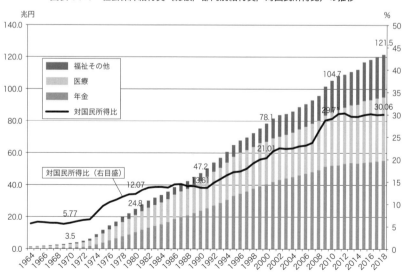

出所：国立社会保障・人口問題研究所「社会保障費用統計（旧社会保障給付費）」各年度版より筆者作成。

別給付費も含む）と国民所得に対する社会保障給付費の割合の推移を示した
ものである。それを見てわかるように，社会保障給付費は福祉元年と呼ばれ
た 1973（昭和 48）年を境にして急速に増えてきた。特に 1990 年代に入ってか
ら，毎年約 3 兆円規模での急増を示している。

　社会保障給付費の対国民所得比の推移を見ると，1970 年代初頭まで 5％台
にとどまっていた数値は，1973（昭和 48）年以降急速に上昇し，70 年代末に
12％まで上昇した。その後，80 年代には 13〜14％あたりで横ばいで推移して
いたが，90 年代に入るとバブル経済の崩壊により経済成長が停滞し国民所得
の伸びもとどまるなかで，社会保障給付費の上昇はとまらなかった。そのた
め，社会保障給付費の対国民所得比は 2000 年代初頭まで一貫して上昇し続け
た。2002 年から 07 年までは景気回復に伴い国民所得の増加が続く一方，社会
保障の抑制策が出されることによって，数値の上昇は緩やかになっていたが，
08 年の世界的な金融危機により，日本の国民所得も大きく落ち込んだため，
社会保障給付費の対国民所得比は再び大きく上昇した。しかし，2012 年以降，
社会保障の充実と安定化をはかるとともに，財源確保と財政健全化も同時に達
成することを目指すために進められてきた社会保障・税一体改革のもとで社会
保障給付費の増加率はやや抑えられてきた。社会保障給付費の対国民所得の割
合は 2012 年にピークに達したがその後少し低下してきた。

　社会保障給付費を「医療」，「年金」と「福祉その他」の 3 つの部門別で見る
と，1980 年までは年金より医療の割合が高かったが，80 年代に入ると医療と
年金の割合が逆転した。2018（平成 30）年度の社会保障給付費では，年金が
45.5％（55 兆 2,581 億円），医療が 32.7％（39 兆 7,445 億円），介護を含む福祉
その他が 21.8％（26 兆 5,382 億円）となっている。80 年代以降，高齢者数の
急増と年金制度の成熟に伴い，年金に対する給付がますます増えてきたが，
2000 年代初頭以降の年金改正による年金給付の抑制および介護を含む福祉そ
の他の給付増によって，2000 年代半ばから年金給付総額の増加がやや鈍化し
てきた。その反面，介護を含む福祉その他の給付総額は 2000 年代初頭から大
きく増えてきた。今日では年金，医療，福祉その他の間の比率はおおよそ 5：
3：2 となっている。

　2017 年 7 月に国立社会保障・人口問題研究所が行った「日本の将来推計人

口」によれば，日本は総人口に占める 65 歳以上の高齢者割合が 2036 年に約 33.3%（出生中位・死亡中位の推計値）に達し，3 人に 1 人が高齢者という超高齢社会となるが，2065 年に 38.4% でピークを迎える。高齢者，とりわけ 75 歳以上の後期高齢者の急増によって，医療と介護に対する需要が著しく高くなり，医療や介護の費用も急増していくものとみられている。2012 年 3 月に出された「社会保障給付費の将来推計」によれば，社会保障給付費は 2012 年度の約 109 兆円（対 GDP 比 22.8%）から 25 年には 148.9 兆円（同 24.4%）へと増えていくことが予測されている。

4. 国際比較から見るわが国の社会保障規模

　日本では社会保障給付費が増え続けているが，世界各国の状況はどのようになっているだろうか。

　1996（平成 8）年以降，ILO 加盟国が ILO への情報提供を中止しているため，社会保障給付費という統計を用いた国際比較は不可能となっているものの，OECD が 1996 年から社会支出を公表しはじめたので，その後の国際比較では OECD の社会支出が使用されることが多い。ここで，OECD が発表している社会支出の対 GDP 比について，各国のデータを見てみよう。なお，OECD の社会支出には施設整備費など直接個人に移転されない費用が含まれているため，日本の社会保障給付費より範囲が広く，金額が大きい。

　図表 11-2 に示されているように，日本における社会支出の対 GDP 比は，米国やカナダ，オーストラリアなどよりは大きいが，スウェーデンをはじめとする北欧諸国やドイツ，イタリア，フランスなどの主要なヨーロッパ諸国の水準を下回っていることがわかる。日本は，2010 年までは OECD 平均とほぼ同水準であったが，それ以降はヨーロッパの先進諸国の同比が下がっている傾向にあるため，順位が大幅に上昇した。

　社会支出では，①高齢，②遺族，③障害・業務災害・傷病，④保健，⑤家族，⑥積極的労働市場政策，⑦失業，⑧住宅，⑨他の政策分野という 9 つの政策分野別のデータも公表されている。図表 11-3 に示されているように，他の先進国と比べ，日本は高齢分野における支出の高さが突出している。先述したように，これからの驚異的な超高齢社会の到来を考えると，高齢分野における

図表 11-2　社会支出対 GDP 比の国際比較（OECD 諸国）（2018 年）

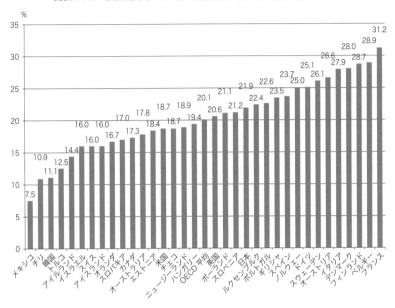

出所：OECD Social Expenditure Database 2019 ed. による。

図表 11-3　政策分野別社会支出の構成割合の国際比較（2017 年度）

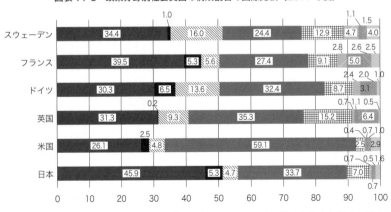

出所：国立社会保障・人口問題研究所（2020）『平成 30 年度社会保障費用統計』による。

社会保障給付の抑制策は重要な政策課題になる。

5．国民負担率の国際比較

　国民に対して，社会保障をはじめ教育や国防などの公共サービス（財政活動）を行うためには，その財源を調達しなければならない。財源の調達方法として，政府は国民（家計や企業）に租税を課したり，社会保険料を徴収したりしている。租税や社会保険料は国民が負担することから，その度合いを示すものとして国民負担率という指標が用いられている。国民負担率は，租税負担額の国民所得に対する比率である租税負担率と社会保障負担額の国民所得に対する比率である社会保障負担率の合計として示される。

　図表11-4は日本の国民負担率の年次推移を示したものであるが，1970年度から2018年度までの約50年間に24.3％から44.1％へと大幅に上昇してきたことがわかる。その内訳を見ると，租税負担率は，80年代半ばから90年代初

図表11-4　国民負担率の推移

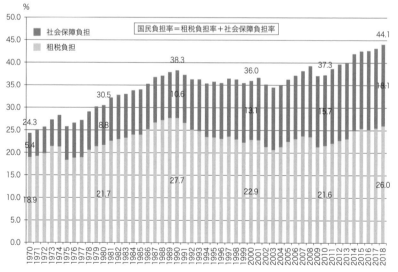

注：1．1994年度以降は08SNA，1980年度以降は93SNA，1979年以前は68SNAに基づく計数である。
　　2．すべての年度は実績である。
出所：財務省資料（https://www.mof.go.jp/budget/topics/futanritsu/sy202002a.pdf）により作成。

頭にかけての急上昇の時期を除き，全期間を通してみれば緩やかな上昇となっているのに対して，社会保障負担率は 5.4％から 18.1％まで大幅に上昇してきた。つまり，租税負担率よりも社会保障負担率の上昇の方が国民負担率の上昇を牽引してきた。

　また，図表 11-5 によって，先進 6 カ国の国民負担率を比較してみると，日本の国民負担率は 44.1％（2018 年度）で，米国の 33.1％（2016 年）より高いものの，フランスやスウェーデンと比べるとはるかに低いことがわかる。しかし，この国民負担率に将来世代への負担増となる国や地方の財政赤字を加味した潜在的国民負担率で見た場合は，2011 年と 2012 年あたりの日本の数値は 50％を超えていた。この数値は同時期のドイツとほぼ並んだだけではなく，英国，スウェーデンとの差も大幅に縮んでいた。2014 年度以降は，日本の財政

図表 11-5　国民負担率と潜在的国民負担率の国際比較

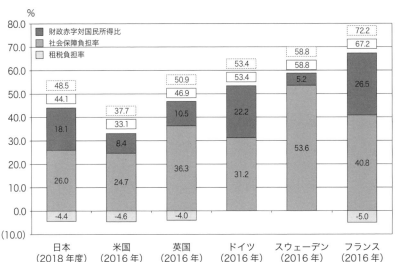

注：1．日本は 2018 年度実績。諸外国は 2016 年実績である。
　　2．実線の □ は国民負担率である。点線の □ は潜在的国民負担率＝国民負担率＋財政赤字対国民所得比である。
　　3．財政赤字対国民所得比は，日本および米国については一般政府から社会保障基金を除いたベース，その他の国は一般政府ベースである。
出所：日本は財務省の発表資料，諸外国は "National Accounts"（OECD），"Revenue Statistics"（OECD）などにより作成。

赤字が縮小したことが功を奏し，潜在的国民負担率は政府が目標としていた50％以下となっている。経済学では，国民負担率の上昇によって勤労意欲が抑えられ，貯蓄意欲も低下するなど経済成長に対する悪い影響がもたらされると指摘されている。今後国民負担率や潜在的国民負担率の上昇に対する抑制の方法を継続的に真剣に議論しなければならないと思われる。

第Ⅱ節　財政制度における社会保障

1．財政制度に支えられる社会保障制度

　本章の第1節では，社会保障の定義や機能などの側面から社会保障制度と財政制度とが密接に関連していることがわかるが，この節では社会保障制度の運営や社会保障関係費などの面から，社会保障制度は財政制度によって支えられている事実を説明する。

　日本の社会保障制度の運営主体は，国か地方公共団体またはこれらから委託を受けた公的団体である。たとえば，社会保険では，公的年金制度や雇用保険制度の運営主体（保険者）は国，介護保険，国民健康保険の運営主体（保険者）は地方公共団体（都道府県，市町村），健康保険は公的団体が運営主体となっている。また，生活保護，社会福祉および公衆衛生の運営主体はいずれも地方公共団体（都道府県，市町村）である。

　また，財源構成の面で見れば，公的扶助（生活保護）制度と社会福祉制度は主として公費（税）を財源としている。社会保険制度は保険料を主な財源としているが，給付費の増大や被保険者の構成の変化などにより公費に依存する傾向が強くなっている。たとえば，基礎年金は給付費の2分の1が国庫負担となっており，国民健康保険や介護保険も財源の2分の1が公費負担（国と地方公共団体の負担）となっている。

　第1章で学習した公的部門のなかにある一般政府には，中央政府（国）と地方政府（地方公共団体）の他に，法律によって設立された社会保障の勘定組織である社会保障基金という部門が設置されており，政府主導のもとで，所得保障や医療保障などの社会保障給付を行っている。たとえば，公的年金や雇用保険を運営する中央政府（国）の特別会計（保険事業特別会計）と，医療，介護

事業を運営する地方政府（地方公共団体）の事業会計がそれに当たる。そのほか，共済組合の一部，独立行政法人の一部（GPIF：年金積立金管理運用独立行政法人）が含まれる。

　事業の実施主体を政府としており，財源も公費が投入されている社会保障制度は財政制度によって支えられていることは明白であり，もはや財政制度の一部と思われるかもしれない。しかし，社会保険制度の場合は，事業の実施主体が政府に限られているわけではなく，財源の大半は被保険者と事業主が拠出した保険料でまかなわれていることにも留意する必要がある。

2．国の一般会計における社会保障関係費

(1)　社会保障関係費の構成

　社会保障関係費とは国の一般会計歳出のなかで社会保障に支出される費用のことであるが，社会保障給付費と混同しやすい。簡単に言えば，社会保障関係費は社会保障給付費の公費の部分である。社会保障関係費は大きく生活保護費，社会福祉費，社会保険費，保健衛生対策費および失業対策費という5つの費目から構成されている。それらについて簡単に紹介する。

　生活保護費は，生活保護法に基づく各種扶助の保護費や保護施設事務費を中心とした経費である。その原資は，国から生活保護行政の実施主体である地方公共団体に交付される負担金や補助金で構成される。

　社会福祉費には老人福祉法，身体障害者福祉法，児童福祉法，母子保健法等に基づく老人福祉費，身体障害者保護費，児童保護費，児童扶養手当等給付諸費，母子福祉費，婦人保護費および社会福祉施設整備費等が含まれる。それらの費用も一部の例外を除き，国から社会福祉行政の実施主体である地方公共団体に対して，負担金や補助金を交付する。

　社会保険費には，児童手当国庫負担金，介護保険推進費，高齢者医療・介護保険給付諸費，介護保険助成費，健康保険組合助成費，国民健康保険助成費，社会保険国庫負担金，国民年金国庫負担金などの給付費や事務費に関する経費がある。それらの費用は国の年金特別会計，地方公共団体の国民健康保険事業会計や介護保険事業会計に対して，国の負担金や補助金として繰入または交付される。

　保健衛生対策費は国民の健康保持と増進を目的とするもので，主に保健衛生諸費，原爆障害対策費，結核医療費，精神保健費，国立病院および療養所経営費と施設費，検疫所経費等で構成されている。

　失業対策費は失業者の就業促進をはかる職業転換対策事業費と雇用保険の財政を支援する雇用保険国庫負担金を中心としたものである。雇用保険国庫負担金は保険事業の実施，経理主体である労働保険特別会計雇用勘定に繰り入れられる。

　なお，2016（平成28）年度以降は，上記の5つの費目は年金給付費，医療給付費，介護給付費，少子化対策費，生活扶助等社会福祉費，保健衛生対策費と雇用労災対策費に変更された。

(2)　社会保障関係費の規模

　社会保障財源の一部である公費負担は国および地方公共団体における予算審議を経て，国の一般会計や地方公共団体の普通会計において支出・経理される。ここでは，まず国の一般会計から支出される社会保障関係費について見てみよう。

　図表11-6は2020（令和2）年度の国の一般会計における歳出の内訳を示したものである。図表11-6からわかるように，一般会計予算額は102兆6,580億円となっているが，社会保障関係費は35兆8,608億円であり，一般会計予算の34.9％を占め，一般会計歳出のなかで最大となっている。一般会計歳出から国債費と地方交付税交付金を除いた一般歳出（63兆4,972億円）における社会保障関係費の割合は56.5％を占めている。

　社会保障関係費の推移を見ると，1970（昭和45）年度に1兆1,413億円（対一般歳出比19.0％）だったのが，2000（平成12）年度に16兆7,666億円（同34.9％）に達し，さらに，2010（平成22）年度には27兆2,686億円に増加し，2020（令和2）年度には約36兆円まで上昇してきた。一般歳出に占める割合も6割になろうとしている（図表11-7を参照）。

(3)　費目別社会保障関係費の変化

　前述のように，2016（平成28）年度以降の社会保障関係費は年金給付費，

医療給付費，介護給付費（この3費目は社会保険費に相当），少子化対策費，生活扶助等社会福祉費（主に生活保護費），保健衛生対策費と雇用労災対策費という7つの費目で構成される。2020年度の主要費目別ごとの状況は次の通りである。年金給付費12兆5,232億円（34.9％），医療給付費12兆1,546億円（33.9％），介護給付費3兆3,838億円（9.4％），少子化対策費3兆387億円（8.5％），生活扶助等社会福祉費4兆2,027億円（11.7％），保健衛生対策費5,184億円（1.4％），雇用労災対策費395億円（0.1％）となっている。2016年度以前の社会保険費に相当する年金給付費，医療給付費，介護給付費の合計は最も大きなウェイト（78.2％）を占めている。また，2016年度より新規編成さ

図表 11-6　2020（令和2）年度一般会計予算における歳出の内訳

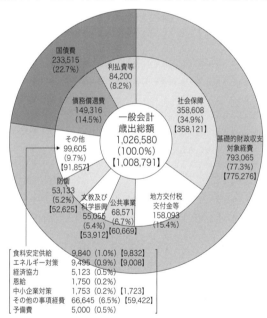

注：1．計数については，それぞれ四捨五入によっているので，端数において合計とは合致しないものがある。
　　2．一般歳出※における社会保障関係費の割合は56.5％。
　　3．【 】内は臨時・特別の措置を除いた計数。
出所：財務省ホームページ（https://www.mof.go.jp/budget/budger_workflow/budget/fy2020/seifuan2019/01.pdf）。

図表 11-7　社会保障関係費の推移

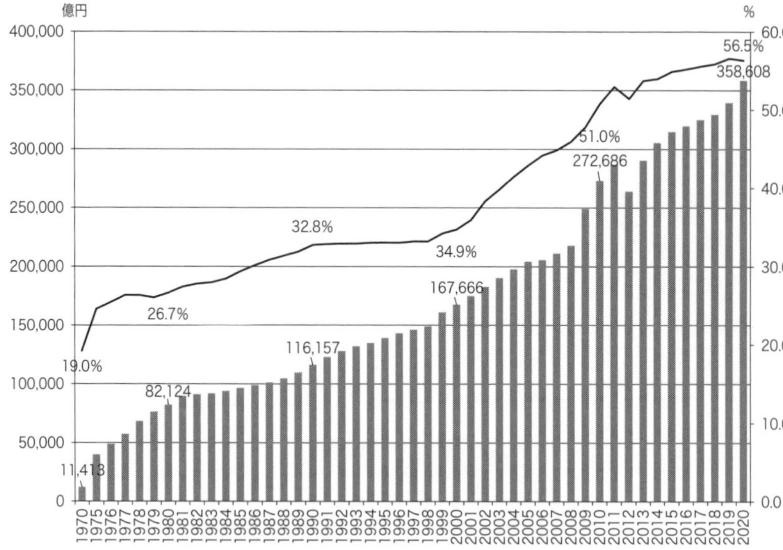

出所：財務省資料（各年度予算の政府案）により筆者作成。

れた少子化対策費は当初の 2 兆 241 億円（2016 年度予算）から 2020 年度予算
の 3 兆 387 億円へ急増してきたが，特に 2019 年以降の増加が著しい。

　歴史的に見れば，主要費目別の推移に関する最大の特徴は，社会保険への支
出がますます大きくなっていることである。その一方で，1960 年代まで比較
的高い割合を占めていた生活保護費や失業対策費が大幅に減少した。また，
1980 年代後半から 90 年代後半にかけて，高齢者保健福祉の充実を図ったゴー
ルドプランや新ゴールドプランなどの実施によって，社会福祉費の伸びが目
立っていた。しかし，2000（平成 12）年の介護保険制度の実施に伴い，高齢
者福祉経費（介護費用）を中心とした費目の振替によって，社会福祉費が大幅
に減少し，社会保険費が大幅に増加するという現象が生じ，今日までも同じ傾
向が続いている。

3．地方の普通会計における社会保障関係費

　国民生活に密接に関係する社会保障関係費を最終支出ベースで見ると，実際
は地方公共団体の方が国より多く担っている。ここで，地方公共団体の普通会

計における社会保障関係費について簡潔に見てみよう。

　地方普通会計の社会保障関係費は費目別から見ると，民生費，衛生費と労働費から構成されている。そのうち，民生費は児童，高齢者，心身障害者等のための福祉施設の整備および運営，生活保護の実施等に支出される費用であるが，1990 年代以降，高齢化対策の本格的実施に伴い着実に増加している。現在では，地方公共団体の一般歳出のなかで長年上位 2 費目とされてきた土木費や教育費を超え，民生費が最も大きな割合を占める費目となっている。また，衛生費には国民健康保険特別会計への繰り出し，健康診断，成人病対策等にかかる公衆衛生費，結核予防法にともなう健康診断，予防接種等にかかる結核対策費と保健所の整備・運営にかかる保健所費が含まれる。労働費には失業対策等にかかる費用が含まれる。『令和 2 年版 地方財政白書』によると，民生費の決算額は 2016 年度にピークの 26 兆 3,408 億円に達したが，2017 年度に 25 兆 9,834 億円に減り，さらに 2018 年度に 25 兆 6,659 億円まで減少してきた。2018 年度の衛生費と労働費の決算額はそれぞれ 6 兆 2,367 億円と 2,488 億円だった。

　国民健康保険，後期高齢者医療制度および介護保険の保険者は，各市町村または都道府県および広域連合である。財政面では，上記三事業の運営と経理は各市町村の事業会計で行われており，それぞれ国民健康保険事業会計，後期高齢者医療制度事業会計と介護保険事業会計となっている。

　近年の社会保障改革によって都道府県の役割が拡大された。たとえば，2018（平成 30）年度以降，都道府県は管轄内の市町村とともに国民健康保険制度の運営を担うようになった。国保の運営に加え，「医療計画・地域医療構想」と「医療費適正化計画」も一体的に担うようになった都道府県は，医療の供給と需要の両面から地域の医療体制と医療費水準・保険料負担などに総合的に関与することができるようになった。

第Ⅲ節　財源構成と財源調達方式

1．社会保障の財源構成

　社会保障の諸費用はどのように調達されているのであろうか。先にも触れた

ように，社会保障の財源は，主に公費負担（租税など），保険料負担，利用者（患者）負担，運用収入などからなっている。

　公費負担のうち租税収入のなかには国税のみならず地方税も投入されている。また，公費負担の主財源は租税であるが，赤字財政の場合には公債金が部分的に含まれる場合があることにも留意しなければならない。

　保険料負担に関しては，負担主体の視点から見ると，厚生年金や健康保険など被用者を被保険者とする職域保険の場合は被保険者負担と事業主負担に区分されるが，国民年金や国民健康保険などの地域保険の場合は被保険者のみの負担となる。なお，日本の現行制度では，被用者保険の保険料は被保険者と事業主の折半負担が原則となっている。

　また，保険料には定額で徴収する方式と定率で徴収する方式がある。定率で負担を求める場合は，負担額に上限が設けられている場合が多い。国民年金の第1号被保険者や介護保険の第1号被保険者については定額方式であるが，介護保険の場合は所得段階別の定額方式となっている。国民健康保険の場合は応能負担（所得や資産に応じて算定）と応益負担（1世帯あたり定額，1人あたり定額）の混合方式が採用されている。厚生年金や健康保険などの被用者保険は所得に一定の割合をかける所得比例方式がとられている。

　利用者（患者）負担は，保険給付を受けたり公的施設やサービスを利用する際に，患者や利用者から費用の一部として徴収されるものである。医療保険の患者負担（窓口負担）や介護保険の利用者負担，保育所の保育料などがその具体例としてあげることができる。コスト意識を高めることによって給付の無駄や非効率を避けること，医療や介護などのサービスを受ける人と受けない人との公平を確保すること，財源を確保することなどが，その理由としてあげられているが，それに関する効率性と公平性をめぐる議論が行われている。

　運用収入は資産収入とも呼ばれるが，制度の積立金からの利子，配当金などの運用収入のことである。積立方式や修正積立方式の年金保険の場合はその役割が大きい。医療保険や雇用保険など他の社会保険においても，積立金が存在する場合には，それに見合う資産収入が生じる。景気の変動などに関連して年金積立金の資産運用をめぐってさまざまな議論が行われている。

　図表11-8に示されているように，2018（平成30）年度の社会保障財源に占

図表 11-8　社会保障の財源構成

社会保障財源 132.6 兆円（2018 年度実績）						
社会保険料 72.6 兆円（54.7%）		公費負担 50.4 兆円（38.0%）		他の収入 9.6 兆円 （7.2%）		
うち被保険者拠出 38.3 兆円（28.9%）	うち事業主拠出 34.3 兆円（25.8%）	うち国 33.6 兆円（25.3%）	うち地方 16.8 兆円 （12.7%）	資産収入 4.4 兆円 （3.3%）	その他 5.2 兆円 （3.9%）

国（一般会計）社会保障関係費

都道府県
市町村
（一般財源）

出所：国立社会保障・人口問題研究所「平成 30 年度社会保障給付費」より筆者作成。

める保険料負担，公費負担および運用収入を含むその他の収入の割合は，5：4：1となっている。

2．財源調達方式

　社会保障給付の目的と対象者の違いによって，その制度設計と財源調達の方式が異なってくるが，財源調達方式は公費負担方式と社会保険方式に大別されることが多い。公費負担方式はしばしば租税方式（税方式）とも呼ばれているが，前述したように，赤字財政の場合は公債金も公費負担として投入されるので，一律に公費負担方式＝税方式とは言いがたい。しかし，今日では税方式が一般的に使われていることを考慮し，本章においては税方式の表現を使用する。

　税方式には普通税と目的税をめぐる議論がある。前者では，使途を特定しないで徴収された一般諸税の税収の一部が社会保障の財源として使われる。後者では，その使い道をあらかじめ特定したうえで徴収する税のことである。日本では国民健康保険税（国保税）がそれに該当するが，国保税は実質的には保険

料としての性格が強いので，保険料と認識されているのが一般的である。

　社会保険方式が財源調達方式として採用されているのは，いうまでもなく各種の社会保険制度であるが，その特徴としては，保険料の事前拠出が保険給付の受給要件になることがあげられる。社会保険方式であるならば，拠出される保険料が給付費の唯一の財源だと理解されがちだが，財源確保のために公費負担を部分的に導入するケースもある。

　日本の社会保障制度はドイツの社会保険制度を手本にして構築されてきたが，その財源調達方式もドイツやフランスと同様に「社会保険方式中心型」となっている。しかし，後述するように，日本の社会保険では，公費負担もかなり大きなウェイトを占めている。

3．賦課方式と積立方式

　社会保険方式に関して，保険料負担と保険給付の関係に焦点を当てると，賦課方式と積立方式という2つの財政方式がある。各種の社会保険制度の中で公的年金制度の財源調達の議論において，しばしばこの2つの財政方式が取り上げられる。賦課方式とは，サラリーマン，自営業者などの現役世代が保険料を支払い，それを財源としてその時点の高齢者世代に年金を給付するという仕組みである。一方で，積立方式は，高齢者世代の年金給付を，その世代が現役時代に積み立てた財源でまかなう仕組みである。

　少子高齢化や経済の長期低迷という状況では，賦課方式はいずれ年金財政の破綻を招く恐れがあるため，積立方式へと転換すべきという意見がある。しかし，積立方式に関しては，インフレによる将来の年金価値の下落という懸念もある。ニコラス・バー（Nicholas Barr）は産出量を拡大することによって，賦課方式下の年金財政を維持することができるとも主張している。

4．主要制度の財源構成と財源調達方式

　日本の社会保障の財源調達方式は，社会保険方式から始まったが，その後の制度構築過程において次第に税の投入が行われ，社会保険方式と税方式の混合型になっている。

　生活保護，社会福祉および公衆衛生の諸制度の財源調達方式は，税方式であ

り，その費用負担には国の負担と地方公共団体の負担の区別がある。生活保護
制度では，国が4分の3，地方公共団体が4分の1を負担している。社会福祉
においては，国と地方公共団体の負担割合は，個々の制度によって異なってい
る。

　一方，主要な社会保険制度を見ると，被保険者が被用者であるか否かによっ
て財源構成と財源調達方式は大きく異なっている。たとえば，公的年金保険制
度の財源は，社会保険料，公費負担および運用収入から構成されているが，厚
生年金の給付費のほとんどが保険料でまかなわれているのに対して，基礎年金
の給付費の2分の1は国庫負担となっている。また，公的医療保険の場合も
個々の医療保険制度によって公費負担の割合は異なる。自営業，農業者などの
非被用者を適用対象とする国民健康保険では，公費負担が給付費の約50%（国
庫負担43%，都道府県負担7%）を占め，さらに市町村の一般財源（交付税交
付金）が投入されている場合も多い。また，介護保険の財源にも50%の公費
負担（国庫50%，都道府県25%，市町村25%）が補填されている。

5．両方式のメリットとデメリット

　人々の働き方も多様であり，また，それぞれの制度にも達成する目的の違い
があるため，個々の社会保障制度の財源調達方式として税方式と社会保険方式
のどちらを採用するべきかという問題が議論になることがある。このような問
題について検討する際に，まず両方式のメリットとデメリットを明らかにして
おく必要がある。なお，ここで取り上げる税方式に関しては目的税を財源とす
るものではなく，普通税を財源とするものを想定している。税方式に比べて，
よく言われる社会保険方式のメリットは以下の4つである。

　第1に，受益と負担の対応関係がはっきりしている。社会保険方式が保険給
付を受け取るための対価としての個々人の負担を特定のレベルや金額に定める
ことができるのに対して，税方式ではさまざまな種類の租税によって徴収され
る税収の一部が社会保障の財源に投入されることから，個々人の社会保障の負
担額を特定することはできない。そのため，ある特定の制度についてそれから
の受益に負担を対応させるといったような調整方法は不可能である。

　第2は，財源調達の安定性を考える場合は，社会保険方式の方が比較的安定

性の高い仕組みである。普通税の使途は，その時々の政治的要因に左右される
ため，社会保障の目的から外れる可能性がある。それに対して，社会保険方式
は保険料収入が社会保障以外の目的に使用されることはなく，景気変動による
影響も比較的小さいと考えられる。また，被用者保険の場合は，保険料が所得
に比例しているため，賃金の上昇に応じて財源が拡大でき，かつ徴収コストが
低いというメリットもある。

　第 3 に，必要に応じて，財源の拡充に対する国民の合意が得られやすい。安
倍政権での消費増税に対する反発は記憶に新しいが，新税の創設や増税に対し
ては国民から強い反発を招くことが多い。それに比べて，社会保険料は給付と
の対応が明確で，生活不安を招くリスクに対処する機能が強いので，国民に受
け入れられやすい。

　第 4 に，社会保険方式では，個々人に対して社会保障の費用をそれぞれの制
度別に負担させているため，被保険者の費用意識が比較的強い。一方，普通税
の場合は社会保障制度に直結しないため，費用意識は弱い。費用意識があるた
め，給付の引き上げが負担の引き上げにフィードバックし，給付の安易な引上
げに規律を加え，制度の効率性が高められる。

　それに対して，社会保険方式のデメリットとしては，次の 4 つがあげられ
る。

　第 1 に，賃金を賦課対象にする被用者保険の場合は，賦課ベースが狭いた
め，賦課上限が低い場合には，低所得者の負担が重くなるなど逆進的となるこ
とがあげられる。

　第 2 に，負担が現役世代に集中することがあげられる。これは最近の日本の
ように，急速に少子高齢化が進む場合には，現役世代の負担が過重になり，社
会保険の基礎をなす世代間連帯を弛緩させる原因ともなりかねない。

　第 3 に，被用者ではない者にとっては，定額の社会保険料は逆進的である
とがあげられる。たとえば，国民年金の場合は，非正規労働者のような低所得
者にとって，一律の定額保険料は逆進的となると考えられる。

　第 4 には，被用者ではない者に対する保険料徴収が事実上自主納付であるた
め，未納者が多く発生することなどがあげられる。そのため年金受給者に対し
ては，介護保険料や後期高齢者医療保険料などは年金から天引きする仕組みが

とられているが，そのために生活が苦しくなるといった問題もあげられる。

　こうしたなかで，2000年ごろまでに，社会保険方式に対してはデメリットよりメリットのほうが重視されていたように思われるが，超少子高齢化社会である今の社会経済状況を考える際に，財源の確保が社会保障制度における最重要課題のひとつと認識されている。そのため，最近では消費税の社会保障目的税化の議論が活発になっている。

第Ⅳ節　財源調達方式の選択基準

1．受益と負担の対応関係による選択基準

　社会保障の制度設計において，財源調達方式の選択にあたり，税方式と社会保険方式のメリットとデメリットの検討は必要である。しかし，それは個々の制度における理念と目的，それに対象者の個別事情と合わせて検討しなければならない。

　給付の目的，給付の内容，受益の性格などの違いによって，その給付の受給者に対しては，事前の負担を求めるかどうかという判断が異なってくる。

　一般的に，受給に対して負担をいかに対応させるかという観点から考えると，社会保障の諸制度は受益に対して負担を対応させないタイプと受益に対して負担を対応させるタイプの2つに分けることができる。前者には，給付の対象者を生活困窮者や低所得者に限定する選別主義的制度，たとえば生活保護，児童扶養手当などがこのタイプに属する。このタイプに属する制度は，生活困窮者の生存権を守り，所得が一定水準以下の母子家庭の児童の健全育成を図り，彼らの福祉の向上に資することを目的としている。また，この種の給付は事後的救済の性格が強い。さらに，給付対象者の事情を考えると，彼らに給付の対価である負担を求めることが不可能である。上記の理由から考えると，このタイプ（タイプ1）に属する社会保障制度に対して，受給の条件として負担を求める社会保険方式は適さず，保険料の拠出を受給の要件としない税方式の方が適している。

　後者に関しては，受給の条件として負担（保険料の事前拠出）を求めるが，他方では給付において負担に見合う格差の有無を認めるか否かによって，さら

に2種類（タイプ2，タイプ3）に分けることができる。受給に対して負担を
対応させるが，給付は負担に対してある程度の比例関係を認めるタイプ（タイ
プ2）には，被用者年金である厚生年金や共済年金が属している。つまり，こ
れらの制度において，社会的公平を保つため，または政策の効率性を高めるた
めに，負担と給付の両方に対して個別調整を可能にしたわけである。前述した
ように，この種の個別調整は税方式では実現できないが，社会保険方式では可
能である。したがって，このタイプに属する社会保障制度の財源調達方式は社
会保険方式が適している。

　さらに，受給に対して負担を対応させるが，負担面の差による給付面の格差
を認めない，または最小限にとどめるタイプ（タイプ3）も存在する。このタ
イプに該当する社会保障制度としては，基礎年金，医療保険，介護保険があげ
られる。これらの制度の場合には，給付は普遍主義に基づき，給付額（または
サービス内容）と受給者の負担額との対応関係は求めない。そのため，これら
の制度において，実は受給の要件として負担を求めるかどうかは重要ではな
い。むしろ，給付と負担に対する個別調整が必要ではないことが重要なポイン
トになる。したがって，このタイプに属する社会保障制度の財源調達方式は，
負担を求めることに重点が置かれた場合は社会保険方式を採用し，個別調整を
求めないことに重点が置かれた場合は税方式を採用する。または，両方式を合
わせて採用することも可能であろう。

2．財源政策の政策基準

　国民の日常生活に緊密な関係をもつ社会保障制度は，確かな財源がなくては
存続できない。持続可能な社会保障制度を目指すなら，上記のような受給と負
担の対応関係による選択基準に対して，正しい理解をしなければならない。そ
れとともに，財源政策の政策基準もきちんと理解する必要がある。

　一般的に，社会保障制度の財源政策に対して，3つの政策基準が重要だとい
われている。第1に，受益と負担の対応にかかわる公平性の基準である。繰り
返しになるが，負担の個別的調整による社会的公平性の確保という点において
は，税方式より社会保険方式のほうが優れている。第2は，社会保障制度の運
営にかかわる効率性の基準である。社会保障給付の充実を重視するならば，負

担の面においても現状より大幅な負担増が要求される。国民負担の上昇が社会経済に対して与える影響は大きい。社会保障制度の財源構成と財源調達方式の選択において，効率性の基準が重要である。第3は，制度の持続可能にかかわる収入の安定性の基準である。超高齢化社会において，ますます増える社会保障給付費をいかに調達できるかということは制度の存続にかかわる重要な課題である。

ディスカッションテーマ

- 日本も北欧のように，高福祉・高負担の社会に社会保障政策を転換するべきであるか？　あなたの考えを述べてください。
- 社会保障財源を確保するために，消費税をさらに引き上げなければならないか？　あなたの考えを述べてください。
- 社会保障サービスの供給は国より地方公共団体が担うべきであり，地方の自主財源を充実させるべきであるか？　あなたの考えを述べてください。

第12章

社会保険制度

到達目標

1　地域保険と職域保険の形成背景や，財源調達の方法および給付内容の違い
　　について理解することができる。

2　本章で説明する5つの社会保険について，保険者・被保険者・保険料負担
　　と保険給付などを含む基本的な仕組みを理解し，自ら説明することができ
　　る。

3　各保険制度の財源構成において，国や地方財政からの資金負担の現状を理
　　解することができる。

キーワード

職域保険，地域保険，年金保険，医療保険，介護保険，雇用保険，労災保険

第Ⅰ節　社会保険制度の体系

1．職域保険と地域保険

　働き方の違いによって社会保障・社会保険に対応する制度も異なる。社会保
障制度の歴史を振り返ってみると，最初期の社会保険制度は雇用労働者を保護
するためにつくられたものである。たとえば，ドイツにおいて1883年に疾病
保険法が制定され，病気になって賃金を得られなくなる労働者に対して無料の
治療と疾病手当を支給する疾病金庫が設置された。それは世界最初の社会保険
制度といわれている。また，日本においても，最初につくられた社会保険制度
は，1922年の健康保険法により制定された雇用労働者のための健康保険（1927
年から実施）である。その後，社会保険制度は経済成長に伴い，対象者の範囲

や給付内容を大きく拡大し，普遍的な制度となっている。

　日本の社会保険制度においては，年金保険制度と医療保険制度が大きなウェイトを占めているが，それら諸制度はしばしば職域保険と地域保険に分けられている。文字通り，職域保険は職についている者，すなわち雇用労働者（民間サラリーマン，公務員などの被用者）に適用するものであるが，地域保険は雇用労働者ではなく，自営業者や農家および無職などの者に適用するものである。ここで，医療保険制度を例にとり，簡潔に説明しておこう。医療保険制度における地域保険とは，自営業者や農家などの非雇用労働者が加入する国民健康保険である。それは同一地域内で形成される保険集団であり，地域のまとまりに着目している。職域保険とは，企業などに雇用されている労働者が加入する健康保険や共済組合のことである。それは，職業ごと，企業ごとに形成される保険集団であり，職業のまとまりに着目している。職域保険のなかに，さらに一般被用者保険としては大企業が作る組合管掌健康保険と中小企業の被用者（被扶養家族も含む）が加入する全国健康保険協会管掌健康保険（略称：協会けんぽ）がある。特定被用者保険としては，船員保険，国家公務員共済組合，地方公務員共済組合と私立学校教職員共済組合がある。なお，船員保険制度に関しては，2010（平成22）年1月より，2007（平成19）年の法改正が実施に移され，健康保険相当部分を全国健康保険協会が運営するようになった。つまり，協会けんぽと統合されることになった。

2．職域保険と地域保険の違い

　職域保険と地域保険との間には，加入に関する規定，財源調達の方法，給付水準のいずれにおいても大きな違いがある。また，保険料の算定方法，負担方法および支払い方法に関しても大きく異なっている。保険料の算定方法に関しては，職域保険では報酬額に所定の保険料率をかけて算出されるが，地域保険では所得に応じた定額負担である。負担方法に関しては，職域保険では労働者と雇用者側の労使折半の負担方法となっており，保険料には被扶養家族の分も計上される家族単位となっているが，地域保険では被保険者個人が負担する個人単位となっている。さらに，支払い方法に関しては，職域保険では給料から天引きされるが，地域保険では保険者である市町村に自分で支払うようになっ

ている。実際は，保険料を口座自動引き落としで支払いを利用している被保険
者が多い。財源調達に関しても異なっている。職域保険では労使共同拠出する
保険料が主要な財源となっているが，地域保険においては国や地方財政からの
公費負担の割合が大きい。たとえば，国民年金の財源の 50％が国庫負担となっ
ており，国民健康保険にも 50％の公費（国庫負担と都道府県の財政負担）が
計上されている。

　続く第Ⅱ節から第Ⅴ節においては，年金保険制度，医療保険制度，介護保険
制度と労働保険（労災保険と雇用保険）制度を説明していく。

第Ⅱ節　年金保険制度

　一般的に言えば，労働者は加齢により，労働能力が逓減していく。特に雇用
労働者の場合は，定年制度があるため，労働市場から退出しなければならな
い。自らの労働力が労働市場において商品として提供することができなくなる
と，労働力の提供の代わりに受け取れる生活資金（賃金）ももらえなくなる。
生活資金がもらえなくなると，生活の維持に支障を生じかねない。このよう
に，雇用労働者が高齢により労働市場から引退してからの生活を守るために，
どうすればよいかという問題が生ずる。それを解決するために公的年金制度が
用意されたのである。日本の場合は，雇用労働者の老後生活を守るために，ま
ずは厚生年金保険制度や共済年金制度（職域保険）が創設されたが，1961（昭
和 36）年に自営業者，農家と無職の者を対象とする国民年金保険制度（地域
保険）が実施されることによって皆年金体制が確立された。

1．年金保険制度の仕組み

(1)　2 階建ての公的年金保険制度

　日本の公的年金制度はしばしば 3 階建ての建物にたとえられるが，実は，3
階部分は大企業などにある企業年金と国民年金基金などである。それらの年金
制度は強制加入ではなく，公的年金制度とは言いがたい。本節においては，2
階部分までの公的年金保険制度を中心に説明していく。

　公的年金制度には，国民年金，厚生年金，共済年金があるが，共済年金は

図表12-1　公的年金保険制度の構造

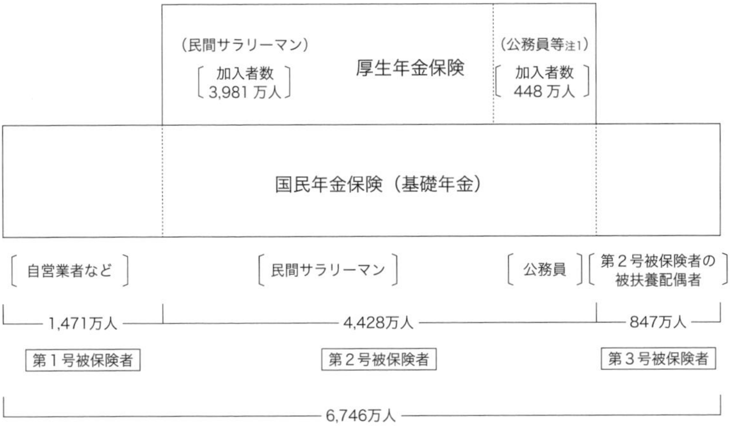

（民間サラリーマン）	厚生年金保険	（公務員等注1）
加入者数 3,981万人		加入者数 448万人

国民年金保険（基礎年金）

自営業者など	民間サラリーマン	公務員	第2号被保険者の被扶養配偶者
1,471万人	4,428万人		847万人
第1号被保険者	第2号被保険者		第3号被保険者

6,746万人

注：1．被用者年金制度の一元化に伴い，2015（平成27）年10月より公務員や私学教
　　　職員も厚生年金に加入することになった。
　　2．数値は2019（平成31）年3月末時点のものである。
出所：厚生労働省資料より筆者作成。

「被用者年金一元法」の施行によって2015（平成27）年10月より厚生年金に
統一された。図表12-1に示しているように，1階部分は国民年金＝基礎年金
であるが，日本に居住する20歳から60歳未満の人は必ずこの部分に加入しな
ければならない。2階部分は雇用労働者とその被扶養配偶者を適用対象者とす
る厚生年金と共済年金である。この2階部分の厚生年金と共済年金に関して
は，1階部分と2階部分を通して成り立つ制度である。つまり，厚生年金や共
済年金に加入している者は同時に国民年金にも加入している。

⑵　年金保険制度の保険者と被保険者

　公的年金制度は，保険者が年金制度の種類によって異なっている。具体的に
は，国民年金と厚生年金の場合は国＝政府が保険者となっている。共済年金の
場合は各種共済組合が保険者であるが，統合後は国が保険者となった。国民年
金と厚生年金に関する実務手続きなどは，2010年1月より旧社会保険庁の代
わりに発足した日本年金機構が担当するようになった。なお，従来の共済年金
は統合された後も事務処理などは引き続き各共済組合が行っている。

　国民年金の被保険者は職業などによって3種類に分かれている。学生，自営業者および農家などは第1号被保険者と呼ばれている。民間サラリーマンや公務員など厚生年金・共済年金に加入している者は第2号被保険者と呼ばれている。さらに，第2号被保険者に扶養されている配偶者は第3号被保険者と呼ばれている。それぞれの加入手続きや保険料の納付方法は異なる。

　厚生年金と従来の共済年金の被保険者について見てみよう。一般の民間サラリーマンは厚生年金に加入するが，公務員や私立学校教職員等は共済年金に加入する。国家公務員の場合は国家公務員共済，地方公務員の場合は地方公務員共済，そして私立学校教職員は私立学校教職員共済にそれぞれ加入する。従来の共済年金は厚生年金保険に統合されてから，第2号被保険者が以下の4つの被保険者区分になった。すなわち，民間サラリーマンが第1号厚生年金被保険者，国家公務員等が第2号厚生年金被保険者，地方公務員等が第3号厚生年金被保険者，私立学校教職員共済制度の加入者が第4号厚生年金被保険者となっている。

　ところが，パートタイマーやフリーターなどで労働時間が正規雇用労働者の3/4未満（週間労働時間が30時間未満）の人に対しては，厚生年金制度は適用されていなかったが，2017（平成29）年4月以降，週間労働時間が20時間以上で，雇用期間が1年以上見込まれる短時間労働者も厚生年金制度が適用されるようになった。派遣労働者の場合は，厚生年金制度の適用対象者であるが，加入に関しては実際に勤務している会社ではなく，派遣元の会社に加入義務がある。

2．年金保険制度の保険料負担と保険給付

⑴　年金保険制度の保険料

　公的年金の保険料は被保険者の加入する制度によって負担方法が異なっている。第1号被保険者の場合は，保険料免除等を受けている人を除いて，すべての被保険者は同額の保険料を納めるようになっている。2020（令和2）年度の保険料額は毎月1万6,540円となっている。この額は2004（平成16）年の改正により毎年引き上げられ，最終的に2017年度以降月額1万6,900円（2004年度価格）で固定されると定められている。2019年4月から産前産後期間の

保険料免除制度が施行されることにより，同年度分から保険料月額が100円引き上げられ，1万7,000円になった。ただし，毎年度の実際の保険料額は，物価や賃金の変動に合わせて調整されるために，改正で決まった保険料額に保険料改定率をかけて算出されている。保険料改定率は前年度保険料改定率×名目賃金変動率（物価変動率×実質賃金変動率）となっている。なお，第2号被保険者の被扶養配偶者と認定された第3号被保険者は自ら保険料を納める必要はない。その分は第2号被保険者の加入する年金保険制度が負担する形になっている。第3号被保険者の認定基準とは年間収入が130万円未満である。

　また，一定所得基準以下の20歳以上の学生であれば，申請により在学期間中において保険料納付が猶予される「学生納付特例制度」を利用することができる。申請は一度ではなく毎年度ごとに必要となる。猶予される期間中の保険料は社会人になってから保険料を追納することができる。

　厚生年金や共済年金の場合は標準報酬月額および賞与に所定の保険料率をかけて算定され，原則被保険者本人と保険者の折半負担となっている。厚生年金の保険料率も2004（平成16）年の改正により，毎年0.354％ずつ引き上げられ，2017年10月以降18.3％で固定された。厚生年金や共済年金の場合も，保険料に上限が設けられている。それは，標準報酬月額に関しては第35等級（65万円：月収63.5万以上の上限額），賞与に関しては1回に150万円となっている。

⑵　年金保険制度の保険給付

　年金給付に関しては，退職後の所得保障だと思われがちだが，実際は年金には老齢年金，障害年金と遺族年金の3種類がある。名称からわかるように，障害年金とは生計維持者が病気などによって障害が残り，仕事ができなくなった場合に支給される年金（障害基礎年金・障害厚生年金・障害手当金）のことであり，遺族年金とは生計維持者が死亡した場合に，その遺族に対して支給する年金（遺族基礎年金や遺族厚生年金）のことである。ここでは，年金給付の中心となっている老齢年金について見てみよう。

　高齢になった後の所得保障である老齢年金には，老齢基礎年金（定額給付）と老齢厚生年金（定率給付）がある。国民年金の被保険者であれば次の条件を

満たせば，誰でも老齢基礎年金を受給することができる。すなわち，その条件とは資格期間と支給開始年齢のことである。資格期間とは保険料の納付済期間が 10 年以上（2017 年 8 月より施行，それまでは 25 年以上）ということである。支給開始年齢とは 65 歳になってから国民年金を受け取ることができるということである。資格期間には，保険料の納付済期間のほかに，保険料免除期間（学生など収入が少ないことを理由に申請免除した期間や，生活保護受給者など法定免除の期間）や合算対象期間（会社員の妻で 1986（昭和 61）年 3 月以前に任意加入だったため加入しなかった期間など）も加算できる。老齢基礎年金額は次の式によって算定される。

$$老齢基礎年金額 ＝ 老齢基礎年金額 × 保険料納付済月数 ÷ 480 カ月$$

　上記の式からもわかるように，満額老齢基礎年金を受け取るためには，40 年間の保険料納付済みの期間が必要である。ちなみに，学生納付特例制度を利用する学生は，社会人になってから保険料を追納しなければ，上記式中の保険料納付済み月数が減ることによって老齢基礎年金の年金額が減ってしまう可能性がある。

　老齢基礎年金額は随時見直されるが，2020 年度は 781,700 円（満額）となっている。毎年度年金額が改定されるので，厚生労働省などのホームページで確認することができる。

　老齢基礎年金の支給開始年齢は原則 65 歳であるが，支給開始年齢を繰り上げたり（前倒しさせたり），繰り下げたり（遅らせたり）することができる。支給開始の繰り上げや繰り下げは最長 5 年間である。すなわち，繰り上げ支給の場合は 60 歳まで繰り上げられ，繰り下げ支給の場合は 70 歳まで繰り下げられるということである。繰り上げの場合は，1 カ月繰り上げるごとに年金額が 0.5％カットすることになる。逆に繰り下げの場合は，1 カ月繰り下げることに年金額が 0.7％アップすることになる。年金額は一度減少したり，増えたりした場合は，生涯その額のままで受け取ることになる。

　雇用労働者には老齢基礎年金のほかに老齢厚生年金も支給される。老齢厚生年金を受け取る条件は 3 つある。つまり，①老齢基礎年金の資格期間を満たすこと，②厚生年金保険に加入していたこと，③65 歳になったことである。老

齢厚生年金の支給開始年齢は，2000 年の法改正によって段階的に 60 歳から 65 歳に引き上げることになった。完全に 65 歳から支給されるのは，男性が 2025 年度，女性が 2030 年度からとなっている。

　老齢基礎年金の場合は，定額負担・定額給付という方式をとっているが，老齢厚生年金の場合，老齢厚生年金の金額は現役時代の所得と保険料納付済期間（被保険者期間）に比例する。つまり，現役時代の所得が高く，保険料の納付済期間が長い人ほど高い老齢厚生年金を受け取れる。具体的な金額は老齢基礎年金額ほど簡単に計算できない。なぜなら，被保険者本人のこれまでの支払った保険料の詳細を把握する必要があるからである。

　なお，国民年金（基礎年金）の年金総額の半分は国庫負担となっているのに対して，厚生年金の財源はすべて被保険者と事業主の支払う保険料でまかなっている。地域保険と職域保険の性格をもつそれぞれの年金制度に対する財政の支援方法が異なることが特徴である。次に紹介する医療保険制度にも同様の特徴が見られる。

第Ⅲ節　医療保険制度

1．医療保険制度の仕組み

　皆年金体制と同時に確立された皆保険体制は，すべての国民に何らかの公的医療保険制度に加入する権利を与えた。今日の公的医療保険制度は，図表 12-2 に示しているように複数の制度によって構成されている。国民は働き方の違いによって，異なる公的医療保険制度に加入している。地域保険の性格を持つ国民健康保険制度は非雇用労働者である自営業者や農家などの者を適用対象者としている。一方，雇用労働者およびその被扶養家族らは職域保険の性格を持つ健康保険，船員保険（2010 年 1 月より全国健康保険協会が運営することになった）と共済保険に加入している。2008 年 4 月 1 日から，これまでに国民健康保険制度や老人保健制度に加入していた 75 歳以上の高齢者は，新たに作られた独立の医療制度である後期高齢者医療制度に加入するようになっている。

図表 12-2　公的医療保険制度の種類

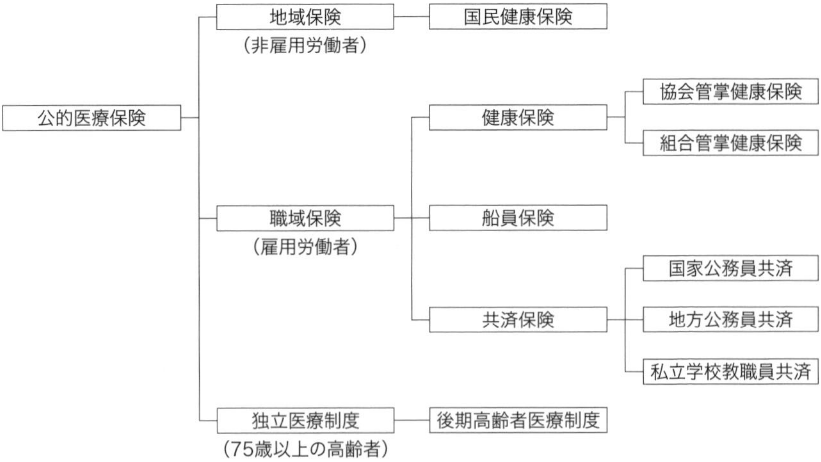

注：船員保険は制度改正に伴い 2010 年 1 月より，職務外疾病部門（健康保険相当部分）が健康保
　　険制度のなかの協会管掌健康保険（協会けんぽ）と統合された。
出所：厚生労働省資料より筆者作成。

2．医療保険制度の保険者と被保険者

　国民健康保険の保険者は市区町村や国保組合であるが，2018（平成 30）年
度以降，都道府県は管轄内の市町村とともに国民健康保険制度の運営を担うよ
うになった。被保険者に関して，より詳細に説明すると，職域保険である健康
保険・船員保険・共済保険などに加入している者や，生活保護を受けている者
を除き，自営業者，農業・漁業に従事している者，無職の者および 3 カ月以上
の在留資格と住居を有する外国人などが国民健康保険の被保険者になる。

　健康保険は，さらに全国健康保険協会管掌健康保険（協会けんぽ）と健康組
合管掌健康保険（組合健保）がある。前者は，2008 年 9 月末日まで旧社会保
険庁が運営する政府管掌健康保険制度だったが，同年 10 月から新設された全
国健康保険協会が運営する協会けんぽに変わった。名称の通り，協会けんぽの
保険者は全国健康保険協会であるが，被保険者は，主に中小企業に勤めている
雇用労働者と被扶養家族である。後者の組合健保の保険者は企業ごとや産業ご
とに組織された各健康保険組合である。被保険者は主に大企業に勤めている雇
用労働者と被扶養家族である。また，共済保険に関しては，国家公務員共済・

地方公務員共済・私立学校教職員共済の保険者は国や地方自治体と私立学校共済事業団となるが，被保険者は，それぞれ国家公務員と地方公務員および私立学校の教職員と被扶養家族である。被扶養家族の認定基準は，年収130万円未満（60歳以上の者と障害者の場合は180万円未満）で，被保険者本人の年収の半分未満であるということである。

　なお，75歳以上の高齢者を被保険者とする後期高齢者医療制度の保険者は各都道府県に設置された後期高齢者医療広域連合（広域連合と略す）である。

3．医療保険制度の保険料

　公的年金保険制度と同様に，地域保険である国民健康保険と職域保険である健康保険や共済保険の保険料徴収方法は異なる。国民健康保険に関しては，保険料は被保険者の収入などの実情に従って定められ，定額になる。また，保険料額は市町村によって異なっている。保険料の情報については各市町村のホームページにて確認することができる。

　健康保険や共済組合の場合は，保険料は被保険者の標準報酬月額に所定の保険料率を乗じて算定され，原則被保険者本人と保険者の折半負担となっている。健康保険の保険料は毎月の給料および賞与から天引きされる。

　所定保険料率に関しては，同じ健康保険であっても，協会けんぽと組合健保とでは異なる。組合健保の場合は，保険料率は各健康保険組合によって異なっており，3％から9.5％（被保険者本人負担は4.5％以下）までと変動幅が大きい。協会けんぽの場合は地域ごとに保険料率にバラつきが出ているが，2020年度の平均が10％程度である。なお，健康保険に関しても，保険料に上限が設けられている。それは標準報酬月額の場合は第50等級の139万円（月収135.5万円以上），賞与額の場合は，年間累計額573万円が上限となっている（いずれ2020年度末現在の基準）。

4．医療保険制度の保険給付

　医療保険給付の中心は現物給付である。つまり，被保険者が医療機関で外来診療を受けたり，入院治療を受けたり，あるいは保険薬局で薬を調剤してもらったりするときに受ける医療サービスのことである。現在，健康保険をはじ

め，すべての公的医療保険においては，保険給付は義務教育就学後から 70 歳未満の被保険者に対して，医療サービスを受けるときに 7 割の療養給付を負担するようになっている。つまり，通常かかった医療費のうち，3 割が自己負担（窓口負担）であり，残りは保険から支払われている。義務教育就学前の児童に対しては，療養給付が 8 割となるが，子育て世帯の経済的負担を軽減するために，都道府県と市町村は残りの 2 割の医療費を援助する乳幼児医療費助成制度がある。70 歳から 75 歳未満の者に対しても 8 割給付（現役並の所得がある者は 7 割給付）を行っている。なお，75 歳以上の者に対しては，9 割給付（現役並み所得者は 7 割給付）を行っている。

　健康保険や共済保険の現物給付のほかに，傷病手当金，出産手当金，出産育児一時金，葬祭費などの現金給付もある。

　なお，公的医療保険制度の財源は被保険者と事業主が支払う保険料（約 6 割）と国や都道府県の公費（約 4 割）などから構成されているが，それぞれの医療保険制度における公費負担の割合が異なる。地域保険に属する国民健康保険制度と後期高齢者医療制度の場合は，50％の財源を公費で賄っているが，前者では国が 41％，都道府県が 9％を負担しているに対して，後者では国が 1/3，都道府県が 1/12，市町村が 1/12 を負担している。職域保険に属する健康保険の場合は公費負担が少ない。協会けんぽの場合は，国がすべての費用の16.4％を負担するが，組合健保の場合はすべて保険料でまかなう。

5．高額療養費制度

　2007 年に公開されたアメリカの医療問題をテーマとしたドキュメンタリー映画『シッコ』（マイケル・ムーア監督）は，医療費が高すぎるため受けられるべき治療が受けられず命を落したり，家も財産も失ってしまったりするアメリカ人の存在を紹介している。日本ではほとんどこのようなことは聞かない。なぜだろうか。それは，日本では患者に対して医療費の自己負担が過重なものにならないように，医療機関や薬局でかかった医療費の自己負担が一定額を超えた場合に，その超えた金額を医療保険から支給する高額療養費制度が用意されているからである。1973（昭和 48）年に創設された高額療養費制度では，年齢や所得に応じて，ひと月で患者本人の支払う医療費に上限が定められてお

り，また利用回数や世帯所得などの条件により，さらに負担が軽減される仕組みが設けられている。負担の上限額の決め方は少し複雑であるが，加入している医療保険制度の保険者や厚生労働省のホームページにて確認することができる。

　負担の上限額に関しては，70歳未満で，年収約370万から約770万円の者に対して以下の計算方法が適用される。

$$負担の上限額 = 80,100 円 + (医療費 - 267,000 円) \times 1\%$$

　たとえば，50歳で年収700万円の患者はひと月に1つの医療機関で126万7,000円の医療費がかかった場合は，その患者の自己負担上限額が80,100円 + (1,267,000 円 − 267,000 円)×1％ = 90,100円になる。

　なお，生活保護制度の被保護者の場合は，上記の医療保険と異なる仕組みで医療給付が行われている。つまり，被保護者の医療保障は公費でまかなう医療扶助が行うことになっている。被保護者本人の負担を必要としない。

第Ⅳ節　介護保険制度

1．介護保険制度の保険者と被保険者

　1997（平成9）年の「介護保険法」に基づき，介護保険制度は2000（平成12）年から第5の社会保険制度として実施された。介護保険制度が創設される以前は，日本においては高齢者の介護は主に家族によって担われていた。しかし，急激な高齢化社会の形成，核家族化の加速および共働きや女性の社会進出の増加（労働形態の多様化）によって，家族介護の限界がますます明らかになり，介護サービスを社会保険方式にしたわけである。

⑴　介護保険制度の保険者

　介護保険はこれまで述べてきた公的医療保険や公的年金保険と違い，地域保険と職域保険の分類はなく，保険者は住民に一番近い行政機関である市町村である。

⑵　介護保険制度の被保険者

　40 歳以上の日本に住居を有するすべての人は原則的に介護保険制度の被保険者になる。被保険者は第 1 号被保険者と第 2 号被保険者に分かれる。第 1 号被保険者は 65 歳以上の者で，第 2 号被保険者は 40 歳以上 65 歳未満の公的医療保険に加入している者である。

２．保険料負担と給付の種類

⑴　介護保険制度の保険料

　保険料に関しては，被保険者の分類によって異なる。まず，第 1 号被保険者の場合は所得に応じて段階別の定額保険料を徴収する。徴収方法としては，一定額以上の年金を受給している者は年金から天引きされるが，それ以外の者は自ら市町村に支払う。第 2 号被保険者の場合は，各医療保険を通して保険料を支払う。自営業者など国民健康保険の加入者の保険料は居住地の市町村の算定方式により計算され，医療分保険料や後期高齢者支援金分保険料と合わせて市町村に支払う。

　民間サラリーマンや公務員など健康保険や各共済組合に加入している者は，標準報酬月額に所定の保険料率をかけて算定され，労使折半の形で給料から天引きされる。健康保険に加入している者の保険料率は協会管掌健保と組合管掌健保とで異なる。組合管掌健保の場合は，保険料の負担率が各組合独自のものとなっており，負担額が異なっている。なお，介護保険の保険料率は 3 年ごとに見直されるようになっている。保険料率の情報については，厚生労働省や協会健保，および組合健保などのホームページで確認することができる。

⑵　介護保険制度の保険給付

　被保険者は保険給付を受ける際に，要介護認定を受けなければならない。ただし，要介護認定の申請理由に関しては，第 1 号被保険者と第 2 号被保険者は異なる。第 2 号被保険者に対しては，脳血管疾患や初老期の認知症などの原因（所定の特定疾病）に限定されている。第 1 号被保険者は介護保険の給付（介護サービス）を受けるために，市町村の要介護認定を受けなければならない。要支援（1～2）または要介護（1～5）と認定された場合，それぞれの等級に応

じて決められた利用限度額内のサービスを受けることができる。たとえば，2020年4月現在，要介護5と認定された者の1カ月あたりの利用限度額は36万650円となっているが，利用者はこの限度額の1割を自分で負担し，残りの9割が介護保険から支給される。利用限度額を超えた分に関しては全額自己負担となる。なお，第2号被保険者は脳血管疾患や若年期の認知症など加齢に伴う特定の16種類の病気が原因の場合に限って，介護給付を受けることができる。保険給付には，施設サービス，居宅サービス，居宅介護サービス，予防支援サービスなどがある。

3．介護保険制度の財政運営

　介護保険制度にある要介護認定という仕組みのもとで，要支援と要介護の被保険者数がわかる。それぞれの要支援者と要介護者に対して，サービスの利用限度額が決められているため，1年間の介護給付にかかる費用をほぼ確定することができる。図表12-3に示されているように，基本的に介護サービスにかかる総費用の1割が介護サービスを受ける被保険者の自己負担でまかなわれる

図表 12-3　介護保険の財源構成

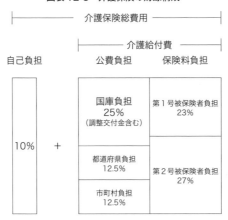

注：自己負担以外の財源は介護給付費という。その負担割合は居宅と施設等によって異なるが，図に表しているのは居宅の場合である。
出所：筆者作成。

が，残りの 9 割（介護給付費）は保険料と公費で半分ずつ負担する。介護給付費のうち，保険料負担の部分のなかで，第 1 号被保険者と第 2 号被保険者の負担割合はそれぞれ 23％と 27％である（第 7 期：2018～2020 年度）。この割合は全国の第 1 号被保険者数と第 2 号被保険者数の割合によって決められるので，3 年に一度調整される。公費負担の内訳は，国庫負担が 50％，都道府県と市町村はそれぞれ 25％となっている。

第 V 節　労働保険制度

1．労災保険制度

　5 つの社会保険制度のなかで，仕事そのものとの関係が深いものは 2 つある。労働保険制度とも呼ばれる労災保険と雇用保険である。両者は，いずれも業務上の理由によって，労働力として労働市場において，一時的か長期的に排除されるというリスクに対応するものである。この項目ではまず労災保険について考察する。

　農業社会と比べて，産業社会では，機械化・工業化によって仕事場での労働災害の可能性が高くなった。仕事が原因で労働者は病気やけがになり，障害を負い，場合によって死亡してしまうことは，労働者およびその家族にとって大変大きなリスクのひとつである。そのようなリスクに遭った場合に，当該労働者や遺族に対して必要な医療サービスの提供および所得の補償を行うのが労働者災害補償保険（略称：労災保険）という制度である。労働者災害補償保険制度の「補償」は社会保障制度の「保障」とは違って，リスクによって発生する損害を補うという意味合いが強い。

⑴　労災保険制度の保険者

　労働基準法第 8 章「災害補償」の第 75 条には，「労働者が業務上負傷し，または疾病にかかった場合においては，使用者は，その費用で必要な療養を行い，または必要な療養の費用を負担しなければならない」と明確に規定されている。この規定に従えば，労働災害に対する責任は個別の事業主にあると解釈することができる。しかし，すべての責任を個別の事業主に負わせるならば，

大きな事故の場合には該当会社がそれによって倒産してしまうかもしれない。また事業主に支払い能力がなければ，被災労働者の権益は損なわれる。このような実情を考慮し，労災保険は個別事業主の災害補償責任を公的に運用する社会保険の仕組みにした。そのため，労災保険の保険者は国＝政府となっている。しかし，被災労働者に関わる労働災害の認定や労災保険の給付などの実際の業務は，事業所の所在地を管轄する労働基準監督署が行うことになる。

(2)　労災保険制度の被保険者

　労災保険への加入に関しては，原則適用事業所に勤めている雇用労働者は全員が労災保険に加入しなければならないと定められている。すなわち強制的に加入させるという仕組みである。雇用労働者には常勤の正規労働者とパートタイム労働者のような非正規労働者がいる。労災保険の場合は，パートタイム労働者（アルバイトも含む）も加入対象者になる。ただし，国家公務員や地方公務員などに対しては，もし業務上の災害に遭った場合は労災保険ではなく，それぞれ国家公務員災害補償法，地方公務員災害補償法で対応される。また，農林水産業のなかで，労働者が5人未満の小規模な事業所の場合は，希望に応じて加入することが認められる。さらに，雇用労働者とは言いがたい中小企業のオーナー社長や，大工，個人タクシーの運転手など個人で仕事をしている者も，申請すれば特別に加入することができる。なお，船員の業務上の災害については，以前は船員保険法で適用されてきたが，2010年1月より労災保険の対象となった。

(3)　労災保険制度の保険料

　労災保険では，本来追及されるはずの個別事業主の災害補償責任が保険化されたが，事業主の災害補償責任の追及という観点から，保険料に関しては雇用労働者本人はまったく負担せず，すべては事業主が負担するようになっている。また，雇用労働者は療養補償給付を受ける際にも一切負担はしない。これらの措置はほかの社会保険に見られない労災保険制度の特徴である。

　労災保険料率は事業の種類によって異なる。それは事業の種類によって労働災害の発生率と危険度が異なるからである。金属鉱業，非金属鉱業等の場合

は，保険料率が一番高く（2020年度では8.8％），通信業，金融業等の場合は，保険料率が一番低い（2020年度では0.25％）。なお，労災保険の保険料率は法改正により変更されることがある。業種別の具体的な保険料率については，厚生労働省のホームページで確認することができる。

　労災保険においては，事業主の労災防止に対する認識や努力を促進するために，メリット制を設けている。つまり，同業種のなかで，一定規模以上の事業所については，過去3年間の事故発生の実態に基づき，翌年度からの労災保険料率が一定範囲内で増減されるというものである。労働災害の減少は，労働者の健康確保に大きく貢献するだけではなく，企業の社会的地位の向上や生産コストの削減にもつながる。

⑷　労災保険制度の保険給付

　労災保険の給付には，療養補償給付，休業補償給付，傷病補償年金，障害補償給付，遺族補償給付などがある。ここでは主要な給付である療養補償給付について簡潔に説明しておこう。

　業務上の病気やけがにより療養が必要となる場合は，労災保険から療養補償給付が支給される。給付の対象となるのは，治療費，入院費用，看護料，移送費など通常療養のために必要なものである。この療養補償給付には現物給付の性格をもつ「療養の給付」と現金給付の性格をもつ「療養の費用の支給」という2種類がある。療養の給付とは労災指定医療機関において無料で診療を受けられることをいう。一方，特定の事情により労災指定医療機関での診療が受けられない場合は，療養の費用の支給という制度を利用することができる。具体的には，償還払いの方法で，いったん医療費用を立て替えで支払い，その後労働基準監督署に請求して払い戻してもらう。

　労災保険の給付にかかるすべての費用は保険料のみで負担されている。

⑸　通勤中の災害について

　1947（昭和22）年に労働基準法と一緒に制度化された労災保険は，その後，数度の改正を重ね，通勤途上の災害についても給付を行うようになり，給付の種類や水準も拡大されてきた。

　労働者は通勤中のけがなどについても業務上と同様の給付を受けることができる。ここで，通勤の概念を把握しておこう。通勤とは「労働者が就業に関して，住居と就業場所との間を合理的な経路および方法により往復すること」と定義されている。そのため，たとえば仕事の帰りに居酒屋などに寄ったり，通勤前にフィットネスクラブに通うなど，労働者が当該経路を逸脱したり，中断したりした場合は，通勤に含まれない。

⑥　過労死問題について

　1980年代半ばごろから，過労死が社会問題としてますます注目されている。過労死とはサービス残業を含む長時間労働や激務を強いられた結果，労働者が脳血管障害や心臓疾患等の健康障害を起こして死亡することである。また，激務によって重度のうつ病やストレスを原因とする過労自殺も存在する。過労死問題が指摘され始めた1980年代当初では，過労死の労災認定が大変難しかったが，最近は労災認定の割合が3～4割程度になってきた。過労死の労災認定率が低いという背景には，境界線が難しいという問題のほかに，業務に起因するものであることを証明するために，企業の協力がなかなか得られないからだともいわれている。

２．雇用保険制度

　2017年，日本の完全失業率は22年ぶりに3％台を下回ったが，2000年代初頭では5％台の半ばで推移していた。1990年代後半から，退職勧奨や配置転換などのリストラや準リストラが増えてきた今の日本では，もはや解雇や失業は他人事ではなくなっている。このような状況のなかで，雇用労働者（または雇用労働者になる学生の皆さん）は失業保険（正式名称＝雇用保険）の基本知識を身につけるべきであろう。

　失業者のなかには，会社が倒産することによって失業する人（非自発的失業者）もいれば，働いている職場がどうしても合わないという理由で離職する人（自発的失業者）もいる。雇用保険制度はどのような離職者に対しても適用される。

(1) 雇用保険制度の保険者

　雇用保険の保険者は国＝政府である。具体的な業務は，たとえば失業の認定，雇用保険の給付手続きと仕事の紹介など，居住地を所管する公共職業安定所（ハローワーク）が担当する。雇用労働者は職を失い，給付を受けたい場合は必ず居住地を所管する公共職業安定所に行き，求職の申込みなどの所定の手続きをしなければならない。

(2) 雇用保険制度の被保険者

　雇用保険の被保険者には，一般被保険者，高年齢継続被保険者，短期雇用特例被保険者と日雇労働被保険者の 4 タイプがある。ここでは，一般被保険者について説明しておこう。適用事業所で働いている 65 歳未満の正規労働者（一般被保険者）であれば，皆が雇用保険に加入しなければならない。パートタイム労働者に関しては，所定労働時間が週 20 時間以上で，かつ連続 31 日以上の雇用が見込まれる場合は，一般被保険者として雇用保険に加入することができる。なお，2017 年 1 月から，65 歳以上で新たに雇用された人も雇用保険が適用される。

(3) 雇用保険制度の保険料

　雇用保険の保険料は通勤手当や賞与も含めた賃金総額に所定の保険料率をかけて算出されるが，労災保険と異なり，労使共同で負担する仕組みとなっている。しかし，事業主と被保険者本人が負担する保険料率は異なる。求職者給付（失業給付）に充てる部分に関しては事業主と本人が折半で負担するが，雇用安定と能力開発などの事業に充てる部分は事業主のみが負担する。たとえば，2020（令和 2）年度の一般事業の雇用保険料率は 0.9％であった。そのうち事業主負担が 0.6％，本人負担が 0.3％であった。事業主負担の 0.6％のうち 0.3％は求職者給付の原資となるが，0.3％は雇用安定と能力開発事業に充てる部分である。雇用保険の保険料率も経済情勢の変動に応じて，法改正により変更されることがある。保険料率に関しては，厚生労働省のホームページで確認することができる。

⑷　雇用保険制度の保険給付

　雇用保険の給付（求職者給付）を受けるためには，まず原則として離職日前の2年間に12カ月以上の被保険者期間を有することが必要である。ただし，会社の都合によって失業した場合は，失業した日より前の1年間に，被保険者期間が合計で6カ月以上あれば，給付が受けられる。

　給付を受けるための手続きの流れは以下の通りである。離職した後，まずは公共職業安定所に行き，離職票の提出と求職申込みをして，受給資格の認定を受ける。この手続きを済ませない限り，保険給付を受けられない。離職票を提出した日から，「失業している状態」が通算7日間（待期期間）経過してから初めて保険給付の支給対象と認められる。離職票を提出した日から28日ごとに失業認定日があり，その日に失業給付が支給される。ただし，初回の失業給付金は待期期間の7日を差し引いた21日分が支給される。

　現金給付が中心となっている保険給付には求職者給付，就職促進給付，教育訓練給付，雇用継続給付などがある。そのなかで，求職者給付は主要なものであり，その中心が基本手当である。基本手当は基本手当日額に所定給付日数を乗じて算定する。基本手当日額は，退職前180日間の1日あたり平均賃金の

図表12-4　基本手当日額の算出（2020年8月1日より）

賃金日額（退職前180日間の1日あたり賃金平均額）		給付率
離職時年齢が 30歳未満	2,574円以上5,030円未満	80%
	5,030円以上12,390円未満	80〜50%
	12,390円以上13,700円未満	50%
	13,700円以上	基本手当日額上限額6,850円
離職時年齢が 30歳以上45歳未満	2,574円以上5,030円未満	80%
	5,030円以上12,390円未満	80〜50%
	12,390円以上15,210円未満	50%
	15,210円以上	基本手当日額上限額7,605円
離職時年齢が 45歳以上60歳未満	2,574円以上5,030円未満	80%
	5,030円以上12,390円未満	80〜50%
	12,390円以上16,740円未満	50%
	16,740円以上	基本手当日額上限額8,370円
離職時年齢が 60歳以上65歳未満	2,574円以上5,030円未満	80%
	5,030円以上11,140円未満	80〜50%
	11,140円以上15,970円未満	50%
	15,970円以上	基本手当日額上限額7,186円

出所：厚生労働省資料より筆者作成。

80～50％（給付率）の範囲で決定される。平均賃金の算出に当たっては賞与や報奨金は除外されるが，残業代や通勤交通費などの手当は含まれる。基本手当日額は年齢や賃金に応じて分類され，賃金が高い人ほど給付率が低くなるほか，上限額も決まっている。詳細については図表12-4を参照されたい。

　所定給付日数に関しては，離職の理由，離職者の年齢および被保険者期間によって90日から330日（障害者等の就職困難者の場合は360日）の間で決められる。基本的に，一般離職者より，倒産・解雇等による離職者の方が給付日数は長い。また，倒産・解雇等による離職者より障害者等の就職困難者の方が給付日数は長い。さらに，年齢が高い人ほど，または被保険者期間が長い人ほど給付日数が長い。給付日数の詳細については，図表12-5を参照されたい。

図表12-5　基本手当の給付日数

区分	被保険者であった期間				
	1年未満	1年以上 5年未満	5年以上 10年未満	10年以上 20年未満	20年以上
30歳未満	90日	90日	120日	180日	―
30歳以上35歳未満			180日	210日	240日
35歳以上45歳未満				240日	270日
45歳以上60歳未満		180日	240日	270日	330日
60歳以上65歳未満		150日	180日	210日	240日

注：本表は倒産・解雇・雇止め等による離職者に対する給付日数である。
出所：厚生労働省資料より筆者作成。

　基本手当日額や給付日数は法改正により変更されることがある。それらの情報ついては，厚生労働省のホームページで確認することができる。
　なお，雇用保険（失業給付の部分）の財源は保険料が3/4，国庫負担が1/4で構成されている。

ディスカッションテーマ

- 20歳になったあなたは国民年金保険に加入しているか。年金保険料について「学生納付特例制度」を利用しているのか。利用した場合のメリットとデメリットを調べてください。
- 年金保険制度において，第1号・第2号・第3号被保険者の保険料負担の方法

は異なるが，自ら保険料を納付する必要のない第3号被保険者に対して批判の声がある。それについて調べたうえで意見を述べてください。

● 日本の医療費は高いと思うか。重い病気になってしまう場合は治療費が高くて家財を売るほど生活できなくなるような不安があるか。その理由を説明してください。

● 金持ちの高齢者も介護サービスを受ける際にその費用の1割しか負担しないことに対してどう思うか。日本の医療福祉システムにおいて公平性と効率性のバランスは取れていると思うか。

第13章

地方税財政

到達目標

1. 国が提供する公共サービスの特徴と地方が提供する公共サービスの特徴を把握し，その違いを説明できる。
2. 地方財政，特に市町村の税収の中心である住民税と固定資産税について仕組みや特徴を説明できる。
3. 政策としての観光振興について地方の側面からみてどのような点に力を入れているかを説明できる。
4. 都道府県や市町村の財政力の格差について財政力指数を使って説明できる。
5. 国と地方の財政関係を理解し，国から地方への資金の流れを説明できる。

キーワード

地方公共サービス，住民税，固定資産税，観光税，財政力指数

第 I 節　地方政府と地方公共サービスの特徴

1．地方財政の特徴

これまで扱ってきた国家単位の財政と本章で扱う地域単位の財政ではどのように変わるのか。まず，国家財政は通常ひとつの中央政府（国）に対して，地方財政は約1,700の市町村からなる基礎自治体，47の都道府県から構成される広域自治体から成り立っている地方政府（地方公共団体，または地方自治体）の集合となる。

広い地域を網羅的に治める国家規模の中央政府では行き届かない，国民生活に直結した行政サービスを地方政府が提供するために必要な運営資金に関する

ことを本章では取り扱う。地方政府ひとつひとつの財政規模は中央政府の規模
より小さいが，地方政府全体の財政規模は国の一般会計予算を大きく上回る。

　地方財政は国家財政を単純に小さい規模にしたものではなく，それぞれ政府
の規模ごとに分業をしている。一国の経済活動を見たとき，家計や企業といっ
た経済主体が中心となる民間部門と政府部門に分けることができる。これま
での章で扱ってきたことだが，財産の私的所有や財・サービスの譲渡の契約が
自由にできることを礎として，民間部門の中でそれぞれの主体の効用が上が
るよう資源の交換を行っている。主に資源配分の歪みや所得分配の不公正，安
定した経済成長といったことを目標に政府が利害調整をするために，政府部門
が存在する。これから，この政府部門を国と地方に分けることにしよう。図表
13-1 の通り，地方政府が担当する行政活動は，生活保護費，社会福祉費など
の社会福祉（民生費），消防車・救急の運用といった消防活動（消防費），地元
の商店街や地域の産業を支える地域活性化（商工費）などその地域の特性に合
わせたサービスが必要で，なおかつそこに生活する人々にとって身近な活動ば
かりである。

図表 13-1　地方政府が担当する行政活動と歳出

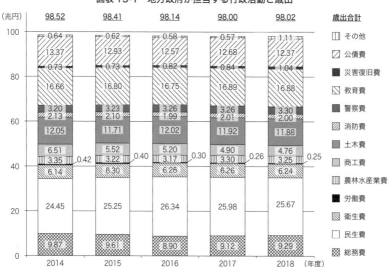

出所：総務省ホームページ。

地方と国の役割の住み分けついては，図表13-2を参考にしてほしい。

　ここで地方の仕事の特徴を捉えると，年金を除いた社会保障制度（社会福祉，公的扶助，保健衛生など），複数の地域をまたぐ道路や河川，主要空港などを除いた公共事業（生活道路，水道など），小中学校での初等・中等教育，

図表13-2　国と地方が提供する行政サービスの分担

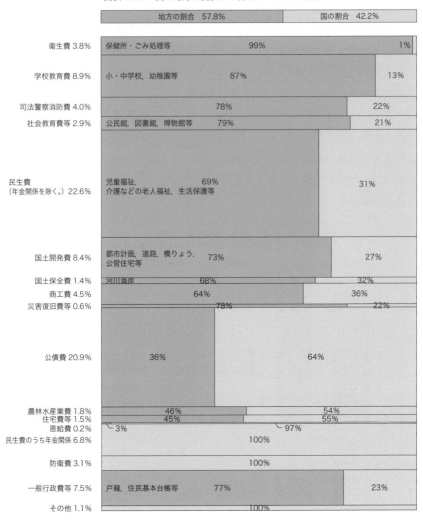

出所：総務省（2020）『令和2年度 地方財政白書』。

領土防衛ではなく地域の防犯などがあげられる。地方政府が担当するのは，提供する公共サービスが特定地域内に限定できるものという特徴がある。

2．地方財政計画

　地方財政計画とは，翌年度の各地方政府の歳入見込みと歳出見込みの総額を表した計画書であり，各地方政府の予算規模や収支の見通しを一元的に見ることができる書類となっている。そのため，全国の地方財政の状況を個別に確認することなく，地方財政全体の収支の見込みがわかり財源保障に繋がること，各地方政府の財政状況を掴むための指標となること等に役立っている。なお，地方財政計画とは別に，各地方政府が個別の予算を作成し執行するため，計画段階と現実の決算段階との間に誤差が生じることもある。

3．地方公共サービスの特徴

　地方政府が提供する公共サービスについても，第 2 章で学んだ公共財がもつ 2 つの要素である非競合性，非排除性について考える必要がある。したがって，民間（市場経済）に任せず地方政府が公共サービスとして提供した方が外部性による他の主体への影響を管理し，適切な量の供給が行えると判断すれば，地方政府は学校教育や廃棄物処理のように民間に任せずサービス提供を行う。

　中央政府により提供されるサービスは，防衛や外交のように広い地域に便益がまたがる公共サービスが中心となる。地方政府が提供するサービスは，図書館や警察・消防のように便益が特定の住民・地域に限定されるものが中心となる。さらに同じ地方政府が提供するサービスでも，都道府県と市町村は行政間で垂直的な地域間調整を行いそれぞれ質の異なったサービスを提供している。公園のように国も地方政府（都道府県，市町村）も提供するサービスが存在するが，自然の景観・風景を保護するため広い面積を管理する国立公園と，住宅街の近隣に子供が遊べるよう遊具をそなえて配置された市町村立の街区公園では規模も目的も異なる。

　ここで地方政府の提供する公共サービスのコストについて考えてみたい。消防サービスを例にとると，同じ地域に住む住民の数が多少増えても公共財のも

つ非競合性の性質からコスト高につながりにくいが，住民が増えて居住する地域が広がると消防署から数分で駆けつけられなくなり，消防署の数を増やすことになる。したがって面積に応じてコストは上昇する。また，管轄する地域の広さが変わらず住民の数が増える場合，同時火災に対応するために複数の消防車を用意する必要が生じること，人口密度増加により共同住宅の建物が高層化するため，新たにはしご付消防車の導入が必要になる。このように供給する公共サービスの量や質の変化もコストを上昇させる。以上のことからコストが一定とすると，どの家からも近所になるように施設（消防署）を多く配置することになり，ひとつの施設の質が低くならざるを得ない。さらに住民増も居住地域の広がりがなくても，観光客が増加すると転倒など怪我により救急車の出動回数が増えるといったコスト要因があることを忘れてはならない。

地方政府は，一般会計で提供する行政サービスと別に，特別会計で事業にかかる経費を事業収入から充てることを原則として地方公営企業を経営している。地方財政法ならびに地方財政法施行令46条では，水道，工業用水道，交通，電気事業，ガス，簡易水道，港湾整備，病院，市場，と畜場，観光施設，宅地造成，公共下水道の13事業が公営企業として規定されている。図表13-3 は，事業全体に占める地方公営企業の割合を示しているが，水道事業では99.6％と多くの地方政府が行政サービスを提供しているのに対して，バスや路面電車・地下鉄などの交通事業を提供する地方政府は少ないことが確認でき

図表13-3　地方公営企業の割合

事　　　業	指　　標	全　事　業	左記に占める地方公営企業の割合
水　道　事　業	現在給水人口	1億2,479万人	99.6％
工業用水道事業	年間総配水量	43億39百万㎥	99.9％
交通事業（鉄軌道）	年間輸送人員	253億人	10.3％
交通事業（バス）	年間輸送人員	46億人	18.9％
電　気　事　業	年間発電電力量	8,922億18百万kWh	0.9％
ガ　ス　事　業	年間ガス販売量	1兆7,403億54百万MJ（メガジュール）	1.9％
病　院　事　業	病　床　数	1,547千床	11.3％
下　水　道　事　業	汚水処理人口	1億1,608万人	90.4％

出所：総務省（2020）『令和2年度 地方財政白書』。

る。

　地方政府による公共サービスは，内容や質についてある程度裁量が任されているため，地域によりサービスが異なるという特徴も備えている。警察官がいない，ごみ収集をしないという地域はないが，ごみ収集の分別方法や回収回数，そして有償・無償の範囲は地域ごとに違う。上水道の料金，下水道の料金，子供の医療費助成をする年齢の上限などは地域格差がある。ひとつの要因として市町村ごとに異なる人口や面積・地形がコストに影響し，すべての住民にとって満足が高まるよう提供するのが難しい。住民が支払う租税に対して提供される公共サービスに満足できないとき，国を越えて移動するのは大きな負担だが，市町村を越えて移動するのはそれほど大きな負担にはならないことから，「足による投票」（転居）が行われることがある。

第Ⅱ節　地方税─道府県税と市町村税

1．日本の地方税

　地方政府がもつその歳入の手段はひとつではないため，いくつかの種類に分けて紹介したい。

　まず，集めた資金を議会で自由に決めることができるものを一般財源とよび，地方税のほかに地方交付税，地方譲与税，地方消費税交付金やゴルフ場利用税交付金などが該当する。これに対して，徴収する時点ですでに特定の事業に使い道が決まっているものを特定財源とよび，国庫支出金，地方債，分担金・負担金や目的税の地方税などが該当する。

　他に地方政府の判断にて自主的に収入を集める自主財源と，国（や都道府県）の判断に依存するかたちで交付される依存財源がある。前者の例としては図表13-4に示されている地方税，分担金・負担金，使用料，手数料があげられ，後者の例としては財源不足の団体に交付される地方交付税（普通交付金，特別交付金の総称），生活保護負担金など国庫支出金（国庫負担金，国庫補助金，国庫委託金の総称），そして地方債などがあげられる。

　地方政府が集める歳入（収入）の仕組みをみていこう。地方税は主に地方政府が提供するサービス全般の活動資金となるように，わが国ではどの地域で

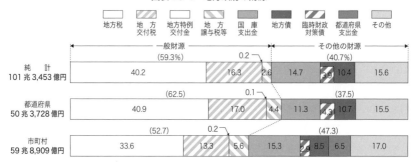

図表13-4　地方政府の財源

| | 地方税 | 地方交付税 | 地方特例交付金 | 地方譲与税等 | 国庫支出金 | 地方債 | 臨時財政対策債 | 都道府県支出金 | その他 |

純　計
101兆3,453億円
一般財源（59.3%）　　その他の財源（40.7%）
40.2　16.3　2.6　0.2　14.7　3.9　10.4　15.6

都道府県
50兆3,728億円
（62.5）　0.1　（37.5）
40.9　17.0　4.4　11.3　4.3　10.7　15.5

市町村
59兆8,909億円
（52.7）　0.2　（47.3）
33.6　13.3　5.6　15.3　2.6　8.5　6.5　17.0

出所：総務省（2020）『令和2年度 地方財政白書』。

あってもほぼ同様の仕組みで徴収されている。分担金，手数料，過料などは施設利用の価格設定や違反に対する制裁を設定して徴収している。地方債は建設事業費などの公共施設整備のために使われる資金を借入して集めている。

　徴税にあたり，地方税は経費を十分に賄える必要がある，公平であるべきなど国税と共通する部分は多い。しかし，あえて国税にはない地方税の特徴についてみていくと，①シャウプ勧告の影響もあり応益原則として公共サービスの受益者である住民が負担すること，②途切れることなく身近な公共サービスを提供するために安定した財源が望まれること，③どの地域にも存在する普遍的な課税標準が望ましいこと，④地域間の税収不均衡が生じるので財政調整が必要となること，⑤納税者は地域間を移動できるので租税競争が起こる可能性があることがあげられる。また，上記⑤に関連して地域間で大きな税率の差が生じにくい仕組みとして，多くの地方税には基準財政需要額算定に用いられる標準税率が定められており事実上の基準となっている。加えて，必要に応じて標準税率とは違う税率を定めるにしても，あらかじめ制限税率で最高税率を制限している場合がある。

　ここで，図表13-5にて都道府県の税収構造をみると，道府県民税（住民税），事業税，地方消費税の3税で8割を占めており，比重が高いことがわかる。同様に図表13-6にて市町村の税収構造をみると，市町村民税（住民税）と固定資産税の比重が高く9割弱を占める。

　そこで，以下では地方税の基幹税となっている住民税，事業税，固定資産税

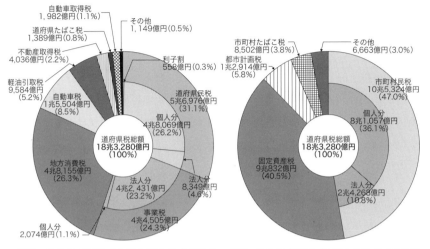

図表 13-5　都道府県の税収内訳　　　図表 13-6　市町村の税収内訳

出所：総務省（2020）『令和2年度 地方財政白書』。　　　出所：総務省（2020）『令和2年度 地方財政白書』。

を中心にその仕組みをみていこう。

2．住民税（県民税・市民税）と事業税

　住民税とは，道府県民税と市町村税の総称であり，地方政府の域内に住所または事業所・事務所を有する個人や法人が，提供を受けている行政サービスに対する負担分として支払う租税である。

　法人に対する住民税は，従業員数や資本金により決定する均等割と，法人税額を課税標準として資本金（出資金）で税率が決まる法人税割がある。

　個人の住民税は2つの異なる方法により課税される。ひとつは納税者の行動に影響を及ぼしにくい中立的な税とされる人頭税のように，課税対象者が皆同額の負担をする均等割である。もうひとつは，個人の所得額に応じて比例税率で支払額が決定する所得割という方式が採用され，住民税の分だけ労働所得を増やそうとする所得効果と，住民税が課されない余暇を選び労働所得を減らそうとする代替効果の相反する2つの効果が納税者の行動に影響を及ぼすとされている。

　都道府県に対して納める均等割は都道府県民税均等割分として1,000円が標

準税率となっているが，森林環境保全，水源環境の保全のため数百円の超過課税を行う県が 37 県あり，2023 年までに限り復興財源分 500 円が加わっている。

　市町村や特別区に対して納める個人区市町村民税均等割分は 3,000 円が標準税率となっている。横浜市，神戸市ではそれに加えて超過課税を行っている。道府県民税と同じように 2023 年までに限り復興財源分 500 円が加わっている。

　個人住民税の所得割は，前年の所得に対して標準税率 10％で課税される。多くの市町村や特別区では都道府県民税が 4％，区市町村民税は 6％だが，政令市についは市の役割が大きいため県民税 2％，市民税 8％となる。現在，神奈川県など一部の地域では標準税率をわずかに超えた税率が設定されている。

　なお国税の所得税同様に，住民税でも 1 人あたり最大 43 万円の基礎控除，扶養控除，55 万円以上の給与所得控除，社会保険料控除，生命保険料控除などがあるため総所得から課税所得を計算する必要がある。市町村により異なるがおおよそ約 35 万円×世帯人数＋10 万円，単身でない場合さらに＋約 21 万円を計算し，多くの市町村では単身だと給与所得 100 万円程度が住民税の非課税対象者を判断する基準になる。これは所得税における単身給与所得者の 103 万円の課税最低限に相当するものだが，地方税の特徴として地域を担当する市町村によりこの金額が多少前後することに留意が必要である。単身の世帯給与収入がこの約 100 万円超えないとき，住民税の課税対象でなくなる非課税世帯となり，地方行政の中では非課税世帯を住民税だけでなく教育費用，国民健康保険料，各種検診費用などの免除や減額するひとつの基準に使うことがある。

　個人に対する住民税として他にも利子所得に対して 5％課税を行う利子割や，同様に 5％の課税となる配当割，株式等譲渡所得割がある。

　このようにわが国の住民税は地方税法という同一の根拠法・条文を用いているため，全国どこの市町村に住所をおいても，支払う住民税は同一ではないものの基本的に大きく変わらない。

　次に，日本の個人ならびに法人に対する事業税をみていく。事業税は道府県民税で，事業を営むものを対象としている。個人事業税は物販，飲食，旅館，不動産，製造業などを含む第 1 種と，士業といわれる主に専門資格職業を中心とした医師，弁護士，行政書士，税理士，理容業，クリーニング業などを含む第 3 種が税率 5％，畜産業や水産業など第 2 種が 4％，第 3 種の中でもあん

摩，マッサージ，はり，きゅうなど一部で3％の税率が設定されている。上述の通り事業の種類により税率が異なるが，事業からの所得に対して課税される点は変わらない。

　法人事業税は資本金により課税方法が異なる特徴がある。資本金1億円以下の普通法人は，所得に応じた3段階の累進税率により課税される。1億円を超える資本金の普通法人は給与・利子・賃借料を元に納税額が決まる付加価値割，資本金額を元に納税額が決まる資本割，所得額を元に納税額が決まる所得割の3つの方法で課税される。仮に所得がない年でも従業員数や資本金といった外形からわかる尺度にて課税されることから，外形標準課税と呼ばれる。

　住民だけでなく，法人であっても地方政府が提供する道路など公的サービスを受けて事業を営む以上，それに応じた納税支払いを行っている。

3．固定資産税

　固定資産税とは，1月1日の時点で市町村（特別区である東京23区内では東京都）が域内の土地，家屋および償却資産といった固定資産の所有者に対して，その固定資産の価格をもとに標準税率1.4％（なお，かつては2.1％の制限税率が設定されていたが2004年に廃止されている）で税額を算定し課税する仕組みである。日本全体でみると，2018年時点で土地は1億8,014万筆，家屋は5,879万棟あり，その納税義務者は土地が4,091万人，家屋が4,148万人，償却資産が450万人となり，課税対象ならびに納税義務者は膨大な数になる。それにも関わらず，すべての市町村において毎年その時の価格（償却資産は経過年数に応じた定率法で計算するが，土地及び家屋は3年ごとに評価替え）を計算し，2017年度決算において土地から3兆3,872億円，家屋から3兆8,825億円，償却資産から1兆6,676億円の合計8兆9,373億円を徴収している。

　納税者は，原則として構築物や機械・工具など償却資産の評価額を固定資産評価基準に定められた耐用年数（パソコンなら4年，複写機なら5年など）と耐用年数に応ずる減価率（耐用年数4年なら0.438％）の通りに，自身の取得年，取得価格から計算して償却資産申告書を作成する。ただし土地・建物の固定資産税の税額計算については，戸建てまたは共同住宅に関わらず自己所有の居宅を持つ人のすべてが納税者となるという事情もあり，地方政府が固定資産

税通知書として納税者に課税標準額を送付する。そのため納税者側の手間つまり納税協力費用は少なくなる仕組みになっている。

　固定資産税は前述した通り，その大部分は土地・建物からの徴収額が大きいため，ここでは固定資産税を理解するために土地・建物の評価額算定方法について整理しておきたい。まず土地の価格というものは大変難しく，納税者自身も自分の所有する不動産が今いくらで取引されるのか常に把握していない場合が多い。経済学の教科書に同一時点で同一商品が同じ価格になるという「一物一価の法則」が紹介されているのに対して，土地については同じ条件の不動産がないだけでなく，株式市場ほどではないが大きく価格が変動するために，一物四価ともいわれている。まずは売買（実勢）価格で，これは実際に取引された価格を指す。この価格が簡単に分かれば良いのだが，実際の取引は売主の都合で早く売りたいから相場より安くなることもあり，買主の都合で隣地を求めて他に替え難く相場より高くなることもあるため，取引してみないとわからない。次に，国土交通省が1月1日時点の価格を調査し3月に発表する地価公示と，ほぼ同様に都道府県が7月1日時点の価格を調査し9月に発表する基準値標準価格がある。3つ目は，国税庁が毎年1月1日時点の価格を調査し地価公示・基準値標準価格の8割程度で示される相続税路線価がある。4つ目は，市町村が3年毎の1月1日時点の価格をもとに地価公示・基準値標準価格の7割程度で示される固定資産税路線価がある。

　つまり，課税対象となるその土地の実際の価格は取引してみないとわからないため，固定資産税では全国どこでも，予想される地価（地価公示）よりも安い価格となる固定資産税路線価を用いて計算する仕組みとなっている。固定資産税の評価額は，3年ごとに決定される主要な街路に接する宅地の1m² あたりの価格（路線価）と地積（土地の広さ）を掛け合わせて算定する。図表13-7では2018（平成30）年に東京都が発行した大東文化大学（板橋区高島平1-9-1）周辺の路線価図であり，都道446号線（首都高速5号池袋線下）を正面路線としたとき1m² あたり25.3万円と記載されているのが確認できる。

　土地の評価額の算定には，居宅に対する負担低減のための政策的な特例措置があり，200m² 以下の住宅用地は小規模住宅用地と呼ばれ1/6の評価額となり，それを超えた部分も一般住宅用地として1/3の評価額となる。他にも住宅

図表13-7　東京都の固定資産税路線価の例

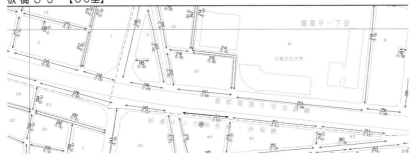

出所：東京都主税局ホームページ。

用地以外の宅地でも商業地の宅地として評価額の70％が上限となる特例措置や一般市街地の農地が1/3の評価額となることから，地価公示の7割とされた固定資産税評価額であるが実際に満額で課税されることはほとんどない，というのが実情である。

　家屋の評価額は土地ほど複雑ではないものの，どのような建築資材を用いたか（再建築費評点数），木造や鉄筋コンクリート構造など構造の区分と家屋の築年数（経年減点補正率），建物の広さ（床面積），地域ごとの物価や設計管理費用（評点一点当たりの価額）を用いて計算することで，同じような建物を再建築したときに掛かる建築費（再建築価格）を基準に古くなった分だけ減額して今の評価額を決定する。

　実際の家屋の調査は，通常新築時の一度だけであり，一戸建ては所有者が登記所に申請し，マンションのような共同住宅では施工業者が申請している。それ以降は，新築時の調査結果をもとに3年ごとに評価替えを行う。物価が極端に上昇しない限り，経年減点が効いて評価替えごとに家屋の評価額が低くなる。ただし，木造住宅や軽量鉄骨住宅は長くても25年で最終残存価格の20％になるがそれ以降は，建物として機能する限り残存価格が低くならないということなっている。

　固定資産税は，源泉徴収制度のある所得税ならびに住民税や財・サービスの販売者が税額分を預かる消費税と違い，納税者自身で金融機関等を経由して納税する必要があるため滞納が生じる可能性がある。それゆえ，同税の滞納に対

するペナルティは大きく，延滞すると最初の1カ月以内は原則年7.3%（特例基準2.6%）で計算された延滞金のうち1,000円を超えた場合のみ請求が生じ，1カ月越えると年14.6%（8.9%）に割増され，やがて給与の差し押さえ，不動産の差し押さえも含めて徴収されるため，総務省（2020）によると2018（平成30）年度は土地で98.9%，家屋で98.8%と高い徴収率を誇っている。

第Ⅲ節　法定外税と観光税

1．法定外税の制定と現状

　法定外税とは，地方税法で課税標準が決まっており全国で一律に実施されている法定税とは違い，地方政府が独自に新たな課税標準を定めて徴収する税である。法定外税の新設は住民と地方政府だけで決めることができず，国（総務大臣）の同意が必要だがそのためには，①すでにある国や地方の税と同じ対象に課税せず，しかも新たな税による住民への負担が過大にならない，②地域間の物流に大きな障害とならない，③国の推進する経済政策を阻害しない，という3つに留意する必要がある。すでに有力な課税対象は既存の租税の中に組み込まれており，地方政府が新しい課税対象を探すのは容易ではない。法定外税の全体を眺めてみると，環境負荷に関する課税（核燃料税等，使用済み核燃料税，砂利採取税，環境未来税，産業廃棄物税など）と観光に関する課税（宿泊税，遊漁税，別荘等所有税など）が多い傾向にある。他にも沖縄県のように県内各地が島で距離も離れているために離島への安定した石油製品供給のために課される石油価格調整税があり，東京都豊島区のように家族向けの広い共同住宅が増えず区内の単身世帯の比率が多くなることを改善するため30m²未満のワンルーム（1R）マンションにだけ税を課す狭小住戸集合住宅税がある。どちらもその地域で生じている個別な案件・問題を解決するという政策目的を達成するために導入された税といえよう。

2．観光税とその課税方法

　これまで地方政府は，住民から納税された地方税収を財源として主に住民への行政サービスを提供してきた。ところが，観光客に向けて誘客の宣伝を行

い，実際に訪れた観光客に対して観光案内を行い，観光資源への投資や催事・祭への補助金なども行政活動として行っている。本来は住民向けであった消防活動も地域に観光客向け高層ホテルが建てば，はしご車が必要になり，住民の数よりも来訪する観光客の数が多くなれば怪我や病気による救急車の出動回数も増えてくる。このままだと，住民から徴収する地方税だけで地方政府は住民と観光客の両方に対して十分な行政サービスをまかなう税収を得られない。そこで公共サービスの費用を，訪問先の行政からのサービスを享受する観光客にも負担してもらう必要が生じる。

　観光税とは，特に観光客と観光業者やそれに類似する観光に関係することに対して課される租税のことである。この観光税は，従前の租税と違い，投票権のある住民が議会を通じて自らに課す税と使途を決める自治的要素がないということを指摘しておく。

　さてここで，わが国の観光税についてまとめた図表13-8を確認すると，観光税の多くは地方税であることがわかる。

　UNWTO（世界観光機関）の分類に従うと，旅行者へ課税するA系統の租

図表13-8　UNWTOによる分類に従った日本の観光税一覧

UNWTO分類	主な課税対象	主な税目と年間税収額（国税・地方税，普通税・目的税を区別している）	国内の税収総額
A1.1	出域	国際観光旅客税（国・普 500億円）	500億円
A1.2	入域	環境協力税（伊是名村・目0.04億円，伊平屋村・目0.03億円，渡嘉敷村・目0.14億円），美ら島税（座間味村・目0.1億円）	0.31億円
A2	空港等施設利用	空港連絡橋利用税（泉佐野市・普4.13億円）	4.13億円
A3.1	宿泊	宿泊税（東京都・目23.61億円，大阪府・目7.71億円，京都市・目45.6億円，金沢市・目7.2億円，福岡県・目15億円，倶知安町・目3.8億円，福岡市・目18.2億円，北九州市・目3億円）	129.12億円
A3.2	観光活動（移動，飲食，買い物など）	ゴルフ場利用税（都道府県・普417億円）入湯税（市町村・目224億円）	641億円
A4	環境負荷	歴史と文化の環境税（太宰府市・普0.87億円），乗鞍環境保全税（岐阜県・目0.12億円），遊漁税（富士河口湖町・目0.08億円）	1.07億円
B1	航空機燃料	航空機燃料税（国・普520億円）	520億円
分類不可	観光地の資産保有	別荘等所有税（熱海市・普5.3億円）	5.3億円

出所：塚本（2020）「日本の観光税と観光業税」216ページを一部改定。

税と，観光業者へ課税する B 系統の租税がある。A 系統の中には，入域，出域するさいに課税する A1 型，港や空港利用のさいに課税する A2 型，旅行者の消費活動に課税する A3 型，環境負荷をかける行為に課税する A4 型がある。日本の観光税の中で，B 系統に該当するのは航空機の燃料に課税する B1型がある。A1.1 と B1 は税収が大きいものの国税であるため，ここでは地方税の宿泊税と入湯税を紹介する。

　宿泊税は，同税を設定した都道府県または市町村にあるホテルや旅館に宿泊する客から，1 泊ごとにあらかじめ定めた税額を課税する。宿泊料によって税額が変わり，2 段階の税額を設定している地域や比例税率を設定している地域もある。学生や出張のサラリーマンが泊まる安いホテル・旅館には課税しない配慮をするのは，会社や学校が多く集まる東京都と大阪府で，それ以外の地域は宿泊料にかかわらず必ず課税される。近隣の市町村へ交通の便が良い地域で高額な課税にすると，宿泊税を課さない近隣地域のホテルへ宿泊して宿泊税のある市町村へ通う可能性もある。

　入湯税は鉱泉浴場（温泉法上の温泉）への入浴利用者へ 1 日あたりおよそ150 円（標準税率）で課税するもので，992 市町村にて同税が課税されているが 906 市町村が 150 円を採用している。各地で税率を設定できるため安い税率設定だと 20 円から高い設定で 500 円まである。992 市町村すべて合計した入湯税の税収は 224 億円となるが，目的税なのでその税収の使途は決まっている。使途は廃棄物処理などにつかう環境衛生施設，鉱泉源の保護管理施設，消防車両や消火栓など消防施設の整備，観光の振興（観光施設の整備）に限定されているが，その配分状況は市町村により違い，観光振興に多く使われる市町村もあれば，ほぼ均等に振り分けている市町村もある。温泉はお湯とともにガスが湧いてくるため消防設備が必要なのだが，お風呂場は足元が滑りやすく観光客による救急車の利用も多い。

　このように，観光地では住民以外にも行政サービスが提供されることがあるため，観光客にも応益課税を求めることが必要になってくる。

第Ⅳ節　地方債と地方交付税制度

　地方債とは地方政府が一会計年度を超えて，交通，ガス，水道など公営企業の経費や建設事業費の資金等を外部から調達することによって負担する債務（借入れ）のことである。地方債発行の根拠法は地方財政法第5条であり，災害復旧・救助，収益的投資，文教施設や土木施設など，借換えが認められている。地方政府の資金調達として主たる手段は租税であるべきだが，たとえば建設事業などについて考えると建設当時の住民だけでなく将来の住民にも効果が続くことから，負担を均等化するためにも将来世代を含めて支払いを一部先送りすることは理にかなっている。ただし，単なる歳入不足を補う赤字公債の発行は禁止されている。

　2018年度に実質単年度収支が赤字だった団体数は，都道府県のうち約40.4％にあたる19都道府県が該当する。市町村のうち赤字団体は約54.9％にあたる1,671市町村が該当する。結果として，地方の歳入をみると2018年度は地方債が10.4％を占めることになる。

1．地方債計画と地方債協議制度

　地方財政は地方財政計画を通じた財源保障が行われており，地方財政計画の中には地方交付税や地方税・地方譲与税のほかに地方債が含まれている。図表13-9の通り，この地方財政計画の地方債部分と地方債計画は同一の額となるように作成される。各地方政府の地方債の総額が，地方債計画から読み取れるようになっており，全国の地方債について俯瞰することができる。この時，発行される地方債の引受先も予定され，公的資金である財政投融資や民間資金である市場公募や銀行等引受といった内訳が毎年公表される。

　地方債協議制度は，地方政府が地方債を発行する際に原則として市町村や特別区は都道府県知事と協議し，都道府県ならびに政令指定都市は総務大臣（国）と協議した上で地方債を発行するという，地方債起債の手続き制度をさす。現在の地方債を発行するためのプロセスは届出，協議，許可の3つ方法がある。地方政府が必要に迫られて地方債を発行するときは，原則として総務大

図表13-9　令和２年度地方債計画と財政投融資や地方財政計画

地方財政計画 91.7兆円	地方債計画 11.7兆円	財政投融資計画 13.2兆円

普通会計分／
公営企業会計等分

資金区分

地方交付税
17.0

地方特例交付金 0.2

地方税・
地方譲与税
43.6

国庫支出金 15.7

地方債 9.3

その他 6.0

普通会計分
9.3

公営企業会計等分
2.5

財政融資資金
2.9

地方公共団体
金融機構資金 1.8

市場公募
3.9

銀行等引受
3.1

成長力強化
(企業の成長力強化)
4.8

生産性向上
(インフラ整備の加速)
2.4

日本企業の
海外展開支援
2.0

教育・福祉・医療 1.1

地方公共団体
2.9

(単位：兆円)

注：上記の数値は，表示数値未満を四捨五入したものであるので，合計と一致しない場
　合がある。
出所：財務省ホームページ。

臣（または知事）と協議のうえ同意を得るか，起債する地方政府の議会へ報告
するかのどちらかで地方債発行の手続きに入る，いわゆる協議による発行を行
う。また，実質赤字が無く，実質公債費比率18％未満，将来負担比率が400％
未満等を満たすときは，届出による発行が可能になる。ただし，実質赤字が一
定以上，実質公債費比率18％以上，標準税率未満の税率設定等に該当する地
方政府は，許可申請を行い総務大臣等から許可を受けないと地方債が発行でき
ないという，許可による発行が必要になる。

　公債発行の際に指標のひとつとされる実質公債費比率とは，「公債費相当額
に充当した一般財源」－「普通交付税措置のある公債費相当額」を「地方税＋
普通交付税」－「普通交付税措置のある公債費相当額」で除したもので，自
由に使える歳入のうち公債費にどの程度充てているかを示していることから，
数値が高い方が借入の返済に充てる割合が大きい。2020年現在，実質公債費
比率の平均値は都道府県で11.4％，市町村で6.4％であるが，起債制限の生じ

る 18％を超える地方政府が 15 団体あり，そのうち最も高い団体は 73.5％である。この数値が極端に高い地方政府の住民は，税を支払っても過去の借入の返済に使われ，現在の住民サービスに予算が使えない状態となっている。

地方財政の状態を表す指標は他にもあり，

①　実質赤字比率：一般会計赤字を財政規模に対し割合で示す

②　連結実質赤字比率：公営企業を含む全会計の赤字割合

③　実質公債費比率：借入返済額を財政規模に対し割合で示す

財政再生団体とは①が県 5％，市 20％以上，②が県 15％，市 30％以上，③都道府県・市町村ともに 35％以上を指している。

2．地方交付税制度と国庫支出金

地方政府が必要な金額を地域内の住民から租税として集めることが理想だが，地域間の財源の不均衡が存在することで，すべての地方が等しく一定水準の税収を維持できない。そこで国が徴収した所得税および法人税収の 33.1％，酒税収の 50％，消費税収の 19.5％，地方法人税収の全額を，一定の合理的な基準によって再配分している。この再配分を，地方交付税交付金と呼んでいる。

普通交付税の金額は 2020 年度において 15 兆 2,100 億円であり，このうち 8 兆 1,796 億円が 46 道府県（東京都と特別区は不交付），7 兆 304 億円が 1,633 市町村（85 市町村は不交付）に交付され，不足する地方税収分を充当している。

交付される金額は，原則として基準財政需要額から基準財政収入額を減じた額であり，基準財政収入額の方が大きいと不交付になる。基準財政収入額を基準財政需要額で除して得た値の過去 3 年間の平均値を財政力指数と呼び，自主財源の割合の高さを表している。

基準財政収入額とは，標準的な地方税収入見込×基準税率（75％）＋地方譲与税として算出される。地方税収入見込みは主に前年度の資料を参考にして，自動車税であれば地域内に登録された自動車の台数から計算でき，固定資産税であれば土地の用途ごとの平均価格，土地の面積，床面積などから計算できる。ただし，法定外普通税，狩猟税，法定外目的税，入湯税，都市計画税，水利地益税，法定外目的税は含まないため，これらの税は税収が増えても基準財政収入を増やさないため，地方政府に入る交付税交付金に変化はない。そのた

め，税収増分だけ地域で使える予算が増加することになる。

　基準財政需要額は，測定単位 1 あたりの費用（単位費用）×警察官数や道路の長さ・人口など（測定単位）×離島や積雪地などによる補正（補正係数）で決定される。警察官数が多ければ警察費が多く必要になり，道路が長ければ維持するために土木費が必要になることが織り込まれる。離島など遠隔地は管理するための旅費や資材費が割高になり，積雪地は暖房費用，道路建設費，除雪費で割高になることが補正すべき点として考慮されている。

　以上のように地方交付税制度は，地域ごとに存在する財源の偏りを是正し，教育，警察・消防，ゴミ処理など身近な行政サービスについて，全国どこに住んでいてもできるだけ同じようなサービスが受けられることを目的としている。

　国庫支出金は，地方公共団体の仕事のうち，国の施策と関係あるもの等について施策の奨励や依託金として，費用の一部が国から支出する仕組みとなっている。この国庫支出金とは，国庫負担金，国庫委託費，国庫補助金の総称である。国庫負担金とは教員給与，生活保護費など全国で一定の水準で行うもの等について，地域の財政負担を考慮し経費の一部を負担するための仕組みである。国庫委託費とは，国が行う統計調査の協力，国会議員の選挙など国が行うべき事務を，地方が委託される際に経費を国が負担するための仕組みである。国庫補助金は警察費の補助など，国の政策を誘導するための助長・奨励し，地方財政を援助するために補助される仕組みとなっている。

ディスカッションテーマ

- 国が提供する公共サービスと地方が提供する公共サービスにはそれぞれどのような特徴があるだろうか。
- インターネットを用いてあなたの住む住所を固定資産税路線価図から探し，宅地の 1m² あたりの価格を調べてみよう。
- 実質公債費比率が高い地方政府の住民はどのような不都合が生じると考えられるだろうか。

第14章

日本財政の課題

到達目標

第14章で取り上げられている5つのトピックの中から1つのテーマを決めて，レポートやプレゼン資料を作成し，発表を行い財政学の学修成果とする。

第 I 節　格差・貧困の拡大と生活保護制度

本書の第11章と第12章では，社会保障の定義と役割，社会保障制度の財政規模および財政制度との関連性，正規労働者を中心に適用される5つの社会保険制度の仕組みと財源構成について説明した。しかし，社会保険制度から排除される非正規労働者や貧困者層に対する社会保障制度からの対応についてはほとんどふれていない。そこで，本章の第 I 節においては，現代日本の格差・貧困の拡大について考察し，低所得者や貧困者にとって，最後のセーフティネットである生活保護制度のあり方に関する議論を紹介したい。

1．現代日本の格差・貧困の拡大

(1)　格差社会の現実

小峰隆夫氏は『平成の経済』において，平成の30年間を「予想外に厳しかった時代」と表現した。確かに，1980年代後半からのバブル経済の繁栄を受けて，90年代前半までは名目賃金や家計所得は上がり続けてきたが，バブル崩壊後の90年代半ば以降は下がる傾向が顕著だった。給与所得者の年間平均給与は90年代末に460万円台で推移していたが，2010年前後になると400万円台に落ち込み，下落幅が約15％に達している（『民間給与実態調査』より）。また，1世帯当たりの平均所得金額（全世帯）は1994年の664.2万円を

ピークに減少傾向が続いており，平成の後半ではピーク時から約2割も減ってしまった（『国民生活基礎調査』より）。

　所得の減少に伴い，所得格差も拡大してきた。橘木俊詔氏の『格差社会——何が問題なのか』や大竹文雄氏の『日本の不平等』などの著書では，当初所得ジニ係数，再分配所得ジニ係数と相対的貧困率などの指標を用いて所得格差の拡大と原因を分析し，対策を論じている。また，OECDも80年代半ばに11.9％だった日本の相対的貧困率が，90年代中頃に13.7％に上昇し，さらに2000年代半ばには15.3％，2012年に16.1％と上昇し続けてきたと指摘している。加えて，2000年代半ばからOECD諸国の平均値を上回り，主要先進国（G7）のなかで，最悪の米国に次ぐ2番目の高さであると強調している。

(2)　格差社会をもたらしたものとは

　ジニ係数の上昇や相対的貧困率の悪化は高齢化による勤労収入の少ない高齢者や高齢者世帯が急増していることと，グローバル化による規制緩和と労働の市場価格の二極化に起因するという国内外の指摘があるが，非正規労働者の急増が所得格差と貧困の拡大を生む主要な原因だという指摘はより説得力のあるものと思われる。つまり，正規労働者と比べると，非正規労働者は賃金所得が低く，社会保障の処遇においても不十分であるためだ。

　総務省統計局の「労働力調査」によれば，日本の非正規労働者が雇用労働者全体に占める割合は80年代末から90年代半ばまで20％前後で推移していたが，2000年代初頭に30％を超えた。さらに，令和に入ってから約40％を占めるようになっている。非正規労働者は，雇用が不安定，賃金が低い，能力開発機会が乏しいなどの課題があるといわれている。正規労働者と非正規労働者の賃金格差について，内閣府の『平成29年 年次経済財政報告』では両者の間の処遇の違いが大きいと指摘している。また，国税庁の『民間給与実態統計調査結果』によれば，非正規労働者の平均給与は正規労働者の3分の1に過ぎない。さらに，正規労働者は年齢を重ねると賃金が上昇していくのに対して，非正規労働者は横ばいのままであるという特徴も賃金格差をもたらす要因であるといわれている。

　賃金の低い非正規労働者のうち，女性が3分の2を占めている。また，女性

労働者は職場での昇進が限られているため，男女間の所得格差が生じている。1986 年に男女雇用機会均等法が成立し，正規労働者において男女間の格差は少し縮小したが，非正規労働者が増えているため，全体に見る男女格差の改善はまだ不十分である。

　非正規労働者の増加や所得格差の拡大は，2001 年以降の小泉政権による規制緩和によって引き起こされたと説明されることが多い。他方，山田昌弘氏は『新平等社会―「希望格差」を超えて』において，それが 2000 年以降の日本特有の現象ではなく，ニューエコノミー以降の世界的な現象であると指摘している。つまり，労働の市場価格の二極化による所得格差も，家族形態の多様化による格差拡大もニューエコノミーに起因しており，回避できないことであるという。経済学の観点から考えると，自由を重視する資本主義経済において一定の競争原理に基づく「適度な格差」は必要であろう。しかし，「固定される格差」や不合理な格差は是正されるべきである。働く人に希望の持てる労働環境を作り出すための政策設定と制度構築が期待される。

２．最後の砦である生活保護制度の役割と問題点

　これまでの章で詳述したように，財政は所得格差を小さくするために，租税制度や社会保障制度を用いて所得再分配政策を実施する。低所得者や貧困者を救済するために，生活保護制度はセーフティネットの最後の砦だと言われている。

(1)　生活保護制度の概要と現状

　日本国憲法第 25 条は国民の生存権を国の責任で保障すると規定している。それを具現化したものが生活保護制度である。つまり，生活保護制度は生活に困窮する人に対して国が公費で住まいや生活費，教育や医療などのサービスを提供する制度である。生活に困っている日本国民と一定の条件を満たしている永住者などの在留資格を有する外国人はだれでも生活保護制度を申請することができる。しかし，生活保護を受けるためには生活保護法に定めている 4 つの原理と 4 つの原則に従う必要がある。4 つの原理とは，①国家責任による最低生活保障の原理，②無差別平等の原理，③健康で文化的な最低生活保障の原

理，④補足性の原理である。4つの原則とは，①申請保護の原則，②基準および程度の原則，③必要即応の原則，④世帯単位の原則である。

　紙幅の制約があるため，これらの原理，原則に関する詳細な説明は割愛するが，関心のある方はぜひ調べて考えてほしい。特に無差別平等の原理，補足性の原理，世帯単位の原則等に対する評価と疑問は興味深い。

　保護の種類には，生活扶助（食費，被服費，光熱費等），教育扶助（義務教育時の学用品費等），住宅扶助（家賃，地代等），医療扶助（移送費を含む医療機関にかかるすべての費用），介護扶助，出産扶助，生業扶助（生業費，技能習得費，就職支度費等），葬祭扶助の8種類がある。要保護者の実情に応じて単給または併給される。8つの扶助のうち，生活扶助がメインであるが，要保護者の年齢，世帯構成，所在地域，障害の有無などによって金額が変わる。住宅扶助にも地域差が設けられている。最低生活保障基準（最低生活費）の算定方法は補足性の原理に従っているが，生活扶助に住宅扶助と各種加算（障害や児童の養育など）を加えるのが一般的である。実際に支給する扶助額は最低生活費から収入充当額を差し引いた金額になるが，収入充当額とは平均月額収入から必要経費実費と各種控除を差し引いた金額である。収入がない場合は扶助額は最低生活費そのものになる。

　厚生労働省の資料に基づき，2021年4月現在の最低生活保護基準（生活扶助＋住宅扶助）の実例を紹介しておこう。東京都区部の3人世帯（33歳，29歳，4歳）の場合が228,560円，高齢者夫婦世帯（68歳，65歳）が185,480円，高齢者単身世帯が（68歳）131,680円となっている。学生の皆さんは，自分の日常の消費実態と合わせて，上記の最低生活保護基準の適切さについて考えてほしい。

　『2019年被保護者調査』（年次調査）によれば，生活保護を受けている世帯は161.5万世帯となっており，被保護人員は204.8万人である。世帯類型を見ると，高齢者世帯が55％で1番多いが，次いで，障害者・傷病者世帯が25.3％で2番目に多い。ちなみに，被保護人員のうち，65歳以上の高齢者が約105万人で，全体の51.4％を占めている。上記の実態からわかるように，貧困に陥るリスクの高い高齢者や障害者・傷病者を救済するために，生活保護制度が一定の役割を果たしていると思われる。

　2019年に，施設事務費を除く生活保護費（実績額）は3兆5,882億円となっている。8つの扶助のなかで，医療扶助は全体の50.2％を占めており，1兆8,013億円となっている。生活扶助は1兆712億円（29.9％）で第2位となっている。3番目に多いのは住宅扶助（5,942億円，16.6％）である。医療扶助の金額の大きさに驚くかもしれない。

(2)　生活保護制度の問題点

　生活保護制度の概要の部分でも述べたが，憲法や生活保護法に定められている生存権の保障，国家責任，無差別平等の原理などから考えると，日本の生活保護制度は大変すぐれている制度だと思われる。一方で，生活保護の利用率や捕捉率が低いという現実から，生活困窮者に対して十分な保護が行われていないという指摘もある。以下は，生活保護制度の問題点について簡単に紹介しておこう。

　前述したように，2019年の被保護人員は204.8万人であるが，平成初期の100万人未満と比べると倍以上に増えてきた。被保護人員の大幅増という事実は，むしろ格差・貧困の拡大を物語っている。平成に入ってから，所得が減少し，格差社会が進み，高齢者など貧困層の人たちが生活に困ってしまい，生活保護を受けざるを得ない状況に追い込まれている。ところが，生活保護世帯・被保護人員の増加は生活保護制度が生活困窮者の保護に十分な役割を果たしているといえるかどうか，疑問の声が少なくない。被保護人員が増えたが，保護率は依然として低いといわれている。

　2019年の日本の生活保護利用率（被保護人員数／全人口数）は1.6％しかない。『生活保護「改革」ここが焦点だ』によると，2010年にドイツ，英国およびフランスの生活保護利用率はそれぞれ9.7％，9.27％と5.7％だったが，先進諸国と比較すると，日本の生活保護利用率の低さが際立っている。また，生活保護の捕捉率（受給世帯数／貧困世帯数）の国際比較を見ると，40〜80％である先進諸国に対して，日本では10〜20％と低すぎることが指摘されている。利用率と捕捉率の低さを考えると，数百万人の人々が生活保護から漏れているのではないかといわれている。

　なぜ，生活保護の利用率や捕捉率が低いのだろうか。主要な原因としては，

①申請者および家族等に対する厳しい資力調査，②煩雑な手続きと行政の「水際作戦」，③制度に対する誤解などがあげられる。これらの原因によって，申請資格があるにもかかわらず，申請しなかったり，申請しても拒否されるケースも多いと指摘されている。真の貧困者を見極めるために，扶養義務や親族などによる支援を前提としないこと，支給に所得制限を設けるといった資力調査の代替策などが提唱されている。

　他方では，生活保護制度における無駄遣いや行政監視機能の弱体化に対する批判もある。具体例としては，過剰診療や不正受給の見逃し問題である。前述したように，2019年に医療扶助は1兆8,013億円であるが，被保護人員1人当たりでは約88万円になる。これは2018年度の1人当たりの国民医療費（約34万円）よりはるかに高い。生活保護受給者のうち，高齢者や疾病者が多数を占めているとはいえ，特異な状況ではないだろうか。不正受給や過剰診療に対する有効なチェック機能と仕組みが必要だと考えられる。

第II節　グローバル化と税制

1．多国籍企業と税制

(1)　税制と国際課税

　国家が国民に対して課税を行うことが可能なのは，国家が課税権を持つからである。第9章で学習したように，「国民に対する租税の賦課は議会での承認を必要とする」という租税法律主義が財政民主主義の根幹をなすのは，国家による課税権の濫用を防止する意味合いもある。租税法律主義にのっとり，課税権を行使するためのルールが税法である。租税制度（税制）は，国ごとに異なり，その国の経済社会状況や歴史を色濃い形で反映して形成されている。

　モノを扱う経済的な取引は，太古の昔から国境を越えて行われていた。国民国家が形成され，経済的な取引が国境を越えて行われると，租税が徴収されるようになり，複数の国から課税される国際的二重課税が発生する。国際課税において解決すべき重要な問題は，この国際的二重課税であった。所得税や法人税の「国際的二重課税」の排除のための原則には，納税者の居住している国に課税権があるとする居住地主義と所得が発生した国に課税権があるとする領土

主義の2つがある。どちらの原則を採るかによって，所得税の調整方法は異なることになる。居住地主義を採用している国では外国税額控除が，領土主義を採用している国では国外所得免除方式が採用される。

　第6章でふれたように，経済のグローバル化の進展により，自国の競争力の強化や国内外の個人や企業の所得の公平な課税の実現といった課題を各国の税制にもたらすことになる。

(2)　経済のグローバル化と多国籍企業

　経済のグローバル化の進展に伴い，企業活動は国境を越えて行われることが日常茶飯事になった。企業活動は複数の国にまたがる形で行われることになり，国際経済において多国籍企業が存在感を発揮することになった。原料や資金の調達，生産，販売といった企業活動を国境を越えて行うことが可能になり，多国籍企業は進出先の国々に工場や支社，支店を構え，グループ内部での経済取引を行い，グループ利潤を最大化したり，所得移転を通じて法人税などの支払いを抑えたりするような行動をとった。

　国際課税における課税原則は，独立企業原則（アームズ・レングス原則）である。独立企業原則は，独立した企業間での取引を原則としている。多国籍企業のように経営，支配，資本の直接または間接の関係を持つ企業（親子関係にある企業）は，独立した企業とは異なる取引条件を用いた取引が可能である。第6章で紹介した移転価格税制は，関連者間の取引価格を独立企業間価格（アームズ・レングス・プライス）で取引したと仮定し，課税できるとする。

　移転価格税制については，1980年代と1990年代に日本と米国の間で，自動車メーカーのトヨタやホンダに対して移転価格税制が適用され，法人税額が計算されなおした結果，愛知県豊田市のような地方自治体からトヨタに巨額の税の還付が行われた。この間の日米間の移転価格税制については「日米租税摩擦」ともいわれている。

2．デジタル経済と課税

(1)　モノからサービスへ

　インターネットのような情報通信技術の発展によって，経済のグローバル化

は加速的に発展してきた。インターネットは地理的な距離感を劇的に縮めただ
けでなく，デジタル経済化ももたらすことになる。デジタル経済がもたらす変
革の特色には次の4つのことがあげられる（森信茂樹『デジタル経済と税』24
ページ）。

　1つ目は，モノからサービスへの変化である。モノの取引がデジタル経済の
下では役務の提供などのサービスの取引になる。扱われるサービスはオンライ
ンで提供される。たとえば，書籍（モノ）がデジタルコンテンツになり，オン
ラインでの検索が容易になったり，レコードやCDがデジタル財になりサービ
スをオンラインで購入する形になったり，オンライン広告が主流となりつつあ
る。

　2つ目は，「プラットフォーム」というビジネスモデルが登場したことであ
る。ICTの発展によって，プラットフォームを運営する企業であるプラット
フォーマーが登場した。GAFA（グーグル，アマゾン，フェイスブック，アッ
プル）は，プラットフォーマーの呼び名である。GAFAのような企業は，自
身の提供するサービスをインターネット上のプラットフォームで提供し，多く
の収益をあげて世界経済を牽引する存在になっている。

　3つ目は，企業価値がデジタル財・コンテンツの本質である著作権や特許権
などの無形資産に転化していることである。GAFAが価値を生み出している
ビジネスモデルも無形資産であり，デジタル経済下では企業価値が無形資産に
よって成り立つだけでなく，それが集積していくことになる。

　4つ目は，ビッグデータの存在である。ビッグデータは無形資産の基礎とな
り，企業価値を生み出す源泉となっている。GAFAはユーザーからのデータ
をほぼ無料で入手して，それを活用して，オンライン広告ビジネスに結び付け
たり，データそのものを他の企業に販売したりすることで収益をあげている。
米国系のIT企業であるGAFAによるビッグデータの独占は，EUや日本にお
いて公正な競争を阻害するなどの懸念が広がっており，対抗策が講じられるこ
とになる。

⑵　国際租税回避と無形資産
　多国籍企業は，親子間のネットワークを利用し，グローバルな費用を最小化

し，利潤を最大化しようとする。多国籍企業のグローバルな企業戦略として，租税支払いを最小化するタックス・プランニングも含まれる。第6章で紹介した多国籍企業内での取引価格に移転価格を利用したり，企業内金融を国際的に行い，支払利子を損金に算入したりするなどして，国際的な租税回避を図るような行動をとっている。移転価格税制や過小資本税制は国際的租税回避に対抗するための税制である。

　移転価格税制に関しては，部品や完成品のような有形資産の場合は，独立企業間価格を算定するのに比較対象が見つけやすいが，特許やノウハウといった無形資産は比較対象が見つけにくい。先述したように，デジタル経済の進展に伴い移転価格税制については，無形資産の取引が中心になっている。

　租税制度は，国ごとに異なっており，税率はもちろんのこと，租税の優遇措置も異なっている。GAFA のような多国籍企業のタックス・プランニングは，そのような違いを利用したスキームを用いて，合法的に租税支払いを最小化する。税金が極端に軽課される，あるいは全くかからないタックスヘイブンに無形資産を譲渡し，国際的租税回避を図るスキームの登場により，国際課税については，問題が「国際的二重課税」から「国際的二重非課税」に比重が移ったとされる。

3．国際税制における対立と協調

　国際的な租税問題は，国際機関である OECD の租税委員会で議論が行われ，解決のための指針が示される。移転価格税制については OECD のガイドラインに従って紛争解決が図られる。1980 年代後半から各国が法人税の税率を引き下げ，1990 年代には有害な租税競争が起こった。有害な租税競争についても，OECD において，タックスヘイブン対策税制の導入，有害税制に関する情報交換強化を含むガイドラインが設けられた。

　国際的二重非課税が問題となるのは，タックスヘイブンのような課税の空白地が経済取引に関係してくる場合である。そもそも，国際的な租税問題の解決は租税条約を締結し，調整が行われる。タックスヘイブンは，どこの国や地域とも租税条約を結んでいない。そのため，課税情報交換を強化してもその部分は漏れることになる。GAFA による国際的租税回避が顕著になり，第6章で

紹介した BEPS プロジェクトによる 15 の行動計画が示された。その中には，電子商取引課税や無形資産の移転価格税制などプラットフォーマーのインターネット上のビジネスモデルを含む広範な租税回避を扱っている。最終的に多国間協定によって国際的租税回避の問題を解決することをゴールとしている。

　日本は，国際的租税回避問題に協調的な姿勢で取り組もうとしている。米国はどうであろうか。米国は国際租税回避の問題において，OECD においてもリーダーシップをとってきた。トランプ大統領の時は，GAFA のような米国企業を保護する姿勢を強め，BEPS へのコミットメントの熱意も変化していた。2021 年にバイデンが大統領になってから，OECD 加盟国の法人税の最低税率を 15％にしようという提案を主導して行い，多国籍企業の国際租税回避の動きに制限をかけ，税収確保を図ろうとしている。OECD において，この提案が合意され，租税における国際的な協調が進むことが期待される。

第Ⅲ節　ふるさと納税

1．ふるさと納税の概要

⑴　ふるさと納税の理念

　総務省の「ふるさと納税ポータルサイト」では，ふるさと納税には以下の 3 つの意義があると説明している。

　第 1 に，納税者が寄附先を選択する制度であり，選択するからこそ，その使われ方を考えるきっかけとなる制度である。それは，税に対する意識が高まり，納税の大切さを自分ごととしてとらえる貴重な機会になる。第 2 に，生まれ故郷はもちろん，お世話になった地域に，これから応援したい地域へも力になれる制度である。それは，人を育て，自然を守る，地方の環境を育む支援になる。第 3 に，自治体が国民に取り組みをアピールすることでふるさと納税を呼びかけ，自治体間の競争が進むことである。それは，選んでもらうに相応しい，地域のあり方をあらためて考えるきっかけにつながるとしている。

⑵　ふるさと納税の誕生

　多くの人が地方のふるさとで生まれ，その自治体から医療や教育等，さまざ

まな住民サービスを受けて育ち，やがて進学や就職を機に生活の場を都会に移し，そこで納税を行うことになる。その結果，都会の自治体は税収を得られるが，自分が生まれ育った故郷の自治体には税収が入らない。そこで，「ふるさと納税研究会」において，「今は都会に住んでいても，自分を育んでくれた『ふるさと』に，自分の意思で，いくらかでも納税できる制度があっても良いのではないか」，そんな問題提起から始まり，数多くの議論や検討を経て生まれたのがふるさと納税制度である。

2．ふるさと納税の仕組み

(1) 概要

ふるさと納税とは，自分の選んだ自治体に寄附（ふるさと納税）を行った場合に，寄附額のうち2,000円を越える部分について，所得税と住民税から原則として一定の上限はあるものの全額が控除される制度である。

たとえば，年収700万円の給与所得者で扶養家族が配偶者のみの場合，30,000円のふるさと納税を行うと，2,000円を超える部分である28,000円（30,000円−2,000円）が所得税と住民税から控除されることになる。

図表14-1　ふるさと納税の計算方法

控除外	控除額		
適用下限額 2,000円	所得税の控除額 （ふるさと納税額−2,000円） ×所得税率	住民税の控除額(基本分) （ふるさと納税額−2,000円） ×住民税率(10%)	住民税の控除額(特例分) 住民税所得割額の2割を限度

出所：総務省「ふるさと納税ポータルサイト」。

(2) ふるさと納税の仕組みと経緯

ふるさと納税は，2008年に地方創生の一手段として導入された制度である。制度の特徴として，第1に所得税の税額控除である寄附金控除の仕組みを活用している。一般市民が住所地以外の都道府県や市町村といった自治体に寄附を行うと，その年の個人所得税と個人住民税の控除が受けられる。第2に，寄附者が使途を決定できることである。第3にふるさと納税の御礼として各自治体が用意した返礼品を受け取れることである。

2015年度の税制改正で，控除額の上限が引き上げられるとともに，「ふるさ

と納税ワンストップ特例制度」が導入された。控除額は，2014 年度までは 1割であったのが 2 割に引き上げられた。また，「ふるさと納税ワンストップ特例制度」は，給与所得者が確定申告を行うことなく簡素な手続きで寄附金控除が受けられる特例的な仕組みである。

　2020（令和 2）年度の「ふるさと納税に関する現況調査結果」によれば，ふるさと納税の総額は制度改正のあった 2015 年度以降，急速に拡大している。2015 年度のふるさと納税額は，2014 年度と比べて 4 倍の増加であった。2016年度から 2017 年度には 1,095 億円の増加が，2016 年度から 2017 年度には，915 億円の増加が見られた（図表 14-2）。ふるさと納税については，返礼品がもらえたり，税制上の優遇策が利用できたりと「お得な制度」であることが，マスコミやインターネットを通じて浸透したことがこのような増加に結びついていると考えられる。ふるさと納税の増加とともに，住民税の控除額も増加しているが，「ふるさと納税ワンストップ特例制度」が導入されて以降，その適

図表 14-2　ふるさと納税の受入額と受入件数の推移

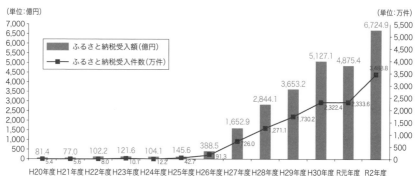

（単位：億円，万件）

	H20年度	H21年度	H22年度	H23年度	H24年度	H25年度	H26年度	H27年度	H28年度	H29年度	H30年度	R元年度	R2年度
受入額	81.4	77.0	102.2	121.6	104.1	145.6	388.5	1,652.9 (286.7)	2,844.1 (501.2)	3,653.2 (705.7)	5,127.1 (1,140.7)	4,875.4 (1,166.7)	6,724.9 (1,808.5)
受入件数	5.4	5.6	8.0	10.1	12.2	42.7	191.3	726.0 (147.7)	1,271.1 (256.7)	1,730.2 (376.1)	2,322.4 (581.0)	2,333.6 (594.0)	3,488.8 (1,006.5)

　注：1．受入額及び受入件数については，法人からの寄附金を除外し，ふるさと納税として認められる寄附金のみを計上している。
　　　2．平成 23 年東北地方太平洋沖地震に係る義援金等については，含まれないものもある。
　　　3．表中（）内の数値は，ふるさと納税ワンストップ特例制度の利用実績である。
出所：自治税務局市町村税課「ふるさと納税に関する現況調査結果（令和 3 年度実施）」2021 年 7月。

用実績も確実に増加していることが分かる。

　2017年4月に総務省は返礼割合を3割以下にすべきとの通知を出した。ふるさと納税についてのガイドラインを示し，ガイドラインに沿っていない「返礼割合が実質3割以上の自治体」と「地場産以外の返礼品を送付している自治体」を公表した。2016（平成28）年度から2017（平成29）年度に，増加の数字が若干小さくなっていることの原因としては，ふるさと納税制度のガイドラインを守らせる動きを総務省がとったことが影響していると考えられる。

　受入額については，2019（令和元）年度に若干減少したが，2020（令和2）年度には再び増加している。受入件数については2019（令和元）年度と比較し，2020（令和2）年度は1,000件以上増加している。

3．ふるさと納税制度のあるべき姿

　ふるさと納税制度は，所得税の寄附金控除の仕組みを利用し，地域の活性化を促進するために設けられた制度である。ふるさと納税制度が抱える問題には，行き過ぎた返礼品競争と高額所得者が節税の恩恵を受けるような「逆進性」，寄附者の居住する地域の税収減少があげられる。以下では，地域経営，税制，地方財政からのアプローチを紹介するが，これらのアプローチからふるさと納税制度のあるべき姿を考えてほしい。

(1)　地域活性化

　地域経営や地域活性化の視点から，ふるさと納税制度は，次のようなアプローチが可能であろう。ふるさと納税制度は，ソーシャルファイナンスの手法であるクラウドファンディングの一種であり，地域問題解決や地域活性化のための資金調達手段として用いられ，地方自治体のみが利用可能なクラウドファンディングとしてとらえることが可能である。その特徴は，ふるさと納税が寄附による資金調達であること，返礼品の魅力度合いが寄附先を決める大きな要因となっていることである。このアプローチに依拠した研究では，2019年6月の法律改正による返礼品を寄附額の3割相当以下にする変更によって，寄附金の使途が寄附先の選択に大きく影響したとする。

　ふるさと納税制度は，人口減少に直面する日本や地域社会の活性化を目的に

作られた制度である。地域の魅力を地場産品やそこでしか体験できないことを通じて関係人口を増やし，それらの人たちにいかにリピートしてもらうかが重要になる。そこで，マーケティングの手法を利用したアプローチが展開される。

　人口減少に直面している地方自治体にとって，外部からの資金移転は魅力的なことであろう。「さとふる」や「ふるなび」などのインターネットプラットフォームの登場により，ふるさと納税は返礼品の選択と寄附がしやすくなったことでその規模を拡大してきた。インターネットプラットフォームに集まったビッグデータを利用した研究はこれから進むと予想される。そうしたデータを利用し，関係人口を増やし，リピートしてもらうことで寄附を増やしていくことになる。

　ふるさと納税の活用事例については，総務省が「ふるさと納税ポータルサイト」の中で成功事例を紹介している。北海道上士幌町のケースが，地域振興策としてふるさと納税を活用している成功事例としてあげられるが，このようなケースは決して多くない。

(2)　税制と地方財政

　ふるさと納税は所得税の寄附金控除の仕組みを利用している。この仕組みを利用することで，2,000円の負担で高額な返礼品を獲得できるだけでなく，高所得者ほど節税の恩恵を受ける度合いが大きいことが批判されている。このことが，高額所得者が節税の恩恵を受けるような「逆進性」として問題視されている。

　また，寄附金額が歳入にどのような影響を与えたのかの分析が行われている。寄附金増加額の歳入総額に占める割合の分析では，寄附金収入自体が財政運営に影響を与えるほど，増加した自治体が出てきたこと，特に寄附金増加額が地方税収を上回っていた自治体があった。このことから，2015年度の制度改正により，大都市からの税の移転というふるさと納税の性格がさらに強く現れることになったことが明らかになっている。税収ロスの影響については，2015年度の大都市部での控除額が多いこと，特に東京都特別区での税収ロスが顕著に現れ始めていることが明らかになっている。大都市からの税の移転と

いう問題については，制度の歪みを修正する決定をするのは総務省ということになるが，ふるさと納税は税の仕組みを利用しているので自民党税調が決定に関係してくるという複雑さもある。

　地方自治の観点から，国主導の「ふるさと納税」を廃止し，通常の寄附金控除に戻すべきであることが主張される。すなわち，「ふるさと」を定義すること，その地域への「貢献」や「応援」を促進したい場合は国税の所得税の寄附金控除の措置にとどめるべきであるとする。地方自治の原則が守られるためにも地域の課税自主権の問題が重要である。つまり，居住地の自主財源である住民税を他地域への「貢献」や「応援」に充てたい場合，個々の居住地自治体が他の地域への寄附金に対して寄附金控除を独自に決定することが望ましいとされる。

第Ⅳ節　税制改正

1．税制改正の政治的力学

　本書では，租税に関する各章において，各税目の成り立ちや仕組みを取り上げ，税のあり方やそれらが抱える課題について丁寧に説明してきた。一方で，税制が政治的プロセスとして，どこで決定され，どのように政策として実現されるのかといった点については，本格的に取り上げてこなかった。これは，財政学が規範的な分析を中心としており，あるべき理想の姿を論じてきたことと関係している。現実の課題から出発して，政治過程や意思決定のプロセスを取り扱うのは，公共選択論や政治経済学といった学問分野に委ねられてきた。ここでは，公共選択論的な手法を真似て，現実の税制がどのような過程を経て毎年改正され，実際にどのような政治的力学が働いているのかについて，コンパクトにまとめておきたい。財政学のテキストでは，取り上げられることは少ないが，現実の政策の決定過程の一端として紹介しておきたい。

　第4章で見たように，わが国の税制に大きな影響を与えた勧告として，シャウプ勧告（1949）がある。シャウプ勧告は，戦後のわが国の税制の骨格を決定づけ，中長期的な税制改革のかじ取りに多くの影響を与えてきた。ただし，ここで取り上げるのは，そのような大きな税制の潮流ではなく，毎年実施される

税制改正のプロセスと現実の政治的決定要因である。

　そもそも，租税とは，国家が国民から強制的に徴収する財源にほかならず，重い負担を課すものである。そのため，税制を設計することは，多くの関係者の利害調整にほかならず，複雑な政治，行政プロセスを経て，最終的に決定されるのである。

　わが国において，税制に関する政治的なプロセスやその力学はどのようになっているだろうか。現在，税制が議論される公式の舞台は，政府税制調査会（政府税調）と自民党（公明党と併せて与党）の税制調査会の2つである。

　政府税調は，首相の諮問機関であり，学識経験者や企業経営者など約40人で構成される。政府税調の本来の役割は，理論的なバックボーンを背景に，中長期の税制の課題や方向性を示すことだと考えられている。歴代の会長は，財政学や税法を専門とする大学教授や著名なエコノミストである。

　一方，自民党の税制調査会（党税調）は，50年以上の歴史を持つ党内機関である。歴代の会長は，旧大蔵省出身の政治家が就くことが多く，税制のエキスパートであると同時に，いわゆる大物政治家として「税調のドン」などと呼ばれることが多い。また，税調会長を中心とした数人のコアメンバーを「インナー」と呼び，税制改正の議論を主導する。党税調は，族議員や業界団体の要望，意見を集約する機能を果たしているのと同時に，政治的な利害調整の場ともなっているのである。

　現在の政府与党は自民党と公明党の連立政権であるが，税制改正は，党税調と財務省主税局（旧大蔵省主税局）とが連携して実施してきた。主税局の立場は，基本的には政府税調に反映されているが，実際の政策決定においては，党税調の影響力の方がはるかに大きいと言われている。特に高度経済成長が終焉を迎えた時期からは，「痛税感」を伴う制度改正が多く，政治力を伴う党税調の力が圧倒的に強かった。過去には，党税調の決定が，政府税調の理論を無視することも多く，政策決定としての政府税調の役割はかなり限定的であった。そのため，党税調には，歴代首相も口出しすることができないほどの権限と威光があったのである。ただし，近年の自民党政権においては，首相が経済財政諮問会議を積極的に活用し，官邸主導を強く打ち出す傾向にあることから，党税調の調整力は低下し，権限はさほど大きくないとも言われている。

　このような政治的力学が働く税制改正であるが，実際の税制改正のプロセスはどのようになっているだろうか。次に，税制改正の流れを具体的に見てみよう。

　本書でも詳述したように，税制は大きな政策変更を伴う改正や，時限立法的な小幅な改正など，毎年多くの改正が行われる。たとえば，所得税の基礎控除額の引き上げと給与所得控除額の引き下げなどの所得税法の改正，企業が研究開発に投じた費用の一定割合を法人税から差し引く研究開発税制の更新，「ふるさと納税」について，返礼品を寄附額の3割以下にする通達，あるいは消費税の軽減税率の採用やその周知など，その時々の経済情勢や社会環境に応じて税は改正されてきた。最近では，デジタル分野での国際課税，二酸化炭素の排出量に応じて課税する炭素税など，グローバルな視点で取り組む必要のある課題が多く，税制分野の知識だけでは対応できないことも多い。

　税制改正の最初のステップは例年4～5月である。各省庁が翌年の税制の内容を検討し始め，政府税調による審議が開始される。続いて，8月末までに，各省庁が次年の税制の内容を提案する「税制改正要望」を財務省および総務省

図表14-3　税制改正のプロセス

	（与党税調）	（政府税調）
4月頃		政府税制調査会における審議開始
8月末	各省庁による「税制改正要望」が提出される	
9～11月	自民党政調各部会	
11月頃		政府税制調査会が内閣総理大臣に答申
12月中旬	「与党税制改正大綱」発表	「政府税制改正大綱」発表
1月	「税制改正大綱」閣議決定	
1～2月頃	「税制改正法案」国会提出・審議	
3月末	「税制改正法案」可決・成立	
4月1日	「改正税法」施行	

出所：税制調査会資料をもとに筆者作成。

に提出する。ここでは，税を通じて政策を推進していく立場の各省庁が，国全体の税金（国税）を取りまとめる立場の財務省，および都道府県，市町村の税金（地方税）を取りまとめる立場の総務省の両省に，税制改正の提案をするのである。財務省と総務省は，9〜11月にかけて各省庁の提案をヒアリングして，新たな税制とすべきか，あるいは改正箇所を点検しつつ，それらが政府税調の答申となって表れてくるのである。

　続いて，10月頃から与党の党税調の動きが活発化する。12月は，与党が経済界や地方自治体などによる陳情を受ける季節でもある。各省庁が要望した改正項目への対応を記した書類は，通称「電話帳」とも呼ばれ，その「電話帳」に党税調の委員が○や×印をつけるのが慣例であった。その後の復活折衝などは，予算案とともに毎年冬の風物詩でもあった。党税調の議論は，「業界と族議員の癒着」という側面はあるものの，税をめぐってオープンな議論が繰り広げられる場でもある。最終的には，12月上旬までに，100ページを超えるとされる与党税制改正大綱がまとめられ，12月中旬から下旬にかけて，同大綱が発表され，「税制改正大綱」として閣議決定がなされるのである。

　予算案と同様に，翌年1月からの通常国会に，税制改正法案（租税特別措置法案）が提出され，衆議院，参議院双方で審議され，通常3月末までに可決，成立となる。それらを踏まえ，4月1日に改正税法が施行されるのが通常のスケジュールである。

2．税制改正の事例

　それでは，実際にどのような税制改正が実現したのか，令和3年の税制改正を例にして説明しよう。「令和3年（2021年）税制改正」の内容は多岐にわたる。大きな税制改正はないものの，主な内容としては，住宅ローン控除の特例の延長，セルフメディケーション税制の見直し，エコカー減税の2年間延長，固定資産税額の据え置き（一定の宅地及び農地対象），DX（デジタル・トランスフォーメーション）投資促進税制の創設，およびカーボンニュートラルに向けた投資促進税制の創設などがあった。

　ここでは，「セルフメディケーション税制」を例にして考えてみよう。「セルフメディケーション税制」とは，ドラッグストアなどで処方箋なしに買うこと

ができる医薬品を年間の基準額以上購入した場合，課税所得から一定額を控除するというものである。つまり，病院など医療機関に通院することなく，一般薬により家庭内で処置できる病気や疾患については，保険料や税金の軽減につながることから，所得税から一定額の控除をしようというものである。主に医療費の適正化，軽減につながることから，厚生労働省からの要望事項となっているものの，医師会，薬剤師会などとの調整も必要であった。結局，これら改正は，平成28年度の税制改正によって実現したものの，利用が低迷していることから，税制の拡充（対象薬・控除額の増大）と延長を要望して，令和3年の税制改正として実現したものである。

　このように，税制の細かい見直しであっても，政治家（党税調），官僚（厚生労働省），業界団体（医師会，製薬業界）など，さまざまな利害関係者が存在し，改正のプロセスも複雑であることが想像できるだろう。税制改正は，そのプロセスやスケジュールはあらかじめ決められており，それには多くの利害関係者の意思が反映されていると考えられる。理想的な税制の構築を目指すことは大切であるが，現実の政策決定のプロセスと政治的な力学も理解しておくことが重要なのである。

第 V 節　財政の持続可能性

1．わが国の財政の現状

　本書でもこれまで扱ってきたように，2021年現在のわが国の歳出項目は，社会保障分野や地方交付税交付金だけで約半分を占めている。前者は今後も高齢者が増える中で年金や医療への支出が増大し，子供が減っているために子育て環境支援制度の強化が求められていることから，支出額を大幅に減じる見通しがたたない。後者においても，東京一極集中が進む中で過疎化する地方の定住人口・交流人口を増やし活性化を進めないと，各地域で一定のサービス水準を維持するための歳出額分を地方税で集めることができず，国税を使い補填する現状が続いてしまう。このような見通しからすれば，大胆な財政構造改革を実施しない限り歳出を減じるというのは難しいと判断され，この歳出に歳入規模をあわせて必要な額を，租税または公債で資金調達する必要がでてくる。

　消費税，所得税，法人税を中心とした国税は，控除を減らすなどして課税ベースを広げるか，税率を上昇させることで，理論的に国税収入を増やすことが可能である。しかし，消費税や所得税は個人に負担を負わせるために，政府による控除や税率の変更が国民の投票行動で反応されるのを恐れる政治的な理由と，増税が消費の落ち込みにつながる経済的な理由から，これら2つの税収を増やすことが阻まれている。法人税は，輸出企業や輸入製品との国際競争力の観点，国際企業の課税逃れの誘引を阻止する観点から，他国の法人税率を意識した税率設定とならざるを得ない。したがって，資金調達の選択肢の中から公債を選ぶことが，現在の政府がとり得る選択肢となっている。2021年現在のわが国の歳入項目に占める公債金は約4割に達しており，高い公債残高のために，歳出項目のうち約2割強が返済にあてる国債費となっている。今後，何の手も講じず，わが国の税収および印紙収入（全体の53.9％）と国債費（22.3％）が次第に近づいていき，同額となることがあれば，税収入をすべて返済に充てる状態となり，公共サービスの継続や国家の存続の危機となる。

2．日本の財政はなぜ破綻しないのか

　このような歳出は減らさない，税負担と税収も増やさないわが国の現状で提供される公共サービスを指して，中福祉・低負担などと言われることがある。すでに見てきたようにこの仕組みは一般的に持続性に乏しいのであるが，単に決断できない政治が将来世代に負担を押し付けているようにも見える。それでも中福祉・低負担を続ける日本が，破綻せずに持続している特徴をあげてみたい。

　1つ目は，わが国の社会保障のあり方であると言われている。以前，『厚生労働白書』でも取り上げられた，エスピン―アンデルセン（社会政策学）の福祉レジーム論によれば，福祉サービスを供給する政府だけでなく，市場や共同体にも着目すると，3主体の役割が国ごとに違うことがわかっている。つまり，米国やカナダなどに代表される市場の役割が大きい福祉レジーム（これを自由主義レジームと呼ぶ）は，個人の責任が大きく政府の役割が小さいために，政府についていえば低負担が実現できる。反対に，スウェーデンやデンマークなどに代表される政府の役割が大きい福祉レジーム（これを社会民主主

義レジームと呼ぶ）は，家族や市場の役割が小さいが，政府の役割が大きくなってしまう。一方で，ドイツやイタリアなどに代表される家族や職域の役割が大きい福祉レジーム（これを保守主義レジームと呼ぶ）は，家族や市場に依存する部分が多いため，政府の役割と負担が中程度となるという。このような3つの福祉レジームの中で，日本は，政府が比較的手厚い社会保障を提供しつつ，専業主婦のような性別役割分担から家族主義が強いため，市場の役割が大きい自由主義レジームと家族の役割が大きい保守主義レジームの中間に位置する。このような，福祉分野において政府と家族の協調的な役割分担により，政府の負担を比較的小さくさせていることで，中福祉・低負担が維持されていると言えるが，一方で子育てや介護による女性の離職を内包する仕組みであったように思える。

　2つ目の特徴として，日本政府が増税せずに借入れをして資金調達を繋いでいても，やや特殊ともいえる資金調達環境に恵まれた状態であることが指摘できる。これまで，諸外国において債務不履行（デフォルト）となった事例をみると，自国内だけで国債の引受が難しいため，外貨建て国債として発行していた例が少なくない。外貨建て国債は，発行国と他国との間にインフレ率の差が生じ，両国間の為替レートの差が大きくなることがあり，通貨の発行量を自国で操作できないといった点で，発行国にとって内国債よりもリスクが大きい。もしも1USD＝100円の時に発行したドル建て国債が，元利払い時に1USD＝150円であれば，借りた時に比べ1.5倍の円資金が必要になってしまう。自国通貨建ての国債の方が，この点において安全性が高いといえる。

3．日本の安定した公債発行と引き受けの仕組み

　そこで，わが国の中央政府が発行する国債ならびに，地方公共団体が発行する地方債の保有者が誰なのかという点から現状の確認をしたい。2021年6月時点の，政府の発行した国債の保有者を調べてみると（図表14-4），日本銀行（中央銀行）が44.1％であり，保険・年金基金を通じた購入分が20.5％，銀行等（預金取扱機関）を通じた購入分が14.2％であり，海外の購入分が13.2％である。

　このように，国内で政府の資金調達が続くことは，先に触れた為替レートの

図表 14-4　国債等の保有者内訳

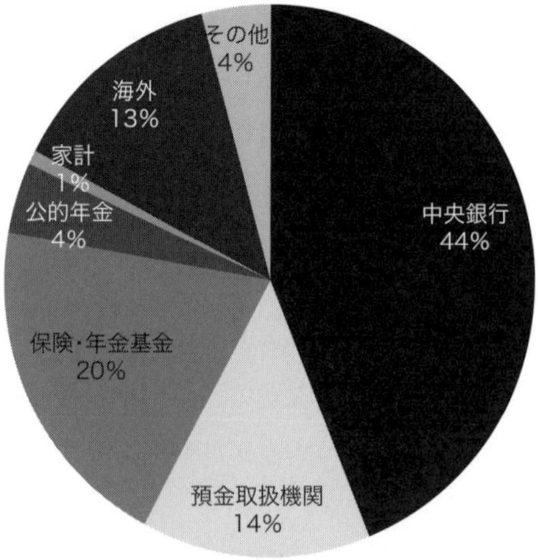

出所：日本銀行（2021）をもとに作成。

変動に影響されないだけでなく，海外の格付け機関による日本政府の評価が上下しても，自国政府の確実な元利払いを信用する日本国民により，調達金利に影響しにくいといった効果もある。それでは，このような日本国債の国内引受手の確保と償還がなぜ，持続的に続いているのであろうか。保険・年金基金や銀行による購入分の原資をたどれば，2,000 兆円近い潤沢な家計部門の資産にたどり着く。家計の資産は，預金として 1,072 兆円，保険や年金として 538 兆円，証券として 325 兆円というかたちで，金融機関に流れ込んでいる。つまり，わが国の高水準な個人預金や個人保険・年金は，金融機関を通じて，利回りは低いけれども元利返済が確実な投資先として国債購入にあてられており，安定した国債発行と引き受けに繋がっている。

　ところで，インフレが起きない範囲であれば，財政赤字を拡大したとしても，政府は通貨発行ができるため債務不履行に陥らないと説くのが，現代貨幣理論（Modern Monetary Theory）である。この理論に裏付けされ，各国では通貨発行を増やして低金利またはマイナス金利を生じさせ，市場参加者が経済活動を拡大しようとするのであれば，金融機関を通じた低金利の融資で経済活動の拡大を支えるという政策が実施されている。こういった低金利は，生産活動を行う企業（民間非金融法人企業）の借入れをしやすくすると同時に，政府

自身の国債を通じた借入れコストを下げることにもなる。

　日本銀行は金融政策の一環として，市中の金融機関から国債を買い付ける買いオペにより市中への通貨供給を行っているが，このとき市中銀行から中央銀行へ国債が移ることで，中央銀行の国債保有は上昇し，市中銀行の国債保有率が下がり，結果として市中銀行の国債等買い付け余力を再び増加させる。こういった，国債の国内発行と引き受けを中心とした，一連のわが国の資金調達環境は，国債の低金利発行と大量の国内引き受けを可能にし，高水準の国債発行残高でありながらも破綻せず，今のところ持続可能な状況を作り出している。

　ただし，家計部門の預金・証券・保険の総額に，政府の借入れ（資金調達分）が近づいてしまうほど，金利の上昇などを通じて民間への融資を圧迫・抑制（クラウディングアウト）してしまう点と，貸し手不足となり財政の持続性が危うくなることに留意する必要がある。過去の敗戦国がインフレーションの発生に助けられて公債累積を解消した例に倣うと，理論上では物価の上昇により債務者利得が生じ国にとって国債負担が実質減る状態になるが，それでは超高齢社会において過去の預金や年金で生活する人々の暮らしが破綻してしまう。現実的な方法としては，公債発行による限界が迫っている中で，支出の抑制と，構造改革などで経済成長率を大きくしてGDPの規模を変えるか，増税をすることでわが国の返済能力を高めることが望まれている。

ディスカッションテーマ

　自分が決めたテーマについて，財政学で学んだことや自分が調べたことも加えて深く掘り下げてレポートを作成しよう。あるいはグループでテーマを決めた場合は，テーマについてディスカッションを行い，成果をプレゼン資料にしてまとめて発表しよう。

参考文献

第1章
伊多波良雄・川浦昭彦・原田禎夫『基礎から学ぶ財政学』晃洋書房，2016年。
内山昭編著『財政とは何か 改訂版』税務経理協会，2018年。
栗林隆・半谷俊彦・望月正光・篠原正博『財政学 第5版』創成社，2020年。
佐藤進・関口浩『新版 財政学入門』同文館出版，2019年。
土居丈朗『入門財政学』日本評論社，2017年。
林宜嗣・林亮輔・林勇貴『基礎コース 財政学 第4版』新世社，2019年。
藤原碩宣編著『政府の経済活動』学文社，1992年。
森田雄一・柳原光芳編著『財政入門』中央経済社，2019年。
和田八束『財政学要論』文眞堂，1991年。

第2章
麻生良文『公共経済学』有斐閣，1998年。
土居丈朗『入門公共経済学 第2版』日本評論社，2018年。
野口悠紀雄『公共政策』岩波書店，1984年。
水野勝之・土居拓務・宮下春樹『余剰分析の経済学』中央経済社，2018年。

第3章
大川政三・池田浩太郎編『新財政学』有斐閣，1986年。
林宜嗣『財政学』新世社，2005年。
伊藤元重『マクロ経済学』日本評論社，2007年。
片桐昭泰・兼村高文・星野泉編『現代の財政』税務経理協会，2007年。
西村和雄・矢野誠『マクロ経済学』岩波新書，2007年。
井堀利宏『財政』岩波書店，2008年。
小林威監・栗林隆・半谷俊彦・望月正光・篠原正博編著『財政学 第3版』創成社，2009年。
齊藤誠・岩本康志・太田聰一・柴田章久『マクロ経済学』有斐閣，2010年。
八巻節夫編著『改定 新財政学』文眞堂，2011年。

第4章
内山昭編著『財政とは何か 改訂版』税務経理協会，2018年。
税制調査会「わが国税制の現状と課題—21世紀に向けた国民の参加と選択—」内閣府，2020年。
土居丈朗編著『日本の税制をどう見直すか』日本経済新聞出版社，2010年。
時子山常三郎監訳『総合消費税』東洋経済新報社，1963年。
林宏昭『税と格差社会 いま日本に必要な改革とは』日本経済新聞出版社，2011年。
林宜嗣・林亮輔・林勇貴『基礎コース 財政学 第4版』新世社，2019年。
森信茂樹『税で日本はよみがえる 成長力を高める改革』日本経済新聞出版社，2015年。
Institute of Fiscal Studies, *The Structure and Reform of Direct Taxation: Report of a Committee*

Chaired by Professor J. E. Meade, London, Allen and Unwin, 1978.
国税庁「国税庁レポート 2020」2020 年。
財務省「わが国税制・財政の現状全般に関する資料」(https://www.mof.go.jp/tax_policy/summary
　/itn_comparison/j01.htm　2020 年 12 月閲覧)。

第 5 章
井堀利宏『財政学　第 4 版』新世社, 2013 年。
植松利夫編著『図説 日本の税制　令和元年度版』財経詳報社, 2020 年。
大澤美和『個人所得税の改革と展望　マーリーズ・レビュー提案を中心に』泉文堂, 2020 年。
大田ひろ子・坪内浩・辻彦彦「所得税における水平的公平性について」『内閣府景気判断・政策分析ディ
　スカッション・ペーパー』2003 年 3 月。
栗林隆・半谷俊彦・望月正光・篠原正博編著『財政学　第 5 版』創成社, 2020 年。
財務省財務総合政策研究所『フィナンシャル・レビュー』第 2 号 (通巻第 127 号), 2016 年 10 月。
神野直彦『財政学　改訂版』有斐閣, 2013 年。
林宜嗣・林亮輔・林勇貴『基礎コース　財政学　第 4 版』新世社, 2019 年。
廣光俊昭『図説日本の財政』令和 2 年度版, 財経詳報社, 2020 年 12 月。
藤原碩宣編著『政府の経済活動』学文社, 1992 年。
米原淳七郎『はじめての財政学』有斐閣, 1997 年。

第 6 章
石弘光『タックスよ, こんにちは！』日本評論社, 2006 年。
植松利夫編著『図説　日本の税制　令和元年度版』財経詳報社, 2020 年。
林宏昭『日本の税制と財政』中央経済社, 2019 年。
和田八束『税制改革の理論と現実』世界書院, 1997 年。
森信茂樹『デジタル経済と税』日本経済新聞社, 2019 年。

第 7 章
植松利夫編著『図説　日本の税制　令和元年度版』財政詳報社, 2020 年。
薄井信明著・大蔵省大臣官房文書課編『間接税の現状』大蔵財務協会, 1987 年。
鎌倉治子『諸外国の付加価値税 (2018 年版)』国会図書館調査及び立法考査局, 2018 年。
知念裕『付加価値税の理論と実際』税務経理協会, 1995 年。
八巻節夫編著『改定　新財政学』文眞堂, 2011 年。

第 8 章
池宮城秀正編著『財政学』ミネルヴァ書房, 2019 年。
栗林隆・半谷俊彦・望月正光・篠原正博編著『財政学　第 5 版』創成社, 2020 年。
神野直彦著『財政学　改訂版』有斐閣, 2013 年。
林宜嗣・林亮輔・林勇貴『基礎コース　財政学　第 4 版』新世社, 2019 年。
廣光俊昭編『図説 日本の財政　令和 2 年度版』財経詳報社, 2020 年。
藤田晴著『日本財政論』勁草書房, 1972 年。
財務省『日本の財政関係資料』。
財務省『国債等関係諸資料』。
財務省ホームページ (https://www.mof.go.jp/budget/budger_workflow/budget/fy2020/sy020407/
　hosei020527c.pdf)。

第9章

衣笠達夫『実践　自治体財政の経済分析』中央経済社，2013 年。

栗林隆・半谷俊彦・望月正光・篠原正博編著『財政学　第 5 版』創成社，2020 年。

小宮敦史『図説　日本の財政　令和元年度版』財経詳報社，2020 年。

佐々木伯朗編『財政学　制度と組織を学ぶ』有斐閣，2019 年。

第10章

一河秀洋『財政学　第 4 次改訂版』学陽書房，1996 年。

栗林隆・半谷俊彦・望月正光・篠原正博編著『財政学　第 5 版』創成社，2020 年。

佐々木伯朗編『財政学　制度と組織を学ぶ』有斐閣，2019 年。

佐藤進・関口浩『新版　財政学入門』同文館出版，2019 年。

関野満夫『財政学』税務経理協会，2016 年。

ブラウン，C. V.／ジャクソン，P. M.『公共部門の経済学』マグロウヒル出版，1982 年。

Peacock, Alan T. and Jack Wiseman (1967), *Growth of Public Expenditure in the United Kingdom*, Allen & Unwin.

第11章

椋野美智子・田中耕太郎『はじめての社会保障　第 17 版』有斐閣，2020 年。

小西砂千夫『社会保障の財政学』日本経済評論社，2019 年。

土田武史『社会保障論』成文堂，2015 年。

林宜嗣・林亮輔・林勇貴『基礎コース　財政学　第 4 版』新世社，2019 年。

薮下史郎・猪木武徳・鈴木久美『入門・公共経済学　第 3 版』有斐閣，2013 年。

第12章

椋野美智子・田中耕太郎『はじめての社会保障　第 17 版』有斐閣，2020 年。

小西砂千夫『社会保障の財政学』日本経済評論社，2019 年。

土田武史『社会保障論』成文堂，2015 年。

薮下史郎・猪木武徳・鈴木久美『入門・公共経済学　第 3 版』有斐閣，2013 年。

第13章

地方財政審議会「固定資産税等について」総務省，2019 年。

塚本正文「日本の観光税と観光行政」『大東文化大学紀要』第 58 号，大東文化大学，2020 年，207-222 ページ。

総務省「令和元年度地方公共団体普通会計決算の概要」2020 年。

総務省『令和 2 年度地方財政白書』2020 年。

神奈川県「個人県民税」(https://www.pref.kanagawa.jp/zei/kenzei/a001/b001/index.html　2020 年 12 月閲覧)。

総務省「令和 2 年度地方財政計画」(https://www.soumu.go.jp/iken/zaisei/chizai_01_00005.html　2020 年 12 月閲覧)。

東京都主税局「路線価公開（23 区）」(https://www.tax.metro.tokyo.lg.jp/map/index.html　2020 年 12 月閲覧)。

第14章

植松利夫編著『図説 日本の税制　令和元年度版』財経詳報社，2020 年。

大竹文雄『日本の不平等』日本経済新聞社，2005 年。

橘木俊詔『日本の経済格差』岩波新書，1998 年。

橘木俊詔『格差社会―何が問題なのか』岩波新書，2006 年。

小峰隆夫『平成の経済』日本経済新聞社，2019 年。

厚生労働省『平成 24 年版厚生労働白書』2012 年。

財務省『予算・決算　日本の財政関係資料』2021 年。

財務省「令和 3 年度国債発行計画」財務省ホームページ（https://www.mof.go.jp/jgbs/issuance_
　　plan/fy2021/index.html　2021 年 10 月 29 日閲覧）。

日本銀行「2021 年第 2 四半期の資金循環」2021 年。

森信茂樹『デジタル経済と税』日本経済新聞出版社，2019 年。

安田信之助編著『経済活性化とふるさと納税制度』創成社，2017 年。

山田昌弘『希望格差社会』筑摩書房，2004 年。

山田昌弘『新平等社会「希望格差」を越えて』文藝春秋，2006 年。

栁下正和「ふるさと納税に関する一考察」『The Josai Journal of Business Administration（城西大学
　　大学院経営学研究科紀要）』第 17 号，2021 年。

「自民税調仕切る「インナー」始動（永田町インサイド）」『日本経済新聞』2016 年 11 月 27 日朝刊，
　　14 ページ。

「自民税調　その力の源（永田町インサイド）」『日本経済新聞』2013 年 1 月 13 日朝刊，4 ページ。

索　引

編著者

柳下 正和（やなぎした・まさかず）

……【執筆分担】はしがき，第1・4章第Ⅱ節・6・10章第Ⅲ節・14章第Ⅱ・Ⅲ節
城西大学経営学部教授

于　　洋（う・よう）………………………【執筆分担】第11・12・14章第Ⅰ節
城西大学現代政策学部教授　博士（経済学）

青柳 龍司（あおやぎ・りゅうじ）

…………………………【執筆分担】第2・9・10章第Ⅰ・Ⅱ節・14章第Ⅳ節
城西大学現代政策学部教授

執筆分担

八木原 大（やぎはら・だい）………………………………… 第3・7章
大東文化大学社会学部専任講師　博士（経済学）

塚本 正文（つかもと・まさふみ）……… 第4章第Ⅰ・Ⅲ節・13・14章第Ⅴ節
大東文化大学社会学部准教授

大澤 美和（おおさわ・みわ）………………………………… 第5・8章
千葉商科大学非常勤講師　博士（政策研究）

はじめての財政学【第2版】

2021年3月31日　第1版第1刷発行　　　　　　　　　検印省略
2022年3月31日　第2版第1刷発行

編著者　柳　下　正　和
　　　　于　　　　　洋
　　　　青　柳　龍　司
発行者　前　野　　　隆
発行所　株式会社　文　眞　堂
東京都新宿区早稲田鶴巻町533
電　話 03（3202）8480
ＦＡＸ 03（3203）2638
http://www.bunshin-do.co.jp/
〒162-0041 振替00120-2-96437

製作・平河工業社
©2022
定価はカバー裏に表示してあります
ISBN978-4-8309-5166-4　C3033